Fremde im Land
Aspekte zur kulturellen Integration von Umsiedlern
in Mecklenburg und Vorpommern 1945 bis 1953

Waxmann Verlag GmbH
Steinfurter Straße 555, 48159 Münster
info@waxmann.com

Rostocker Beiträge zur Volkskunde und Kulturgeschichte
Herausgegeben von Christoph Schmitt

Band 4

Waxmann Münster/New York
München/Berlin

Beatrice Vierneisel (Hrsg.)

Fremde im Land

Aspekte zur kulturellen Integration
von Umsiedlern in Mecklenburg und
Vorpommern 1945 bis 1953

Waxmann Münster/New York
München/Berlin

Bibliografische Informationen Der Deutschen Bibliothek
Die Deutsche Bibliothek verzeichnet diese Publikation in
der Deutschen Nationalbibliografie; detaillierte bibliografische
Daten sind im Internet über http://dnb.ddb.de abrufbar.

*Gedruckt mit Unterstützung des Beauftragten
der Bundesregierung für Kultur und Medien*

ISBN 978-3-8309-1762-5

© 2006 Waxmann Verlag GmbH
Postfach 8603, D-48046 Münster

www.waxmann.com
info@waxmann.com

Umschlag: Matthias Grunert, Münster
Titelfoto: Kapelle Schrader in der Maschinen-Traktoren-Station (MTS),
Schwerin, um 1958
Satz: Stoddart Satz- und Layoutservice, Münster

Gedruckt auf alterungsbeständigem Papier,
säurefrei gemäß ISO 9706

Inhalt

Vorwort

Die Aufsätze im vorliegenden Band haben ihren Ursprung in einer Tagung, die am 25. Januar 2002 in der Aula der Universität Rostock stattgefunden hat. Sie stand unter dem Thema „‚Fremde' im Land. Mecklenburg und Vorpommern 1945 bis 1953 – Integration durch Volkskultur?" Veranstalter waren die Geschichtswerkstatt Rostock e.V. und das Berliner Forum für Geschichte und Gegenwart e.V. mit Unterstützung des Landesbeauftragten Mecklenburg-Vorpommern für die Unterlagen des Staatssicherheitsdienstes der ehemaligen DDR und der Landeszentrale für politische Bildung Mecklenburg-Vorpommern. Die je zwei Referate am Vormittag und am Nachmittag wurden ergänzt durch zwei Gesprächsrunden mit Zeitzeugen, deren Tonbandmitschnitt hier in einer zusammenfassenden Form wiedergegeben ist. Der Tag schloß mit einem Podiumsgespräch, welches das Thema des Tages aus der Vergangenheit in die Gegenwart überführen sollte: „Kulturelle Differenz heute: erfahren, aushalten, nutzen". Diese Abendrunde wurde nicht dokumentiert, denn als Gegenwartsthema erforderte es außerordentliches Fingerspitzengefühl.

An dieser Stelle danke ich nochmals allen Beteiligten: den Referenten, den Moderatoren PD Dr. Ute Schmidt (Historikerin, Berlin und Dresden), die das Zeitzeugengespräch begleitete und Dr. Damian van Melis (Historiker, Köln), der mit Kompetenz und Freundlichkeit durch den Tag führte. Ich danke Angrit Lorenzen-Schmidt von der Geschichtswerkstatt Rostock, die die schwierige Konstellation der finanziellen Abwicklung auf sich genommen hat und nicht zuletzt danke ich Herrn Jörn Mothes und Frau Regine Marquard als den Leitern der genannten Institutionen, ohne deren finanzielle Unterstützung die Tagung nicht hätte stattfinden können.

Ohne die Bereitschaft aber von Dr. Christoph Schmitt, Leiter des Instituts für Volkskunde (Wossidlo-Archiv) der Universität Rostock, den Band in die Veröffentlichungsreihe des Instituts aufzunehmen und seine fortwährende Unterstützung, wäre wohl alle Mühe vergebens gewesen.

Inzwischen sind mehr als vier Jahre vergangen – ein Hinweis auf die schwierige finanzielle Lage des Landes – und die jetzt vorliegenden Aufsätze wurden nicht nur, soweit es notwendig war, auf den neuesten Wissensstand gebracht, sondern auch durch weitere Beiträge ergänzt. Doch nicht überholt ist das Anliegen der Tagung wie auch dieser Publikation: die Frage zu stellen, welche Rolle Kultur, Kulturpolitik und kulturelle Praxis für die Eingliederung der Flüchtlinge und Vertriebenen in den Anfangsjahren in Mecklenburg-Vorpommern spielte, in einem Land, in dem vor allem außerhalb der Städte über die Hälfte der Bewohner „Neubürger" waren. Die Beiträge sollen dazu anregen, das Thema weiter zu verfolgen.

Berlin, September 2006   Beatrice Vierneisel

Beatrice Vierneisel

Einleitung: Anfänge der Kulturpolitik
in Mecklenburg-Vorpommern

1. Die Ausgangslage

Seit Anfang der neunziger Jahre gibt es eine in kurzer Zeit angewachsene Zahl
an landesweiten, regionalen und lokalen Untersuchungen zur Problematik der
Flüchtlinge und Vertriebenen in den frühen Jahren der SBZ/DDR. Sie entstanden auf der Grundlage von Archivquellen und Zeitzeugenaussagen, Erfahrungsberichten und Erinnerungen und handelten von politischen und wirtschaftlichen
Umbrüche und Zäsuren, von Elitenaustausch und Kaderwechsel in einem neuen
politischen System, einer neuen politischen Kultur. Diese neue politische Kultur wird ihrer vielen Elemente von Gewalt und Unterdrückung wegen als Klientelbildung negativ bewertet.[1] Was bisher aber fehlt, ist die Untersuchung
darüber, ob und welche Rolle Kultur und Kulturpolitik zur selbst gewählten
Integration der „Umsiedler", so die Sprachregelung in der SBZ,[2] in die „neue
Heimat" gespielt hat. Das verwundert um so mehr, weil nicht nur die sowjetische Militärverwaltung kulturelle Aktivitäten von Anfang an forderte und förderte, sondern Kultur der offiziellen Legitimation für Politik und Gesellschaft
der SBZ/DDR diente und gerade Künstler – Schriftsteller, bildende Künstler,
Theater- und Filmschaffende – zu den ersten gehörten, die für den „antifaschistischen Aufbau" in der neuen Gesellschaft bürgen sollten und bürgten. Unter
diesen waren es nicht zuletzt die Remigranten aus westlichen Ländern, die sich
– allerdings freiwillig – für die Rückkehr in die SBZ entschieden hatten, voller
Hoffnung auf einen neuen Staat und eine erneuerte Gesellschaft.

Mit den Gründungen des Kulturbundes zur demokratischen Erneuerung
Deutschlands (1945) und der Deutschen Volksbühne (1947) standen zudem
bald zwei Organisationen zur Verfügung, die integrierende Möglichkeiten

---

1 Kaiser, Jochen-Christoph: Klientelbildung und Formierung einer neuen politischen Kultur. Überlegungen zur Geschichte der Bodenreform in Thüringen, in: Bauerkämper, Arnd
(Hg.): „Junkerland in Bauernhand"? Durchführung, Auswirkungen und Stellenwert der
Bodenreform in der Sowjetischen Besatzungszone (Historische Mitteilungen, Beiheft 20).
Stuttgart 1996, S. 119–131.
2 Zum Begriff des „Umsiedlers" vgl. Schwartz, Michael: Vertriebene und „Umsiedlerpolitik". Integrationskonflikte in den deutschen Nachkriegs-Gesellschaften und die Assimilationsstrategien in der SBZ/DDR 1945–1961. München 2004 (Quellen und Darstellungen
zur Zeitgeschichte, hrsg. vom Institut für Zeitgeschichte; 61), S. 3–6.

boten.[3] Die Frage stellt sich also: Fühlten sich die deutschen Flüchtlinge und Vertriebenen von diesen Angeboten angesprochen oder überwogen bei ihnen die ostpreußischen, schlesischen oder pommerschen Traditionen, die in den Westzonen und der späteren Bundesrepublik seit Ende der vierziger Jahre in den entsprechenden landsmannschaftlichen Organisationen intensiv gepflegt und gefördert wurden, wobei ihre Auftritte bei den Treffen und Heimattagen immer eine zugleich volkskulturelle Manifestation mit Trachten, Liedern und Tänzen und politische Forderung nach Rückkehr in die alte Heimat darstellten; von den Umsiedlern in der SBZ wurden sie in den fünfziger Jahren stark beachtet und bis zum Mauerbau gut besucht.[4] Gleichzeitig veröffentlichte die westliche Volkskunde eine enorme Zahl von Untersuchungen zur Heimat- und Volkskultur der Vertriebenen.[5]

Welche Bedeutung hatte die kulturelle Arbeit der Landsmannschaften in der Bundesrepublik für die Integration der Flüchtlinge und Vertriebenen bzw. umgekehrt gefragt, förderte oder behinderte das Verbot jeglicher eigenständiger kulturellen Vertriebenenvereinigungen in der SBZ/DDR die Integration in die neue Gesellschaft. Die bisherige Forschung hat bisher nur das Verbot vertriebenenspezifischer Zusammenschlüsse untersucht und als diktatorischen Eingriff in eine Selbstorganisierung beschrieben.[6] Hier also sei die Frage gestellt, ob nicht gerade die seit 1945 neuen gesamtgesellschaftlichen kulturellen Organisationen die Möglichkeit der Integration boten.

Auf ein Haupthindernis für unsere Untersuchung muss verwiesen werden: Seit Ende der vierziger Jahre wurden die Umsiedler in der SBZ/DDR in keiner Statistik mehr gekennzeichnet und nur noch ganz selten finden sich Hinweise auf sie. Man kann also quantitativ gesehen lediglich von einer Wahrscheinlichkeitsrechnung ausgehen, was ihre Teilnahme allgemein im Kulturbereich betrifft.

---

3   Nicht berücksichtigt wird hier die Deutsch-Sowjetische-Freundschaft (DSF), gegr. 1947, die ohne Tradition in der deutschen Kulturlandschaft war; vgl. Prieß, Lutz: Die Gesellschaft für Deutsch-Sowjetische Freundschaft, in: Die Parteien und Organisationen der DDR. Ein Handbuch. Hrsg. von Stephan, Gerd-Rüdiger u.a. Berlin 2002, S. 617–636; Hartmann, Anne/Eggeling, Wolfram: Sowjetische Präsenz im kulturellen Leben der SBZ und frühen DDR 1945–1953. Berlin 1998 (Edition Bildung und Wissenschaft; 7).

4   Vierneisel, Beatrice: Rudolf Jahnke (1920–1981) – ein ‚Manager' in der DDR. Aspekte der Kulturpolitik in den fünfziger Jahren, hrsg. vom Landesbeauftragten für Mecklenburg-Vorpommern für die Unterlagen des Staatssicherheitsdienstes der ehemaligen DDR. Schwerin 2002, S. 67 und FN 340.

5   Jahrbuch für Volkskunde der Heimatvertriebenen, 1.1955, Bibliographie, S. 243–289.

6   Grottendieck, Michael: Egalisierung ohne Differenzierung? Verhinderung von Vertriebenenorganisationen im Zeichen einer sich etablierenden Diktatur. In: Großbölting, Thomas/Thamer, Hans-Ulrich (Hg.): Die Errichtung der Diktatur. Transformationsprozesse in der Sowjetischen Besatzungszone und in der frühen DDR. Münster 2003, S. 191–221; Schwartz, wie Anm. 2, S. 509–544, differenziert seine Aussagen, indem er sie in den gesamtdeutschen Zusammenhang stellt, in den diese Verbote fielen.

Doch zuerst zur Ausgangslage in den ersten Monaten der Sowjetischen Besatzungszone mit besonderem Blick auf Mecklenburg-Vorpommern.

1.1 Die Umsiedler

1944 begann im damaligen Deutschen Reich eine Menschenwanderung, die jede bisherige Ordnung außer Kraft zu setzen schien. Das Ausmaß an Not kann nur von den Flüchtlingen und Vertriebenen, den Evakuierten, Kriegsheimkehrern und so genannten Staatenlosen verstanden werden, die diese Wochen, Monate und Jahre damals erlebten. Davon in Mitleidenschaft gezogen war aber auch die einheimische Bevölkerung, die sich überfordert fühlte und den ein- und durchströmenden Massen ängstlich, hilflos und abwehrend gegenüberstand. Nicht zuletzt haben die Verwaltungen, die Kirchen mit ihren karitativen Diensten sowie nicht zuletzt Privatpersonen eine heute kaum nachvollziehbare Leistung in der Aufnahme und der Erstversorgung der Menschen zustande gebracht. Dies alles gilt besonders für Mecklenburg und Vorpommern. 1939 lebten hier insgesamt 1.278.700 Einwohner,[7] von denen ein beträchtlicher Teil nach dem Kriegsende und nachdem die britischen Truppen im Juli 1945 das ursprünglich besetzte Gebiet im westlichen Mecklenburg wieder verlassen hatten, in die Westzonen geflüchtet waren: vor allem Belastete des Nazi-Regimes und durch die Bodenreform enteignete Grundbesitzer und Unternehmer.

Als „wilde Bewegung", so das gerade in Schwerin eingerichtete mecklenburgische Umsiedleramt[8] im Oktober 1945, zogen täglich 30.000 bis 40.000 Personen mehr oder weniger planlos von Ort zu Ort, ganze Transporte wurden quer durch die Länder aller Besatzungszonen verschoben, und landeten oft im agrarischen Norden in der Hoffnung, hier dem schlimmsten Hunger entkommen zu können. Im gleichen Monat wurden 820.000 „Umsiedler" in einer „Schnellzählung" erfasst.[9] 1947 registrierte man 1.426.000 Umsiedler, davon allein

---

7　Bundesarchiv (BA), DO 2/21, Bl. 117; 1939 waren es noch 1.405.403 Einwohner, vgl. ebd., Bl. 154, diese Zahl auch in SBZ Handbuch – Staatliche Verwaltungen, Parteien, gesellschaftliche Organisationen und ihre Führungskräfte in der Sowjetischen Besatzungszone Deutschlands 1945–49. Hrsg. von Martin Broszat und Hermann Weber. Mit Beiträgen von Gerhard Braas u.a. München 1993, S. 103.

8　Vgl. dazu für Mecklenburg-Vorpommern Schwartz, wie Anm. 2, v.a. S. 218ff., 311ff., 203: In Mecklenburg unterstand das Umsiedleramt dem Präsidenten der Landesverwaltung, Wilhelm Höcker, ab Januar 1947 dem Ministerium für Sozialwesen, das von Friedrich Burmeister (CDU) bis 1949 geleitet wurde; dem entsprechenden Ressort aber standen, bis auf eine kurzzeitige Ausnahme, KPD/SED-Funktionäre vor; eine einflussreiche Rolle in der SBZ-Umsiedlerpolitik nahm der mecklenburgische Innenminister Hans Warnke (KPD/SED) ein; 1948 begann die Auflösung einer eigenständigen „Umsiedlerpolitik", die allerdings, wie Schwartz nachweist, bis um 1952/53 noch verfolgt werden kann.

9　BA, DO 2/20, S. 40. – Vgl. auch Schwartz, wie Anm. 2, S. 51–55 zu weiteren Zahlenangaben, deren Verbindlichkeit, so der Autor, letztlich offen bleiben muss. – Wer ein

„1.000.000 aus Polen"; 40% waren in Gemeinden unter 2.000 Einwohnern und 16% auf Städte über 50.000 Einwohner verteilt.[10] Gegenüber der Einwohnerzahl von 1939 wuchsen die Städte bis Januar 1947: Greifswald von 29.488 auf 43.897, Güstrow von 28.182 auf 33.039; Rostock von 123.935 auf 116.650, Stralsund von 49.293 auf 52.463, Wismar von 29.463 auf 44.173 und Schwerin von 65.000 auf 99.518.[11]

Im Januar 1949 betrug der „reale" Bestand in Mecklenburg und Vorpommern 922.088 Umsiedler innerhalb einer Gesamtbevölkerungszahl von ca. 2.126.000 Personen.[12] Statistisch war fast die Hälfte der Bevölkerung „Neubürger" (43%), wobei dieser Begriff jetzt nicht mehr nur die Umsiedler allein umfasste. Auf dem Land, wo die meisten von ihnen lebten, übertrafen sie zahlenmäßig oft die Einheimischen. Der Anteil der Frauen, kriegsbedingt noch jahrelang in der Überzahl, betrug 1947 an der Gesamtbevölkerung Mecklenburg-Vorpommerns 42,6% gegenüber 28,6% Männern, der Prozentsatz der Umsiedler unter Ihnen 43,3% Frauen bzw. 26,4% Männer.[13] „Den höchsten Prozentsatz an Kindern weist Mecklenburg auf, und zwar von der Gesamtbevölkerung 28,8% und unter den Umsiedlern 30,3% (282.000 Kinder)."[14]

Die Wanderbewegung hörte jedoch keineswegs auf, wirklich sesshaft war ein großer Teil der Menschen noch lange nicht. Die Arbeitsplatzlenkung verschob ganze Bevölkerungsgruppen in die Industriezentren, oft nur die Männer ohne deren Familien, die auf dem Land blieben, wo man ein Stück Gartenland für die Grundversorgung anlegen konnte. Andererseits verließen wieder viele aus den unterschiedlichsten Gründen Mecklenburg-Vorpommern, nicht zuletzt wegen der äußerst rückständigen Lebensverhältnisse auf dem Land. Ungebrochene Kontinuität bis 1961 hatte auch die so genannte Republikflucht und die jeweiligen politischen Ereignisse und Entscheidungen gekennzeichneten deren jeweilige Zahlenhöhe: fortlaufende Enteignungen und frühe Kollektivierungsmaßnahmen in der Landwirtschaft, der Aufstand vom 17. Juni 1953 und – zunehmend seit 1952 – die mehr oder weniger erzwungene Verpflichtung von waffenunwilligen jungen Männern für den Dienst in der Kasernierten Volks-

---

　　　„Umsiedler" sei, war in den SBZ-Ländern verschieden definiert, betr. Mecklenburg s. die Abschrift aus dem Amtsblatt v. 12.8.1946 in DO 2/49, S. 20.

10　BA, DO 2/21, S. 117, undat.; ebd. S. 154: 1.029.695 „Umsiedler", d.h. „Ostumsiedler", „Westevakuierte" und „Evakuierte aus der russischen Zone" stehen 1.087.144 „Alteingesessene" gegenüber, zusammen eine Bevölkerungszahl von 2.116.839 Personen.

11　BA, DO 2/67, Bl. 118: Aufstellung der Einwohnerzahlen vom Januar 1947.

12　DO 2/49, S. 100–128; Schwartz, wie Anm. 2, S. 51.

13　Schwartz, wie Anm. 2, S. 52, Stichtag 1.10.1947.

14　Stiftung Archiv der Parteien und Massenorganisationen im Bundesarchiv (SAPMO–BA), DY 30/IV 2/5/243, v. 7.10.1948, S. 39–45; dass. bei Schwartz, wie Anm. 2, S. 52; der Landesname Mecklenburg ersetzte inzwischen auf Geheiß der SMAD die 1945 verwendete Bezeichnung Mecklenburg-Vorpommern.

polizei, deren Seepolizei 1949/50 ihre ersten Standorte in Mecklenburg-Vorpommern bezogen hatte.[15]

1.2 Die Bodenreform

Für die Integration der Umsiedler erhoffte sich die Politik den meisten Effekt durch die Bodenreform. Tatsächlich war in Mecklenburg-Vorpommern im Oktober 1947 mit Abstand das meiste Land inzwischen zugewiesen: 338.500 Hektar für 35.900 Wirtschaften.[16] 1949 waren rund 968.000 Hektar[17] verstaatlicht und jeder zweite Vertriebene hatte eine Neubauernstelle erhalten, darunter auch Frauen.[18] Im Norden war die durchschnittliche Betriebsgröße von 9,6 Hektar[19] zudem höher als in den anderen Ländern der SBZ, eine Größe, die bei entsprechender Bodenqualität, ausreichender Versorgung an „totem und lebendem Inventar" und realistischem Abgabesoll hätte ausreichen können.[20]

Wie es dann im Einzelnen aussah, lässt sich an einer „Strukturuntersuchung" ablesen, die die Zentralverwaltung für deutsche Umsiedler (ZVU) im Sommer 1947 im Kreis Grimmen in Vorpommern durchführte.[21] In der Gemeinde Görmin lebten 1.950 Einwohner, darunter zählten als Umsiedler 245 Männer, 441 Frauen und 354 Kinder und Jugendliche, zusammen also 1.040 neue Einwohner. Den 125 Altbauern standen 65 Neubauern gegenüber, von denen 22 Umsiedler waren. Die 1.410 Einwohner der Gemeinde Horst teilten sich in 205 Männer, 367 Frauen und 289 Kinder und Jugendliche unter den Umsiedlern (zus. 861). In Horst gab es neben den 61 Altbauern 36 Neubauern, davon 28 Umsiedler. Hier gab es zudem unter 33 Handwerksbetrieben 13 Umsiedler. In Wittenhagen lebten unter den 873 Einwohnern 499 Umsiedler, auch hier übertraf die Anzahl der Frauen und Kinder deutlich die der Männer. Ebenso war die Zahl der 43 Neubauern, darunter 14 Umsiedler, höher als die der 30 Altbauern. Außerdem gab es hier eine Sägemühle, in der 190 Umsiedler neben 52 weiteren Beschäf-

---

15 Diedrich, Torsten/Wenzke, Rüdiger: Die getarnte Armee. Geschichte der Kasernierten Volkspolizei der DDR 1952–1956. Berlin 2003, S. 64–73.

16 SAPMO–BA, DY 30/IV 2/5/243, S. 39–45.

17 SBZ Handbuch, wie Anm. 7, S. 114.

18 Schwartz, wie Anm. 2, S. 652.

19 Ebd.

20 Vgl. Hempe, Mechthild: Ländliche Gesellschaft in der Krise. Mecklenburg in der Weimarer Republik. Köln 2002 (Industrielle Welt; 64), S. 150f., zu den Hofgrößen in der Weimarer Zeit.

21 BA, DO 2/49, S. 400–454; die Einwohnerzahl der Kreisstadt war gegenüber 1939 um 78,8% gestiegen, 54% bzw. 40.690 Einwohner waren Umsiedler. Die Untersuchung in den Gemeinden mit jeweils mehreren Ortsteilen berücksichtigte auch die Sozialfürsorge mit Fürsorgeempfängern und Altersrentenempfängern mit ebenfalls vielen Umsiedlern.

tigten in zwei bis drei Schichten „ausschließlich" für Reparationen arbeiteten.[22] In Brandshagen mit 884 Umsiedlern (218 Männer, 399 Frauen, 267 Kinder und Jugendliche) unter 1.589 Einwohnern waren die 140 Neubauern, darunter 35 Umsiedler, deutlich in der Überzahl gegenüber den 10 Altbauern. Arbeit gab es auch in 20 Handwerksbetrieben (darunter 5 Umsiedler) und in der landeseigenen Ziegelei mit 33 Arbeitern und zwei Angestellten, darunter 10 Umsiedlern. Für jeden Ort mit seinen Ortsteilen waren ein oder zwei Volksschulen angegeben.[23] In Görmin hatte die SED 79 Mitglieder, die CDU 5, in Horst waren es 120 SED- und 12 CDU-Mitglieder, für Wittenhagen sind 115, für Brandshagen 130 SED-Mitglieder angegeben.

1.3 Industrie und Verwaltung

Großindustrie auf Befehl der SMAD, vorerst für deren Reparationsforderungen, entstand in den wenigen Küstenstädten Rostock, Warnemünde, Wismar und Stralsund. Nachdem schon die Rüstungsindustrie des „Dritten Reiches" die mittelständischen Strukturen verändert hatte,[24] wurden nun die dortigen Werften und ihre Zulieferbetriebe in einem raschen Prozess enteignet und verstaatlicht und umfassten Tausende von Betriebsangehörigen, die für die kommenden Jahre mit Schiffsreparaturen für die UdSSR ausgelastet waren. So zählte die Schiffswerft Wismar im Januar 1949 4.075 Betriebsangehörige, von denen zwei Drittel Umsiedler waren.[25] In Warnemünde, wo die Warnow-Werft zum größten Industriebetrieb im Norden heranwuchs, hatte der Ort seinen ursprünglichen Charakter als Badeort verloren und die Einwohnerzahlen waren von 5.000 (1939) über ca. 5.800 (1945) auf ca. 16.000 (1949) gestiegen.[26] Die Belegschaft der Warnow-Werft war von 99 Personen im November 1945 in einem drängenden SBZ-weiten Wettbewerb um arbeitsfähige Männer auf 5.160 im Dezember 1949 angewachsen, und auch hier handelte es sich „vielfach um Umgesiedelte",

---

22   Ebd., S. 452.

23   Günther, Karl-Heinz/Uhlig, Gottfried: Geschichte der Schule in der DDR. Berlin (Ost) 1974, S. 62: In Mecklenburg gab es im ersten Schuljahr nach dem Krieg 60,8% einklassige Schulen, 1948/49 nur noch 19,4%.

24   Albrecht, Martin: Rüstung und Zwangsarbeit im nationalsozialistischen Mecklenburg und Vorpommern. Unter Mitarbeit von Florian Ostrop u.a. Hrsg. Friedrich-Ebert–Stiftung, Landesbüro Mecklenburg-Vorpommern (Beiträge zur Geschichte von MV; 11) Schwerin 2005; Möller, Kathrin: Wunder an der Warnow? Zum Aufbau der Warnowwerft in Rostock-Warnemünde (1945–196). Bremen 1998.

25   BA, DO 2/40, S. 540f., SAPMO–BA, DY 30/IV 2/5/243, S. 64–73.

26   BA, DO 2/40, S. 555f.; zum Rostocker Wohnungsproblem s. Nieske, Christian: Republikflucht und Wirtschaftswunder. Mecklenburger berichten über ihre Erlebnisse 1945 bis 1961. Schwerin 2001, S. 271ff.

nämlich um 40%.[27] Nicht anders in der Volkswerft Stralsund, die, wenige Jahre später, 1953 unter einer Belegschaft von 5.521 Mitarbeitern „45% ehemalige Umsiedler" beschäftigte.[28]

Außer in Landwirtschaft und Industrie kamen die Umsiedler in der Verwaltung unter, in der bereits im November 1945 alle ehemaligen NSDAP-Mitglieder entlassen waren,[29] wohl einer der Gründe, weshalb Mecklenburg-Vorpommern im Vergleich zu den anderen Ländern der SBZ auch hier die hinsichtlich der Eingliederung durch Arbeit günstigste Relation aufwies: 1949 saßen 28 Umsiedler im Landtag (32,2%), 257 im Kreistag (26,4%), 39 waren Stadtverordnete in den kreisfreien Städten[30] (16,3%), 69 waren Kreisräte (47,9%) und 741 Umsiedler waren Bürgermeister in den Kreisstädten (30,8%).[31]

Damit sind die Arbeitsbereiche genannt, in denen sich die Flüchtlinge und Vertriebenen, ohne dass sie nach 1949 noch als kenntlich angeführt werden, künftig bewegten. Die Arbeitsvermittlung war nicht nur angesichts der notwendigen Aufbauarbeit von dringender Bedeutung, sondern eine Arbeitsstelle galt auch als wichtigster Faktor für die Integration. Die oben angeführten Zahlen sollen dabei ungefähr die Größenverhältnisse andeuten, die unserem Thema zugrunde liegen. Ihre Aussagekraft ist jedoch beschränkt. So waren die männlichen Industriearbeiter, Fach- und Hilfsarbeiter, zwar nicht unzufrieden mit ihrem Leistungslohn, jedoch uninteressiert an Politik, wie die ZVU in Wismar im Januar 1949 intern feststellen musste und insgesamt „herrsche" unter den Umsiedlerarbeitern „doch noch eine gewisse deprimierte Stimmung".[32] Gründe dafür lagen nicht allein in den angeführten Versorgungsmängeln vor allem von Wohnraum, sondern, womit SED und Verwaltung immer wieder und noch Jahre konfrontiert waren, im „Warten auf Rückkehr".[33] Das war auf dem Land nicht anders. Dort kam hinzu, dass die Neubauern mit den Altbauern in Konkurrenz standen, nicht nur wegen der oft verweigerten besseren Unterbringung, sondern auch durch die Mangelwirtschaft bei Maschinen, Baumaterial,

---

27 Möller, wie Anm. 24, S. 70, 127, 129f.; Möller übernimmt die Zahl von 40% aus Seraphim, Peter-Heinz: Die Heimatvertriebenen in der Sowjetzone. Berlin 1954.

28 SAPMO–BA, DY 30/IV 2/4/418, S. 52–90, „Analyse" der Bezirkspartei-Kontrollkommission (BPKK) Rostock vom 16.10.1953, zu Stralsund, S. 55–59.

29 Melis, Damian van: Sie waren wohl Mitglieder der NSDAP, aber keine Faschisten". Antifaschismus in Mecklenburg-Vorpommern, in: Bispinck, Henrik/Melis, Damian van/ Wagner, Andreas (Hg.): Nationalsozialismus in Mecklenburg und Vorpommern. Schwerin 2001, S. 137–159, hier S. 149.

30 Schwerin, Rostock, Wismar, Stralsund, Greifswald, Güstrow.

31 Schwartz, wie Anm. 2, S. 107, Übersicht v. Juli 1949. – Da das politische Vorleben der Flüchtlinge und Vertriebenen oft nicht überprüft werden konnte, war dies Anlass für gegenseitiges und anhaltendes Misstrauen und Gerüchte.

32 SAPMO–BA, DY 30/IV 2/5/243, S. 64–73: Bericht, 25.1.1949, gez. Georg Chwalczyk; dazu BA, DO 2/40, S. 540f, der zusammenfassende Bericht von Kurt Büttner, 28.1.1949, in der die Lage in der Werft Wismar deutlich beschönigt wird.

33 SAPMO–BA, DY 30/IV 2/5/243, S. 73.

Futter, Düngemittel usw. Die alten und neuen Landarbeiter in den Volkseigenen Gütern (VEG), wieder am unteren Ende der ländlichen Hierarchie,[34] waren
ebenso depraviert wie die Arbeiter der Bau-Unionen, die unter menschenun-
würdigen Lagerbedingungen ohne ihre Familien auf den Großbaustellen für die
sowjetische Besatzungsarmee Dienst tun mussten: Instandsetzung bzw. Bau von
Häfen, Flugplätzen und Wohngebäuden für die Armeeangehörigen.[35]

1.4 Umsiedler und SED

Von Anfang an verstand sich die KPD/SED als „regierende" Partei und hatte
für die Durchsetzung ihrer Ziele alle von der SMA ermöglichten Mittel zur
Verfügung. Im Hinblick auf diesen neuen Staat waren die Industriearbeiter die
wichtigste Klientel für die SED und deren Kaderpolitik, die Frauen dienten
als Massenarbeitskräfte und die vielen Kinder und Jugendlichen galten als die
eigentliche Zukunft. Diesen Personengruppen galt das vordringliche Interesse
der Partei auch im Norden der SBZ/DDR, Vorgaben der Parteizentrale[36] galten
vor allem der Gewinnung dieser drei Gruppen; andererseits bot nur die SED
die sichere Gewähr dafür, der Not zu entkommen und zu reüssieren. Im Oktober 1947 waren unter der Einwohnerschaft von Mecklenburg und Vorpommern
rund 200.000 Personen Mitglieder der SED, etwa 9,5% aller Einwohner, unter
den Umsiedlern waren es allein ca. 53.000, d.h. rechnerisch waren gut ein Viertel der SED-Mitglieder Umsiedler.[37] Zieht man die hohe Zahl der Kinder und
Jugendlichen (um 30%) ab, so spricht das Ergebnis nicht für ein politisches
Abseitsstehen der neuen Bürger.

Bei den verschiedenen Wahlen 1946/47 sah das Bild in der Tendenz kaum
anders aus. Bei den Gemeindevertreterwahlen im September 1947 etwa entfie-
len in 133 Landgemeinden auf die SED 56,01% der Stimmen, auf die CDU,
die fast nur in Altbauern-Dörfern mit Listen vertreten war, 43,99%; das hieß
nach Ansicht der SED, in Neubauern-Dörfern buche sie mehr Erfolg für sich.[38]

---

34 Schwartz, wie Anm. 2, S. 641ff.
35 SAPMO–BA, DY 30/IV 2/4/422: die Untersuchungen der Zentralen Parteikontrollkom-
    mission (ZPKK) und der BPKK in den Bau-Unionen zum 17. Juni 1953, lassen diese
    Zustände ahnen.
36 SAPMO–BA, DY 30/IV 2/5/211, Bl. 23ff.
37 Ebd., Bl. 33.
38 Ebd., Bl. 9f.; vgl. ebd., Bl. 11f.: die mecklenburgischen Landtagswahlen vom Oktober
    1946 zeigen dagegen deutlich geringere Stimmenanteile für die SED; vgl. dagegen Boris
    Spix: Bodenreform und Wahlverhalten der Neubauern. Eine Fallstudie anhand der Land-
    tagswahlen in der Prignitz im Herbst 1946. In: Kluge, Ulrich/Halder, Winfrid/Schlenker,
    Katja (Hg.): Zwischen Bodenreform und Kollektivierung. Vor- und Frühgeschichte der
    ‚Sozialistischen Landwirtschaft' in der SBZ/DDR vom Kriegsende bis in die fünfziger
    Jahre. Stuttgart 2001 (Beiträge zur Wirtschafts- und Sozialgeschichte), S. 89.

Nach den Parteisäuberungen 1948 bis 1951 halbierte sich fast die Mitgliederzahl[39] und zum 31. Dezember 1951 registrierte die ZK-Abteilung Parteiorgane nur noch 110.055 Mitglieder in Mecklenburg und Vorpommern, davon 26,6% Industriearbeiter und 27% Angestellte; unter den Lehrern, den wichtigen Kultur- und Ideologievermittlern, war bereits ein relativ hoher Anteil in der SED (3.635 Mitglieder); unter den 13.284 SED-Kandidaten wiederum waren 42% jünger als 30 Jahre.[40] Im Mai 1950 meldete der SED-Kreisvorstand Rostock unter 20% Altlehrern und 80% Neulehrern 47,8% SED-Mitglieder, 35,7 waren parteilos.[41] Eine schwindende Kategorie waren die „Hausfrauen", die im Januar 1950 noch rund 32.000, Ende 1951 nur noch rund 9.500 Mitglieder ausmachten; ohne zu arbeiten, gehörten sie nicht zur Klientel der SED.[42] Im Gesamtdurchschnitt Mecklenburg-Vorpommerns übertrafen auch weiterhin die SED-Angestellten die SED-Industriearbeiter; die Bauern, die im Prinzip in der Demokratischen Bauernpartei organisiert waren, brachten es in der Landes-SED auf kaum mehr als 5%; am höchsten war der Prozentsatz an Angestellten in der Landeshauptstadt Schwerin mit 41% unter 10.481 SED-Mitgliedern.[43] Der Anteil der weiblichen SED-Mitglieder und Kandidaten belief sich Ende 1951 auf ein mehr oder weniger konstant bleibendes Verhältnis von 22,4% weiblichen zu 77,6% männlichen Mitgliedern, also auf etwa eins zu drei.[44]

Die vorstehenden Angaben haben die „Neubürger" im Blick, und ihre Zahl war dominant; doch sie trafen auf eine einheimische Bevölkerung mit einem bemerkenswerten Beharrungsvermögen in ihrem politisch-kulturellen Selbstverständnis.

---

39 Zu den Mitgliederbewegungen vgl. Malycha, Andreas: Die SED. Geschichte ihrer Stalinisierung 1946–1953. Paderborn u.a. 2000, S. 491–508.

40 SAPMO–BA, DY 30/IV 2/5/1378, Bl. 38f.; SAPMO–BA, DY 30/IV 2/5/1377: im April 1949 betrug die Zahl noch ca. 200.000 SED-Mitglieder. – In den laufenden Erhebungen der ZK-Abteilung änderten sich die Rubrizierungen immer wieder, die verlässliche Aussagen auf die berufliche Zusammensetzung der SED erschweren.

41 SAPMO–BA, DY 30/IV 2/5/1099, Bl. 49ff.

42 SAPMO–BA, DY 30/IV 2/5/1378, Bl. 38f. In diesem Zeitraum war die Mitgliederzahl von ca. 167.000 auf ca. 110.000 gefallen.

43 SAPMO–BA, DY 30/IV 2/5/1401.

44 SAPMO–BA, DY 30/IV 2/5/1378, Bl. 29. Aufschlussreicher wären differenzierte Untersuchungen über die Mitgliederbewegungen in einzelnen Kreisen. Der Kreis Grimmen etwa zählte Ende 1954 2.505 SED-Mitglieder, davon je ca. 24% Arbeiter, Angestellte und Bauern; zur gleichen Zeit gab es in Wismar-Stadt 4.343 SED-Mitglieder, darunter 45,2% Arbeiter und 39,1% Angestellte; in Rostock-Stadt zählten unter 11.351 SED-Mitgliedern 37,8% Arbeiter und 39,6% Angestellte – in der größten Industriestadt des Nordens und ehemaligen SPD-Hochburg waren mehr Angestellte als Industriearbeiter in der SED, vgl. dazu SAPMO–BA, DY 30/IV 2/5/1410.

2. Integration durch Kultur und kulturelle Praxis?

In ganz Deutschland setzte unmittelbar nach Kriegsende – auch in einer Art Kompensation – die Beschwörung auf das Erbe der Klassiker ein, und Goethe und Schiller, Mozart und Beethoven hatten Hochkonjunktur, nachzulesen in vielen Erinnerungen und Beschreibungen der Nachkriegszeit.[45] Theater, Konzerte und Filme standen einer verstörten und traumatisierten Bevölkerung zur Verfügung, die den 8. Mai in ihrer großen Mehrheit als Niederlage und Zusammenbruch und nicht als Befreiung erlebt hatte. Kultur versprach jetzt und wieder einen politikfreien Rückzugsort, der nicht zuletzt die Auseinandersetzung mit der jüngsten Vergangenheit abzuwehren half. Ein wichtiger Träger von kulturellen Aktivitäten wurde wenige Wochen nach Kriegsende der Kulturbund zur demokratischen Erneuerung Deutschlands als Ersatz für alle Vereine, Verbände, Gesellschaften usw., die mit einem der ersten Befehle der vier Alliierten Besatzungsmächte aufgelöst worden waren; Umerziehung der Deutschen und die Kontrolle im Kulturbereich waren dabei wichtige Funktionen dieser Gründung in allen Zonen. Der Kulturbund konstituierte sich zentral im Juli 1945 in Berlin und gewann in der SBZ/DDR in den ersten Jahren herausragende Bedeutung und kulturpolitisches Gewicht durch seinen Exponenten Johannes R. Becher, Präsident des Kulturbundes bis 1958; allerdings war sein politischer Stern bereits zuvor gesunken.[46] Das verabschiedete KB-Manifest,[47] das weit gehend die Handschrift Bechers trägt, nennt Antifaschismus, Demokratie und Freiheit als die Erziehungsziele. Hervorstechend jedoch ist, dass die Beschwörung der „Nation" den eigentlichen Inhalt dieser Botschaft bildete – und das nicht nur im Hinblick auf die erwartete deutsche Einheit.[48] Die Begriffe von den „deutschen Kulturwerten" wie „Stolz", „Ehre", „Seele", „Pflicht" bestimmten das Manifest, verschwommen in der Grenzziehung von national und nationalistisch und sich auf keine Partei berufend; so waren Interessierte aus allen gesellschaftlichen Schichten ansprechbar, nicht zuletzt in Mecklenburg-Vorpommern, wo dieses Konzept auf eine nationalkonservative Grundströmung traf. Mit dieser Intention und unter der „Verführungsfigur"[49] Becher sammelte der Kulturbund die bürgerlichen städtischen Honoratioren und Meinungsträger: Wissenschaftler und Künstler, Rechtsanwälte und Ärzte, Theologen und Pädagogen.

---

45   Vgl. Schivelbusch, Wolfgang: Vor dem Vorhang. Das geistige Berlin 1945–48. München/ Wien 1995.

46   Vgl. die Übersicht bei Dietrich, Gerd: Der Kulturbund, in: Die Parteien und Organisationen der DDR, wie Anm. 3, S. 530–559.

47   Abgedruckt in: Dietrich, Gerd: Politik und Kultur in der Sowjetischen Besatzungszone Deutschlands (SBZ) 1945–1949. Bern u.a. 1993, S. 216–219.

48   Mittenzwei, Werner: Die Intellektuellen. Literatur und Politik in Ostdeutschland von 1945 bis 2000. Leipzig 2001, S. 25–29.

49   Vgl. Diedrich, wie Anm. 15, S. 534.

„Kultur" wurde in den Anfangsjahren der SBZ/DDR als duales Konzept verstanden: hier Intellektuelle und Künstler, dort die werktätigen Arbeiter und Bauern. Mit der „Erneuerung" der deutschen nationalen Kultur sollte dieses Klassenverhältnis und Klassenverhalten aufgehoben werden. Unter dem Motto die „Kunst dem Volke" wurde auf dem Ersten Kulturtag der KPD im Februar 1946 eine aus den sozialistischen Traditionen herrührende Forderung programmatisch verkündet. Klassenprivilegien waren abzuschaffen und den „Werktätigen" Anspruch sowohl auf die höchsten Kunstzeugnisse als auch auf eigene „schöpferische Tätigkeit" zuzugestehen. Anton Ackermanns praktische Vorschläge in seiner Rede auf dem Kulturtag galten den Gastspielen des Berliner Deutschen Theaters in Arbeiterbezirken der Stadt und in Betrieben, aber „(a)uch die Bevölkerung des flachen Landes wartet auf den Künstler" und den Bauern sollte durch „Konzerte und Vorstellungen neue Lebensfreude und damit neue Kraft zur Frühjahrsbestellung" gebracht werden.[50] Von einer Gleichstellung beider Seiten, wie schon der Sprachgebrauch zeigt, konnte jedoch keine Rede sein, der traditionell vorhandenen Intellektuellenfeindlichkeit der Arbeiter stand das ebenso überkommene Überlegenheitsgefühl der Intellektuellen gegenüber und diese Frontstellung kennzeichnete den gegenseitigen, oft abweisenden Umgang. Doch da Kultur nicht nur ein theoretisches Klassenproblem war, sondern kulturelle Praxis auch einem Lebensbedürfnis entsprach, das sich in der „Volkskunst" schon immer ausgedrückt hatte, hatte das „Volk" Tatsachen geschaffen, seine eigenen Traditionen aufgegriffen und die Chöre, Tanz- und Spielgruppen ihrer früheren Vereinstätigkeit – ungeachtet des Verbots – wieder gegründet, in erster Linie auf dem Land, vor allem in Mecklenburg-Vorpommern. Unter der Überschrift „Kleinkunst ohne Prüderie, aber sauber" heißt es schon im August 1945:

> „Überall in den großen und auch kleineren Städten Mecklenburgs und Vorpommerns sind – über Nacht sozusagen – Spieltrupps, Kabaretts, Kleinkunstbühnen entstanden, zu einem großen Teil aus Dilettanten, die mit ihren künstlerischen Darbietungen nicht nur unterhalten, sondern aufklären, aufrütteln und zum demokratischen Wiederaufbau unseres Vaterlandes ermuntern und ermutigen."[51]

Für unsere Fragestellung – Integration der Flüchtlinge und Vertriebenen durch Kultur und kulturelle Praxis – ist Mecklenburg-Vorpommern ein spezieller Fall. Auch hier begannen die Berufskünstler sofort mit dem Neuaufbau, die Theaterstätten und Orchester waren bald wieder einsatzbereit und bereits im Okto-

---

50 Pieck, Wilhelm/Ackermann, Anton: Unsere Kulturpolitische Sendung. Reden auf der Ersten Zentralen Kulturtagung der Kommunistischen Partei Deutschlands vom 3. bis 5. Februar 1946. Berlin 1946, S. 31f.
51 Volkszeitung (KPD), 12.8.1945, gez. br., d.i. Willi Bredel.

Kulturveranstaltung auf dem Land in Mecklenburg-Vorpommern

ber 1945 fand eine vom Rostocker Kulturbund ausgerichtete „Kulturwoche"
statt, in deren Mittelpunkt eine Ernst-Barlach-Ausstellung sowie eine Aufführung von Lessings „Nathan der Weise" standen.[52] Doch wie in keiner anderen
Region (vielleicht mit Ausnahme Bayerns) gab es in Mecklenburg-Vorpommern eine lebendige regionale Sprache und Kultur, das Niederdeutsch,[53] das
im Selbstverständnis ihrer Bewohner auch unter den neuen Verhältnissen nicht
in Frage gestellt wurde: Dichtung, Literatur, Alltagssprache und Alltagskultur
waren plattdeutsch und mehr als eine Mundart. Die alten Lieder und Tänze
ebenso wie die plattdeutschen Stücke der „Niederdeutschen Bühne", die 1946
schon wieder zehn Aufführungsstätten besaß,[54] bedienten keine Minderheiten.
Die bürgerlichen Kulturtraditionen der ehemaligen Residenzstädte, die länd-

---

52 Demokratische Erneuerung, 1946, H. 2: in Rostock feierte der Schauspieler Paul Wegener
    mit dieser Aufführung sein 50jähriges Bühnenjubiläum.
53 Vgl. Herrmann-Winter, Renate (Hg.): Heimatsprache zwischen Ausgrenzung und ideologi-
    scher Einbindung. Niederdeutsch in der DDR. Frankfurt a.M. u.a. 1998; Köstlin, Konrad:
    Niederdeutsch und Nationalsozialismus. Bemerkungen zur Geschichte einer Beziehung,
    in: Dohnke, Kay/Hopster, Norbert/Wirrer, Jan (Hg.): Niederdeutsch im Nationalsozialis-
    mus. Studien zur Rolle regionaler Kultur im Faschismus. Hildesheim, Zürich, New York
    1994, S. 36–58: in diesem Tagungsband geht es nur um die Niederdeutsche Bewegung in
    Westdeutschland.
54 Herrmann-Winter, wie Anm. 53, S. 16: in den Orten Bad Doberan, Dassow, Güstrow,
    Neubrandenburg, Parchim, Ribnitz, Rostock, Schönberg, Stralsund und Wismar.

lichen Traditionen der früheren Rittergüter und Bauerndörfer oder die wieder anderen Traditionen der alten See- und Handelsstädte, wurden nicht als Gegensätze verstanden,[55] wenn auch der Sprachgebrauch differenziert war, d.h. es gab Unterschiede, wer wann und wo plattdeutsch oder hochdeutsch sprach.[56] Waren die politischen und wirtschaftlichen Verhältnisse seit Jahrhunderten bis 1918 von einer starr konservativen Ständegesellschaft geprägt,[57] in der die krassen sozialen Unterschiede wie die Abhängigkeiten bis 1945 nie richtig geendet hatten, so verbanden ebenfalls Jahrhunderte lang alte Feste, Bräuche und Rituale, geprägt von Mythen- und Sagenüberlieferungen, die verschiedenen Bevölkerungsschichten.[58] Zu den Kontinuitäten dieses „Heimatgefühls" gehörte freilich auch die ausgeprägte „Großstadtfeindschaft" als Kulturelement.[59]

Die Forschung hat die norddeutschen ländlichen, protestantischen Regionen als „konservatives Milieu" beschrieben, dessen Kultur sich seit dem 19. Jahrhundert aus einem „Netzwerk" von Kultur-, Heimat-, Schützen- und Kriegervereinen zusammensetze.[60] Diese Vereinskultur verstand sich als unpolitisch,

---

55 1947–1950 trug in Mecklenburg die Kulturabteilung im Volksbildungsministerium den Namen „Volkskultur" bzw. „Allgemeine Volkskultur", erst nach der Staatsgründung wurde die sonst übliche Bezeichnung „Kunst und Literatur" eingeführt, vgl. Rakow, Peter-Joachim: Das mecklenburgische Volksbildungsministerium 1945–1952. Struktur- und Funktionsgeschichte eines Landesministeriums, in: Archivmitteilungen, 17.1967, H. 4, S. 143–149, hier S. 146f.

56 Bentzien, Ulrich/Neumann, Siegfried (Hg.): Mecklenburgische Volkskunde. Rostock 1988, S. 104.

57 Vgl. Vitense, Otto: Geschichte von Mecklenburg (Allgemeine Staatengeschichte, hrsg. von Hermann Oncken; Abt. 3: Deutsche Landesgeschichten, hrsg. von Armin Tille; 11). Nachdruck der Ausgabe Gotha 1920. Würzburg 1985, 3. Aufl. 1990 (Weidlich-Reprints): erst 1918 wurde die Ständeverfassung abgeschafft.

58 Bentzien/Neumann, wie Anm. 56.

59 Vgl. Köstlin, wie Anm. 53, S. 53; Vierneisel, Beatrice: Der Stralsunder Maler Manfred Kastner und der Bezirksverband bildender Künstler Rostock in den siebziger Jahren. In: Zeitgeschichte Regional, 2004, H. 2, S. 29–40.

60 Pyta, Wolfram: Dorfgemeinschaft und Parteipolitik 1918–1933. Die Verschränkung von Milieu und Parteien in den protestantischen Landgebieten Deutschlands in der Weimarer Republik. Düsseldorf 1996 (Beiträge zur Geschichte des Parlamentarismus und der politischen Parteien; 106); Matthiesen, Helge: Greifswald in Pommern. Konservatives Milieu im Kaiserreich, in Demokratie und Diktatur 1900–1990. Düsseldorf 2000 (Beiträge zur Geschichte des Parlamentarismus und der politischen Parteien; 122); Bösch, Frank (unter Mitarbeit von Helge Matthiesen): Das konservative Milieu. Vereinskultur und lokale Sammlungspolitik in ost- und westdeutschen Regionen 1900–1960. Göttingen 2002 (Veröffentlichungen des Zeitgeschichtlichen Arbeitskreises Niedersachsen; 19). – Untersuchungsfeld für Matthiesen und ihm folgend Bösch war Greifswald und Umgebung, eine frühe Hochburg der Nationalsozialisten, gerade auch in der Universität, vgl. Inachin, Kyra T.: Der Aufstieg der Nationalsozialisten in Pommern. Persönlichkeitsprofil und Karriereverlauf der Führungskader der pommerschen NSDAP, in: Bispinck/Melis/Wagner, wie Anm. 29, S. 111–136. – Dringend notwendig wären vergleichbare Forschungen für die soziokulturell je anders strukturierten Gegenden in den ehemaligen Großherzogtümern

nationalistisch und antisemitisch und stand in einem „komplexen und scheinbar paradoxen Verhältnis zwischen weltanschaulicher Kongruenz und organisatorischer Abschottung"[61] zur NSDAP, deren „sozialrevolutionärer" Gregor-Strasser-Flügel für die Landbevölkerung zudem verheißungsvoll schien.[62] Die Aus- und Abgrenzung dieser völkischen Ideologie mit ihrem Begriff von „Volksgemeinschaft"[63] war der Nährboden für den Nationalsozialismus und seine Ausrottungspolitik gewesen. Der teilweise enorme Widerstand der Altansässigen gegen die Umsiedler wie überhaupt alle „Fremden" nach dem Krieg, den die sowjetischen und deutschen Kontrollorgane in Mecklenburg und Vorpommern immer wieder feststellten,[64] war auch diesem Milieu geschuldet, dessen Ausgrenzungsverhalten in den nun „fremden" Flüchtlingen und Vertriebenen ihre neuen Opfer fand. Andererseits passte sich diese Altbevölkerung zum Teil recht schnell in die neuen Verhältnisse ein, hatte sie wieder das Sagen in einer autoritär strukturierten Gesellschaft, wovon nicht an die Öffentlichkeit gelangende lokale Untersuchungen auf dem Land sprechen.[65] Begünstigt wurde das durch die Entnazifizierungspolitik der SED, die letztlich die neue Parteiloyalität belohnte und die alte vergessen machte.[66] Doch die „Demontage" (Bösch) der alten Eliten in der SBZ, ein wenig humaner Begriff aus der Reparationswirtschaft, konnte nicht verhindern, dass das „Volk" noch vorhanden war, das es umzuerziehen galt.

Die niederdeutsche Kultur wurde gleich in den ersten Heften der Zeitschrift des mecklenburgischen Kulturbundes, in der „Demokratischen Erneuerung", zur „Diskussion" gestellt, gerade auch mit Verweis auf die Zugezogenen:

Mecklenburg-Schwerin und Mecklenburg-Strelitz bzw. in der lange von Schweden besetzten und dann Preußischen Provinz Pommern, den ehemaligen Ritterguts- bzw. Domanialdörfern, den selbstbewussten Städten Rostock oder Wismar und den kleinen Landstädten.

61 Bösch, wie Anm. 60, S. 146.

62 Langer, Hermann: Vor 70 Jahren: Mecklenburg-Schwerins Marsch ins Dritte Reich. In: Zeitgeschichte Regional, 7.2003, H. 1, S. 61–77; Behrens, Beate: Mit Hitler zur Macht. Aufstieg des Nationalsozialismus in Mecklenburg und Lübeck 1922–1933. Rostock 1998; der mecklenburgische Gauleiter Friedrich Hildebrandt war Landarbeiter und gehörte einige Zeit dem „sozialistischen" Strasser-Flügel an.

63 Vgl. Frei, Norbert: „Volksgemeinschaft". Erfahrungsgeschichte und Lebenswirklichkeit der Hitlerzeit, in: Frei, Norbert: 1945 und wir. Das Dritte Reich im Bewusstsein der Deutschen. München 2005, S. 107–128.

64 Z.B. in BA, DO 2/50, Bl. 131: Brief des mecklenburgischen Umsiedleramtes, gez. Brinker, v. 18.12.46 an die Landräte; BA, DO 2/67, Bl. 202: Kontrollfahrt mit dem sowjetischen Oberleutnant Wolochow, 3.–5.7.[1947?].

65 Vgl. SAPMO–BA, DY 30/IV 2/5/1104, S. 25–33, Kreis Waren, 1949/50: der Kreis hatte 88.000 Einwohner, davon 42.000 Umsiedler; 5.655 Neubauern mit 2800 Umsiedlern sowie 2.450 Altbauern. – Vgl. auch bei Schwartz, wie Anm. 2, S. 764ff, das sprechende Beispiel der Gemeinde Dabel, Kreis Wismar, von 1949.

66 Melis, wie Anm. 29, S. 149f.

„Zunächst wurde Mecklenburg Sammelbecken [der Evakuierten] für Hamburg, dann auch für Berlin, und schließlich spülte der unselige Krieg das, was er in Osten, in Ost- und Westpreußen, dann in Pommern entwurzelt hatte, in unser Land. Soweit es sich um grundständige Einwohner der genannten Gebiete handelt, wurde an dem niederdeutschen Charakter unserer Heimat grundsätzlich wenig geändert: die Zuwanderer waren in der Mehrzahl Menschen niederdeutschen Stammes."[67]

Darüber hinaus plädierten die Kulturbundmitglieder, Akademiker und Künstler, dafür, diese Kultur für die neue Gesellschaft annehmbar zu machen. Unter Berufung auf den unter den Nazis verfemten Güstrower Bildhauer Ernst Barlach – für den seine Heimat die „Kraftquelle" gewesen sei – rief der Volkskundler Johannes Gosselck zur Volkstumsarbeit auf: „Unsere alten volks- und heimatkundlichen Arbeitsgemeinschaften, soweit sie sich nicht politisch belastet haben, müssen wieder zupacken, damit unsere heimatlichen *Belange* gewahrt werden."[68] Eine der ersten Arbeitsgemeinschaften des Kulturbundes war dann auch die Rostocker AG „Heimatpflege", die sich im Februar 1946 gebildet hatte, gegründet in der Tradition Richard Wossidlo von dem Lehrer und langjährigen Leiter des Warnemünder Heimatmuseums, Johannes Gosselck.[69] Weiterhin argumentierte man mit dem sozialkritischen und plattdeutsch schreibenden Schriftsteller Fritz Reuter, mit Ernst Moritz Arndt, dem Freiheitshelden aus der „Franzosenzeit" und den 1848ern Moritz und Julius Wiggers, die sich für die fortschrittlichen Traditionen Mecklenburgs und Vorpommerns anführen ließen, einschließlich deren Forderungen, die feudalen Besitzverhältnisse aufzuheben.[70] Diese Vorbilder waren im Norden schon immer präsent gewesen. Nicht zuletzt konnte Plattdeutsch die Funktion einer die Grenzen überschreitenden Sprache übernehmen, die von den Niederlanden bis Ostpreußen reichte und so auch das Provinzielle zum Nationalen hin überschritt. Schon die Nationalsozialisten hätten, so hieß es 1946, die Mundarten vergeblich verboten, doch „sie werden wieder sein, was sie immer gewesen sind: nicht Ausdrucksformen separatistischer und kleinstaatlicher Bestrebungen, sondern Mosaiksteine des großen deutschen Sprachbildes, der Kitt unseres Volkstums."[71] Das war Recht-

---

67 Schroeder, Edmund: Plattdeutsch oder nicht?, in: Demokratische Erneuerung, 1946, H. 8, S. 9ff.

68 Gosselck, Johannes: Heimat und Volkstum im neuen demokratischen Deutschland, in: Demokratische Erneuerung, 1945, H. 1.

69 Die Volksstimme (SPD), 5.2.46.

70 Dr. Scharrenberg: Moritz und Julius Wiggers, in: Demokratische Erneuerung, 1945, H. 1; Dr. Angermann, Ludwig: Das gefährliche Plattdeutsch und Mohr, Werner: Ernst Moritz Arndt und die Bodenreform, in ebd., 1946, H. 2.

71 Angermann, wie Anm. 70, S. 5; vgl. dazu Schmitt, Christoph: Verführte Wissenschaft? Die mecklenburgische Volkskunde in der Zeit des Nationalsozialismus unter besonderer Berücksichtigung der Sagenedition Richard Wossidlos, in: Schürmann, Monika/Rösler,

fertigung gegenüber einer nationalsozialistischen Vergangenheit von Volkskunst und Volkskunde, freilich noch in deren Sprachgebrauch[72] und passte zugleich in die gesamtdeutsche Rhetorik dieser Jahre. Plattdeutsche Beiträge erschienen auch in der KPD-„Volkszeitung"[73] und der notwendigen „Volkstumspflege" für die Integration der Vertriebenen und den (gesamtdeutschen) Erhalt des niederdeutschen Sprachraums konnte auch die Landesverwaltung 1947 noch zustimmen.[74]

2.1 Die Kulturträger

In den ersten Wochen und Monaten des Überlebenskampfes sahen sich die Flüchtlinge und Vertriebenen, was „kulturelle Aktivitäten" betraf, hauptsächlich zwei Institutionen gegenüber: der deutschen Umsiedlerverwaltung und den Kirchen. Die *Umsiedlerverwaltung* führte im Auftrag der SMAD[75] in den zahlreichen Umsiedler- und Heimkehrerlagern das Konzept fort, das man bereits in den sowjetischen Kriegsgefangenenlagern als „antifaschistische" Schulung eingesetzt hatte und das 1945/46 in den Händen des Ausschusses der Umsiedler und Heimkehrer lag.[76] Diese (partei-)politischen Aktionen der „Aufklärung" über die Ursachen des „Faschismus" waren in ein Rahmenprogramm von Chorgesängen, Laientheateraufführungen und Lesungen eingebettet. Dafür stand dem Umsiedleramt der „Ausschuß für die Opfer des Faschismus" zur Verfügung, wobei „der grösste Wert darauf gelegt (wird), Veranstaltungen, Konzerte usw. durch Selbsthilfe zu finanzieren und die Gelder der Notgemeinschaft soweit wie möglich für wichtige Zwecke, wie Beschaffung von Kleidung und Schuh-

---

Reinhard (Hg.): Literatur und Literaturpolitik im Dritten Reich. Der Doberaner Dichtertag 1936–1943. Rostock 2003, S. 173–209, hier S. 186: Das Zitat nimmt Bezug auf das „Regelwerk" der NS-Kulturbehörden von 1935, in dem die Unterschiede in den einzelnen niederdeutschen Sprachgebieten eingeebnet werden sollten, von einem Verbot kann jedoch nicht die Rede sein, vgl. Schmitt, S. 185f. – Vgl. Köstlin, wie Anm. 53, S. 50: „Die Idee des Nationalsozialismus war die Vereinheitlichung des Staates und der Menschen. Das Lob kultureller und sprachlicher Vielfalt konnte nur eine Duldungs- und Übergangsphase auf dem Weg zur Vereinheitlichung, auch zur sprachlichen Uniformierung, sein."

72 Jacobeit, Wolfgang/Lixfeld, Hannjost/Bockhorn, Olaf (Hg.): Völkische Wissenschaft. Gestalten und Tendenzen der deutschen und österreichischen Volkskunde in der ersten Hälfte des 20. Jahrhunderts, in Zusammenarbeit mit James R. Dow. Wien/Köln/Weimar 1994; Schürmann/Rösler, wie Anm. 71.

73 So beginnt am 9.9.45 eine Serie von Carl von Biest unter dem Titel „Ut uns' Mooderland".

74 Herrmann-Winter, wie Anm. 53, S. 17: auf dem ersten niederdeutschen Bühnentag der Nachkriegszeit 1947 in Bad Doberan.

75 BA, DO 2/48: so will die SMAD im Sommer 1947 umgehend über die kulturelle Arbeit in den Lagern informiert werden.

76 BA, DO 2/50, Bl. 121, 5.2.1946.

werk, Wäsche usw. zu verwenden", heißt es in einem Bericht aus Schwerin vom 5. Februar 1946.[77] 1947 meldete Mecklenburg an die ZVU für die Monate Januar bis August des Jahres 196 kulturelle Veranstaltungen in den damals 16 Heimkehrer- und Umsiedlerlagern, darunter 18 Theaterabende, 28 Filmvorführungen, 22 Konzerte, 29 Vorträge und 93 sonstige einschließlich evangelische und katholische Gottesdienste. Dem standen 121 politische Veranstaltungen gegenüber.[78] Ohne genaueres Wissen sind diese Aktivitäten schwer einzuschätzen: Die Besucherzahlen waren laut Berichten hoch,[79] offen bleibt, ob aus echtem Interesse, Langeweile oder Opportunismus. Eine gewisse Unzufriedenheit lässt sich aus einem Brief von Arthur Vogt (Hauptverwaltung Umsiedler) vom August 1948 an Kulturbundpräsident Johannes R. Becher erkennen, hier die Heimkehrer-Lager betreffend:

> „Hier und da auftretende Mängel und Schwierigkeiten, [...] ein Absinken auf dem Niveau ehemaliger KDF Truppen und ähnliche Erscheinungen, sind die Veranlassung dafür, daß ich mich nunmehr an Sie wende mit der Bitte, um Ihre Unterstützung bei der Durchführung der Kulturellen Arbeit in den genannten Lagern. Ich schlage vor, daß einer Ihrer verantwortlichen Herren von Ihnen mit dieser Aufgabe betraut, im Auftrag ihres Bundes in gewissen Abständen die Lager besuchen und die dort tätigen Funktionäre der kulturellen Arbeit berät. Ich bedaure ausserordentlich, dass der Kulturbund auch nach Aussen hin bei dieser Arbeit bisher nicht genügend in Erscheinung getreten ist."[80]

Ein Beauftragter des Kulturbundes erhielt daraufhin eine Bescheinigung, die Lager besuchen zu dürfen.

Die *Kirchen* arbeiteten in der ersten Zeit im Rahmen ihrer Sozialarbeit noch erfolgreich mit der Verwaltung zusammen und die katholische Caritas wie das Evangelisches Hilfswerk waren im Landesumsiedlerausschuss vertreten.[81] Autoritativ und kulturprägend seit Generationen war in Mecklenburg die Evangelische Kirche mit rund 83% der Einwohnerschaft (1946)[82] und auch nach 1945 ist dieser Einfluss deutlich zu finden.[83] Die Katholiken dagegen nahmen gegen-

---

77 Ebd.

78 BA, DO 2/48, Bl. 32.

79 Ebd.: 80–100% der Lagerbelegung.

80 Ebd., Bl. 20.

81 Vgl. Schwartz, wie Anm. 2, S. 412f.; Kaiser, Jochen-Christoph: Die evangelischen Landeskirchen in der SBZ und die Bodenreform 1945/46, in: Großbölting/Thamer, wie Anm. 6, S. 89–109; Tischner, Wolfgang: Katholische Kirche in der SBZ/DDR 1945–1951. Die Formierung einer Subgesellschaft im entstehenden sozialistischen Staat. Paderborn u.a. 2001 (Veröffentlichungen der Kommission für Zeitgeschichte, Reihe B; 90), S. 385–427.

82 SBZ-Handbuch, wie Anm. 7, S. 1072.

83 Vgl. Kaiser, wie Anm. 81; die Volkszeitung der KPD vergaß im Herbst 1945 nie, in den täglichen Berichten über die feierlichen Landverteilungen die teilnehmenden Pastoren zu nennen.

über der Vorkriegszeit mehr als doppelt soviel zu und hatten mit rund 300.000 Gläubigen einen Anteil von 14,3%.[84] Gegenüber der Verwaltung und den Parteien mit ihrem jeweiligen politischen Anspruch und notwendigem Pragmatismus boten die beiden Kirchen mehr als materielle Versorgung, denn sie konnten auf die seelischen Nöte der Vertriebenen eingehen und hatten entsprechend großen Zulauf:

> „In verschiedenen Kreisen des Landes Mecklenburg konnte festgestellt werden, dass in den Gottesdiensten der kath. Kirche ausschließlich Umsiedler teilnehmen. Hierdurch besteht der berechtigte Verdacht, dass innerhalb der kath. Kirche sich Umsiedlerorganisationen bilden. Besonders stark sind im Lande die Anhänger der kathl. Gemeinde Aussig [heute Usti, Tschechien] vertreten."[85]

„Kultur" im kirchlichen Bereich versprach religiöse „Heimat" im Sinne vertrauter Rituale, Lieder und Gebete, vor allem, wenn die Pfarrer die Gottesdienstpraxis der Flüchtlinge und Vertriebenen erlaubten.[86] Noch 1954 nannte die Rostocker SED-Bezirksleitung die Selliner Wallfahrten ein „Heimattreffen" von Sudetendeutschen und ließ die „H-Gottesdienste", die „Heimat-Gottesdienste" für Pommern des Wismarer Pfarrers Steffen durch die Volkspolizei beobachten.[87] Auch gaben die Kirchen Raum für Gefühle der Trauer und des Leids, die zumindest in der politisierten Außenwelt nicht zugestanden wurden, wo „Kampfbereitschaft" als Grundhaltung im neuen Staat gelten sollte, Besinnung auf die Vergangenheit als unproduktiv und schwächlich verpönt war.[88] Mit den

---

84 Tischner, wie Anm. 81, S. 50: „In Mecklenburg waren die kirchlichen Strukturen am schwächsten ausgebildet. Dies lag zum einen an der langen Tradition staatlicher Repression, die im Großherzogtum Mecklenburg bis zum Ende des Kaiserreichs die Abhaltung katholischer Gottesdienste stark behindert hatte, und zum anderen an den demographischen Gegebenheiten." Vgl. Haese, Ute: Katholische Kirche in der DDR. Geschichte einer politischen Abstinenz. Düsseldorf 1998, S. 7. – Zu Religionsgemeinschaften zählten 0,4% (ca. 7.900), vgl. dazu SAPMO–BA, DY 30/IV 2/14/247: Zahlen für 1951 in Mecklenburg-Vorpommern. Stark vertreten waren die seit 1950 verbotenen Zeugen Jehovas.
85 SAPMO–BA, DY 30/IV 2/14/247.
86 Vgl. EZAB, 4/763: „Theologisches Gutachten zur Frage der kirchlichen Eingliederung der Ostvertriebenen und Flüchtlinge" der EKD v. 8.5.1951 zum Problem der unterschiedlichen Andachtsrituale der Herkunftskirchen.
87 SAPMO–BA, DY 30/IV 2/14/45, Bl. 64, 70f.
88 SAPMO–BA, DY 30/IV 2/5/212, S. 40: so sollte ein Genosse aus dem Kreis Rostock 1951 zur Verantwortung gezogen werden, weil ihm, wie er erzählt hatte, auf einer Heldengedenkfeier in Westdeutschland beim Lied „Ich hatt einen Kameraden" und „Morgenrot, Morgenrot" Tränen gekommen seien. – Die Kampfbereitschaft hatten gerade auch die Künstler in ihren Werken zu thematisieren, daran entzündete sich 1952 der exemplarische Streit um den Entwurf des Buchenwald-Denkmals von Fritz Cremer, vgl. Wilhelm Girnus in: Neues Deutschland, 2.7.1952: „Unsere Plastiker [...] haben das Unwesentliche, die äußere Erscheinung, die Lumpenkleidung, die kurzgeschorenen Haare, die verzerrten

Haus des Kulturbundes zur demokratischen Erneuerung Deutschlands, Landesleitung
Mecklenburg, Schwerin, um 1950

verstörenden Fragen nach der Schuld an Nationalsozialismus und Krieg wurden
allerdings auch die Kirchenbesucher weit gehend verschont.[89] Der Schweriner
Domprediger und Kulturbundmitbegründer Karl Kleinschmidt war wohl einer
der wenigen, der in seinen Predigten immer wieder anklagend auf die Schuld-
frage einging.

Die Jugend, um die SED und die Kirchen gleichermaßen warben, wurde
durch „Bildung von Chören und ähnliches" heran gezogen, stellte die ZVU
1948 fest[90] und deren kirchliche Bindung wurde in den kommenden Jahren

---

Züge Sterbender und Hungernder zum Wesentlichen gemacht und sind infolgedessen – in
den ideenlosen Sumpf des schamhaft mit hysterisch-expressionistischen Zügen verdeck-
ten Naturalismus geraten. Die Seele der ganzen Idee ist dabei zuschanden gekommen.
Sie haben nur die Leiden gesehen – hier zeigt sich die Schädlichkeit des Barlachschen
‚Vorbildes' – sie haben das Entscheidende nicht gesehen: den Kampf, den Sieg." Cremer
beugte sich der Kritik und schuf einen neuen Entwurf.

89 Besier, Gerhard: Der SED-Staat und die Kirche. Der Weg in die Anpassung. München
1993, S. 23: nennt alle auf dem Gebiet der SBZ liegenden Landeskirchen „zerstört", weil
sie von Deutsche Christen-Theologen und Juristen „beherrscht" waren; in Schwerin war
der Deutsche Christen-Führer Walter Schultz noch von der britischen Militärverwaltung
Ende Juni 1945 verhaftet worden.

90 BA, DO 2/49, Bericht v. 6.1.1948, Bl. 458ff.

Gustav Sobottka, Major
Sborschikow, Willi Bredel
(v.li.), Rostock, 3.6.1945

zu einer erfolgreichen Konkurrenz für die FDJ.[91] In Güstrow, einem Schwerpunktort der evangelischen Jungen Gemeinde, sammelten sich zu einem Treffen
im Juni 1950 ca. 3.000 Jugendliche,[92] im Jahr darauf hatte dort der Landesjugendtag 6.000 Jugendliche angezogen.[93] Singe- und Laienspielgruppen, neben
den Kirchen- und Posaunenchören, waren auch hier Teil der gemeinschaftlichen
Tätigkeit. 1952, im Zuge der Sozialisierung nach der 2. Parteikonferenz im Juli,
setzte dann die verschärfte Repression gegen die Jungen Gemeinden ein.[94]

Der *Kulturbund zur demokratischen Erneuerung Deutschlands* war in
Mecklenburg-Vorpommern unter seinem ersten Landesvorsitzenden Willi Bredel nach der Gründung am 26. August 1945 in einem feierlichen Akt in Dom

---

91   Vgl. SAPMO–BA, DY 30/IV 2/14/45: In Schwerin z.B. fanden am Wochenende v.
     6./.7.6.1953 das gut besuchte Landeskirchen-Musikfest mit vielen Jugendlichen statt, zeitgleich eine Leistungsschau der Schweriner FDJ-Kulturgruppen anlässlich des Festes des
     Liedes und Tanzes.
92   SAPMO–BA, DY 30/IV 2/14/247, Bl. 18–23: Bericht des Innenministeriums Mecklenburg, 10.1.1951.
93   Die Stafette. Monatsschrift der Ev. Jugend, 1951, H. 10, S. 11.
94   Vgl. Überschär, Ellen: Junge Gemeinde im Konflikt. Evangelische Jugendarbeit in SBZ
     und DDR 1945–1961. Stuttgart 2003 (Konfession und Gesellschaft; 27).

und Staatstheater Schwerin in kurzer Zeit zum größten Landesverband der SBZ angewachsen.[95] In der Entschließung der ersten Schweriner Mitgliederversammlung wurde die Bodenreform begrüßt und man verpflichtete sich, „für die ideologische Durchsetzung und die alsbaldige und sinnvolle Durchführung dieses Gesetzes sich tatkräftig einzusetzen."[96] Als dringenderes Anliegen liest sich die Aufforderung an die Stadtverwaltung, die militaristischen Erinnerungen an die ehemalige Garnisonstadt Schwerin aus dem Straßenbild zu tilgen (Änderungen von Straßennamen). Das gehörte zum neuen Kulturverständnis, und die Veranstaltungen 1945 und 1946 sind weit gehend ein Programm mit herkömmlichen Dichterlesungen, Konzerten – auch speziell für „Heimkehrer und Umsiedler"[97] – und Theateraufführungen, zunehmend mit politischen Themen versetzt, die vorgeschrieben und im Manuskript kontrolliert wurden.[98] 1948 stellte man dann im Landesverband Mecklenburg-Vorpommern fest:

> „Die politischen und kulturpolitischen Veranstaltungen nehmen in der Gesamtarbeit des Kulturbundes durchaus noch nicht die Stellung ein, die ihnen in einer Organisation, die der Erneuerung Deutschlands dienen will, zukommt. Das hat seine Gründe zum Teil in der Organisation bezw. der sozialen Gliederung des Kulturbundes. Zu einem wesentlichen Teil müssen diese Gründe aber auch gesucht werden in der traditionellen Auffassung in Deutschland, nach der Kultur und Politik nichts miteinander zu tun haben, und politische Veranstaltungen als in das Arbeitsgebiet der politischen Parteien und nicht in das einer Kulturorganisation gehörig angesehen werden. Ein sehr wesentlicher Teil der von der Landesleitung durchgeführten ideologischen Arbeit gilt der Überwindung dieses Vorurteils. Die Landesleitung ist sich darüber im Klaren, dass die gegenwärtige, soziale Struktur der Mitgliederschaft des Kulturbundes der Überwindung dieses Vorurteils grossen Widerstand entgegensetzt. [...] Die Landesleitung ist daher dazu übergegangen, den Wirkungsgruppen die Bildung von Arbeitsgemeinschaften zu empfehlen, in denen die kulturpolitische Arbeit an bestimmte, fachliche Arbeit gebunden und daher wesentlich konkreter durchgeführt werden kann [...]."[99]

---

95 SAPMO–BA, DY 27/1880, Landesdelegiertenkonferenz v. 18./19.10.47 in Schwerin; Demokratische Erneuerung, 1947, H. 7/8, S. 5f.

96 Volkszeitung (KPD), 23.9.45: Bericht und Entschließung.

97 SAPMO–BA, DY 27/895, unpag.; Volkszeitung (KPD), 18.11.45, 24.11.45 mit klassischen Musikbeiträgen; Mitveranstalter war der Flüchtlingsausschuss.

98 Vgl. SAPMO–BA, DY 27/895, unpag.: Ortsgruppe Schwerin/Durchgeführte Veranstaltungen. Ab Dez. 1946 werden Referenten der Landesleitung systematisch mit „Monatsthemen" geschult und Schulungshefte erarbeitet, z.B. „Irrweg einer Nation", „Erziehung zur Freiheit", „Sozialismus als Wissenschaft und Utopie", „Deutsche Freiheitskämpfer 1525–1945".

99 SAPMO–BA, DY 27/898, unpag.: Schwerin, 16.6.1948: Die bisherige Arbeit des Kulturbundes.

Bis Anfang 1948 gibt es in der mitgliederstarken Schweriner Gruppe elf Arbeitsgemeinschaften, deren Veranstaltungsprogramm sich vorläufig nicht wesentlich änderte.[100]

Wie allgemein im Kulturbund kamen auch in Mecklenburg-Vorpommern die Gründungs- und ersten Vorstandsmitglieder aus der sozialen Schicht der Akademiker und Künstler, der bürgerlichen Intelligenz, unter der sich auch kaum Sozialdemokraten fanden[101]. Das galt nicht für die Mitglieder der *Deutschen Volksbühne* (DVB). Noch auf dem Ersten Kulturtag der KPD 1946 hatte Anton Ackermann davon gesprochen, dass für das Ziel, die Kunst den Arbeitern und Bauern zu vermitteln, keine „besondere(n) Gewerkschafts- oder Arbeitertheater" mehr geschaffen werden sollten[102] – was ein Hinweis darauf war, die Organisationsformen der ehemaligen Arbeiterkulturbewegung nicht mehr aufzunehmen. Trotzdem setzte eine frühe Initiative noch im Geiste der Parität ein und es waren vor allem ehemalige Sozialdemokraten und Gewerkschaftler, die diese Theaterbesucherorganisation Ende 1946 wieder erstehen ließen[103] und im Mai 1947 mit dem angesehenen Schriftsteller Friedrich Wolf den gesamtdeutschen Bund der Volksbühnen e.V. gründeten.[104]

In Mecklenburg-Vorpommern kommt hinzu, dass die Volksbühne ausgesprochen erfolgreich war in der künstlerisch-fachlichen Hilfe und Beratung der zahlreichen Volkskulturgruppen (Laientheater, Tanz-, Chor- und Instrumentalgruppen), die sich ebenfalls seit 1946 wieder zusammenfanden und Ende 1949 über einen Bestand von 1.567 Volkskunstgruppen mit 52.000 Mitgliedern im Norden verfügte.[105] War der Kulturbund ein Zusammenschluss der Stadtbewoh-

---

100 Ebd.: Aufstellung der im Januar 1948 durchgeführten Veranstaltungen.

101 Vgl. Schivelbusch, wie Anm. 45, S. 146.

102 Pieck/Ackermann, wie Anm. 50, S. 32.

103 SAPMO–BA, DY 30/IV 2/9.06/193, 40f.: Nov. 1946 Richtlinien-Entwurf für einen Bund deutscher Volksbühnen; Mecklenburgisches Landeshauptarchiv Schwerin (MLHAS), MfVB 2876, unpag.: Dez. 1946: Kulturbund Mecklenburg-Vorpommern schlägt Gründung einer „Neuen Volksbühne" als Verein vor.

104 SAPMO–BA, DY 1/1ff.; Der Bestand DY 1 der Deutschen Volksbühne ist im wesentlichen auf die Zeit der Abwicklung 1952/53 reduziert; vgl. Vierneisel, wie Anm. 4.

105 Vgl. Dokumente zur Kulturpolitik in Mecklenburg nach der Befreiung vom Faschismus. Hrsg. vom Stadtarchiv Schwerin in Zusammenarbeit mit dem Rat des Bezirkes Schwerin, Abt. Kultur, und der Bezirkskommission zur Erforschung der Geschichte der örtlichen Arbeiterbewegung bei der BL Schwerin der SED, zus.gest. u. bearb. von Klaus Baudis. Schwerin 1972 (Kleine Schriftenreihe des Stadtarchivs Schwerin; 4), S. 84. – Die drei Abbildungen von Plakaten der Deutschen Volksbühne in Mecklenburg von 1947, 1950 und 1952 zeigen exemplarisch die ästhetische Entwicklung in der Kunst. Das früheste verweist noch auf den gebildeten Bürger mit seinen Kenntnissen künstlerischer Emblematik. Die zeitbezogenen Embleme zeigen (von links) Wissenschaft, Film, Musik, Theater, Laienspiel, Chöre, Volksmusik und – neu –Betriebskulturgruppen. Sie umkreisen die Schauseite eines Theaterbaus mit wolkig–heroischem Hintergrund und die stilisiert dargestellte Architektur erinnert an die Ästhetik des „Dritten Reiches". Das große Plakat warb für die 1947 neu gegründete Volksbühne. – Das zweite Werbeplakat von Albert Asmus

Drei Plakate zur Deutschen Volksbühne,
1947, 1950, 1952

ner und auf Hochkultur ausgerichtet, so sah sich die Volksbühne der Kulturarbeit auf dem Land verpflichtet.

Die Traditionen wie die Erfahrungen der Kulturschaffenden unmittelbar nach Kriegsende hatten zwei Vergangenheiten: die mehr oder weniger demokratische Arbeiterkulturbewegung von SPD und KPD in der Zeit vor 1933[106] sowie die NS-Kulturbewegung in der nationalsozialistischen Gewerkschaftsorganisation „Kraft durch Freude" (KdF); dem „KdF-Rummel" galt auch immer wieder die Kritik. Die einen verurteilten in diesem Vorwurf die „unpolitischen" Unterhaltungsveranstaltungen, die anderen die „politischen" Partei- und FDJ-Aktionen und tatsächlich gab es in den propagandistischen Formen von NSDAP und SED zahlreiche Überschneidungen. An diese Propagandaformen – von aufdringlichen Losungen im Stadtbild bis zu permanenten Wettbewerbsaktionen – wollten die Einheimischen nicht mehr erinnert werden. Hinsichtlich dieser beiden Seiten hatte Aurel von Jüchen 1947 auf der Landesdelegierten-Konferenz des Kulturbundes die „Doppeldeutigkeit" des Begriffs Kultur kritisiert. Er forderte eine genaue Analyse des Begriffs, „der eine chamäleonhafte Vielfarbigkeit biete und sich in jüngster Vergangenheit sogar mit dem der Barbarei gedeckt habe",[107] und dieser „doppeldeutige Charakter" verhelfe dem Kulturbund zu seiner hohen Mitgliederzahl. Diese Kritik scheint auf der Konferenz verhallt zu sein und nach 1948 stellte die Partei die KB-Mitglieder vor vollendete Tatsachen, als sie den Kulturbund neu organisierte und für einen gründlichen Personalaustausch sorgte.

Die Protagonisten im Kulturbereich des Nordens standen mithin nach 1945 in einem Spannungsverhältnis, in dem einzelne Gruppierungen heftig aufeinander prallten und die ideologischen Grenzlinien keineswegs eindeutig auszumachen waren.[108] Als Willi Bredel Ende Juli 1945, nach Abzug der Briten,

---

steht in der Tradition der Moderne der Zwanziger Jahre – trotz laufender Formalismus-Kampagne – und zeigt in einer Art Collage zeichenartig konzentriert die Sinnbilder des sozialistischen Aufbaus: rote rauchende Schlote, ins Theater strömende Menschen und das Logo des Fünfjahrplanes. – Das dritte Plakat zeigt den künstlerischen Rückschritt, nachdem der Sozialistische Realismus zur Norm und „Verständlichkeit" zur Richtschnur erklärt wurde. Es kündigt die Aufführung des Theaterstücks „Börgermeister Anna" von Friedrich Wolf in einer plattdeutschen Bearbeitung von Erwin Vollsdorff an. Aufgeführt wurde es von der Stralsunder Späldäl im Deutschen Theater in Berlin aus Anlass der 1. Deutschen Festspiele der Volkskunst am 4. Juli 1952. Entgegen der propagandistischen Verwertung des Plattdeutschen in Berlin geriet gleichzeitig die niederdeutsche Sprache und Kultur in Mecklenburg unter politischen Druck.

106 Vgl. Ko, Youkyung: Zwischen Bildung und Propaganda. Laientheater und Film der Stuttgarter Arbeiterkulturbewegung zur Zeit der Weimarer Republik. Stuttgart 2002 (Veröffentlichungen des Archivs der Stadt Stuttgart; 91).

107 SAPMO–BA, DY 27/1880: Landesdelegierten-Konferenz im Okt. 1947.

108 So erinnert der Sohn Christoph (Jg. 1932) des Schweriner Dompredigers und Mitbegründers des Kulturbundes, Karl Kleinschmidt, an seinen fast nahtlosen Übergang von den HJ-Spielscharen zu den Volkskulturgruppen in der FDJ, in: Zwischen Hoffnung

von Rostock nach Schwerin umziehen musste, vermerkte er in seiner Agenda: „Neue Arbeit, nicht sehr erbaut davon. Von vorne beginnt die Aufbauarbeit, denn Schwerin ist noch Neuland, halb nazistisch, halb deutschnational, SS-Uniformen und Offiziere mit [Schulter-]klappen in den Straßen."[109] In den handelnden und einflussreichen Personen spiegeln sich die Schwierigkeiten, Verlässliches und Eindeutiges über die Nachkriegsjahre in Mecklenburg und Vorpommern zu sagen, wo „die Verhältnisse" eben spezielle waren und blieben.[110] Verlässliches bieten erst recht nicht Erinnerungen an den Kulturbund der ersten Jahre, soweit sie vor 1990 veröffentlicht wurden.[111] So öffnete sich erst 1996 der Blick langsam dafür,

> „daß es die in unendlich vielen Veröffentlichungen in der DDR immer wieder stereotyp behauptete erfolgreiche Bündnispolitik, die in Mecklenburg-Vorpommern und speziell in Schwerin sogar besonders erfolgreich gewesen sein soll, auch in Schwerin *so* nicht gegeben hat. Es muß wohl sogar danach gefragt werden, ob es sie über einen längeren Zeitraum hinweg überhaupt geben konnte."[112]

---

und Verzweiflung. Protokolle von Zeitzeugen aus Schwerin 1945–1952. Erarb. und zusammengest. von Jürgen Borchardt und Brigitte Konieczna. Hrsg. vom Kulturamt der Landeshauptstadt Schwerin und der Zukunftswerkstatt Schwerin e.V. Schwerin 1995, S. 114–169.

109 Stiftung Archiv der Akademie der Künste, Berlin (SAdK), Willi-Bredel-Archiv, 2065, Eintrag v. 20.7.[45].

110 Gerade in der SBZ/DDR-Forschung findet man gelegentlich Hinweise, dass die Dinge in Mecklenburg-Vorpommern anders gelaufen seien als in den anderen Ländern der SBZ.

111 DDR-Erinnerungen an den mecklenburgischen Kulturbund von Herbert Bartholomäus, Wolf Düwel, Annemarie Langen-Koffler, Gustav Siemon, Bruno Theek sowie des ersten Generalsekretärs Heinz Willmann in: ‚.... einer neuen Zeit Beginn'. Erinnerungen an die Anfänge unserer Kulturrevolution 1945–1949, hrsg. vom Institut für Marxismus-Leninismus (IML) und vom Kulturbund. Berlin, Weimar 1980; Grünberg, Gottfried: Kumpel, Kämpfer, Kommunist. Berlin 1977, S. 272ff.; Willmann, Heinz: Steine klopft man mit dem Kopf. Lebenserinnerungen. Berlin 1977, S. 319–343; Schulmeister, Karl-Heinz: Auf dem Wege zu einer neuen Kultur. Der Kulturbund in den Jahren 1945–1949. Berlin 1977. – Vgl. auch Sorgenicht, Klaus: Bürgermeister in Güstrow, in: Die ersten Jahre. Erinnerungen an den Beginn der revolutionären Umgestaltungen. Eingeleitet und zusammengestellt von Ilse Schiel, unter Mitarbeit von Erna Milz, hrsg. vom IML. Berlin 1979, S. 11–21; Mewis, Karl: Frischer Wind in Mecklenburg, in: ebd., S. 141–159.

112 Rösler, Reinhard: Türme aus Elfenbein und aus Gußeisen. Anmerkungen zum Welk-Scharrer-Streit 1947/48 im Schweriner Kulturbund, in: Rösler, Reinhard/Schürmann, Monika (Hg.): ... damit ich nicht noch mehr als Idylliker abgestempelt werde. Ehm Welk im literarischen Leben Mecklenburg-Vorpommerns nach 945. Rostock 1998, S. 14–29; der Band versammelt Beiträge von zwei Ehm-Welk-Kolloquien 1996 und 1997.

Der eindruckvollste Chronist dieser Region ist bis heute Uwe Johnson, der in Pommern geborene mecklenburgische Dichter,[113] der aus der Ferne eine literarische Sprache für dieses Land, seine Zeit und seine Bewohner gefunden hat.

3. Zäsur in Politik und Kulturpolitik

1948 begann der Umbruch in allen politischen Bereichen und die 1945 versprochene Verständigung mit allen Teilen der Gesellschaft war endgültig vorüber. Die SED als „Partei neuen Typus" forcierte die Zentralisierung und Stalinisierung des Apparates, von dem kein öffentlicher und privater Bereich ausgenommen war.

Anfang 1948 stellte sich auch die Frage, wie der „Assimilationsprozeß" der Umsiedler weitergeführt werden sollte.[114] Gefordert wurde im letzten Punkt 14 eines Berichtes der Abteilung Parteiorgane des Zentralsekretariats vom November 1948 die

> „Verstärkung der politischen und kulturellen Aufklärungsarbeit und festere kulturelle Bindung der Umsiedler an die engere neue Heimat. [...] Den auch in den Reihen der Mitglieder unserer Partei noch vorhandenen chauvinistischen Tendenzen in Bezug auf die Möglichkeit von Grenzrevisionen und der daraus resultierenden falschen und politisch gefährlichen Einstellung zum Umsiedlerproblem muss scharf entgegengetreten werden. [...] Die Abwehr der aus den Westzonen herüberdringenden Agitation unter den Umsiedlern, die die Umsiedler bewusst als eine heimatlos gewordene Gruppe von Flüchtlingen anspricht und chauvinistische und kriegshetzerische Tendenzen beinhaltet, muss Aufgabe der politischen Organisationen, der Abteilungen für kulturelle und politische Aufklärung und der für die Massenbeeinflussung zur Verfügung stehenden Institutionen sein. Ansätze zur Bildung besonderer Umsiedlerorganisationen und Gruppen sind mit den den Innenministerien zur Verfügung stehenden Mitteln zu unterbinden."

Es war das Innenministerium, das als Polizeibehörde nun die Kontrolle über die Umsiedler übernahm und darüber wachte, dass diese keinerlei eigenständige heimatgebundenen Aktivitäten entwickeln konnten.[115]

Ende 1947 war der Kulturbund im Norden, was die Mitgliederzahlen betraf, von Sachsen und Sachsen-Anhalt überholt worden. Die Industriezentren dieser Länder beanspruchten und erhielten jetzt die größere Aufmerksamkeit und

---

113 Die Katze Erinnerung. Uwe Johnson. Eine Chronik in Briefen und Bildern zusammengestellt von Eberhard Fahlke. Frankfurt a.M. 1994, S. 14f.

114 SAPMO–BA, DY 30/IV 2/5/243, Bl. 31–36, gez. Chwalczyk, 8.11.1948.

115 Schwartz, wie Anm. 2, S. 342ff. zur politischen Bedeutung dieser Übernahme.

auch die bessere, weil an die Mitgliederzahlen gebundene Finanzierung. Die Möglichkeiten, sich selbständig zu organisieren, die Aktivitäten in die eigenen Hände zu nehmen, waren, wenn auch beschränkt, zu finden gewesen. Nun gerieten Privatinitiative und persönliches Engagement in Konflikt mit den immer schärferen Vorgaben der Partei. Wie in der Politik begegnete auch die Kulturpolitik den neuen Forderungen der Partei zuerst mit neuer Organisierung ihrer Strukturen.

Die Arbeitsgemeinschaften des Kulturbundes waren bereits in übergeordneten Sektionen dem Landesverband direkt unterstellt worden und wurden nun in Kommissionen umgewandelt,[116] mit denen nur noch die Kulturinteressierten erfasst werden sollten; alle Fachberufler sollten sich in der Gewerkschaft organisieren.[117] Das hieß, die bisherigen Gruppierungen wurden personell auseinander gerissen und der herkömmliche Vereinscharakter organisatorisch entflechtet, denn, so derselbe Bericht, der „beträchtlichste Teil der Mitglieder in Mecklenburg" habe schon Weimarer Zeit und Nationalsozialismus erlebt.[118] Von den Umsiedlern, auf die man bisher im Kulturbund mit eigenen Veranstaltungen eingegangen war, wurde nun erwartet, dass sie ein „mecklenburgisches Heimatgefühl" entwickeln, so die „Leitsätze" der AG „Heimatpflege" von 1948.[119]

Im August 1948 waren von 45 Mitgliedern des KB-Landesvorstandes 28 in der SED, 5 in der CDU, 1 in der LDP;[120] von der SPD waren zwei wichtige Vorstände gekommen: Domprediger Karl Kleinschmidt, der stellvertretende Landesvorsitzende und Professor Dr. Günther Rienäcker, Vorsitzender des KB-Bezirks Mecklenburg-Mitte; ehemalige Sozialdemokraten waren auch Bruno Theek und Hans-Heinrich Leopoldi. Wie es parteipolitisch in den Ortsgruppen aussah, ist nicht ersichtlich, aber nach den Neuwahlen Ende 1949 hat es eine deutliche Veränderung in den Vorständen der Wirkungsgruppen gegeben und die Pädagogen begannen das Gesicht des Kulturbundes zu prägen.[121] Als Folge der politischen Eingriffe ging der Besuch der Veranstaltungen zurück und 1949 sanken die Mitgliederzahlen um 8,8%, weitaus am meisten unter den Ländern der SBZ/DDR.[122] Im Mai 1952 war der Vorstand fast um die Hälfte reduziert und in seinen Vorstandsmitgliedern fast völlig ausgetauscht, 1. Landesvorsit-

---

116 Ebd. SAPMO–BA, DY 27/2712, unpag.

117 Ebd.: Sektionen, Kommissionen, Arbeitsgemeinschaften im Kulturbund Mecklenburg, 1947–48.

118 Ebd.

119 LKA Schwerin, Generalia 1477, unpag.: „Leitfaden zur Heimatpflege" der AG Heimatpflege des KB, undat.; zur Datierung s. SAPMO–BA, DY 27/2712, unpag.

120 SAPMO–BA, DY 27/2713, unpag.

121 SAPMO–BA, DY 27/2715, unpag.: hier zwei Aufstellungen über alle Leitungen von Wirkungsgruppen vom Mai 1948 und März 1949.

122 SAPMO–BA, DY 27/757, unpag.: Statistischer Bericht über die Zeit vom 1.1. bis 31.3.1949.

zender war der Agrarwissenschaftler Professor Dr. Rudolf Schick.[123] Ende 1952 wurde auch die Deutsche Volksbühne aufgelöst, ihre Aufgaben übernahm die Gewerkschaft.

Den Großstädter und Internationalisten Willi Bredel zog es schon lange nach Berlin und Ende 1949 verließ er Schwerin endgültig.

Seit 1947 begann die SED auch, ihr Kulturkonzept mit Verordnungen und Richtlinien zu festigen. Vorerst parallel zu den vertrauten Mustern der Kulturorganisationen als örtliche Vereinstätigkeit, baute die SED die eigenen Organisationsformen aus.[124] Das hieß, dass nach dem kommunistischen Prinzip der Betriebsorganisation die kulturellen Aktivitäten in die Betriebe – damit waren alle Arbeits- und Ausbildungsstätten gemeint, auf dem Land die Maschinenausleihstationen (MAS), die Volkseigenen Güter (VEG), die Landwirtschaftlichen Produktionsgenossenschaften (LPG) – eingebunden wurden unter Beschneidung der Zuständigkeiten von Kulturbund und Volksbühne, zugunsten von FDGB und FDJ, die allerdings noch lange Zeit nicht bereit waren. Mit der Kulturverordnung der Deutschen Wirtschaftskommission (DWK) vom März 1949 waren dann über den neuen Kulturfonds die Möglichkeiten gegeben, mit finanziellen Zuwendungen die SED-Kulturpolitik effektiv durchzusetzen.[125] Mit ansehnlichen Summen wurden Anträge von LPG, VEG, MAS und Gemeinden bewilligt, um Kulturhäuser und Kulturräume auszubauen, Bibliotheken einzurichten und die Laienkunstgruppen mit Musikinstrumenten, Noten- und Bühnenmaterial auszustatten. Zuschüsse gingen auch an die Niederdeutsche Bühne.[126]

Die schwierige Umstellung dauerte in Mecklenburg-Vorpommern, wo die Verhältnisse auf dem Land eher unzugänglich blieben, Jahre. So protokollierte der Kulturfonds im Oktober 1953 – nach dem Juni-Aufstand – zu einem Antrag aus Neubrandenburg:

„Das ganze Gebiet ist für uns ein Schwerpunkt. Die besonderen Schwierigkeiten in kultureller Hinsicht erklären sich in diesem Bezirk aus der Vernachlässigung in früheren Zeiten. Es ist schon allein schwer, die Menschen dort zu bewegen, einen Antrag an den Kulturfonds zu stellen. Zum Teil ist das

---

123 SAPMO–BA, DY 27/1899, unpag.: Landesdelegierten-Konferenz in Schwerin v. 24./25.5.1952.

124 Vgl. Jahrbuch Arbeit und Sozialfürsorge, hrsg. von der Deutschen Verwaltung für Arbeit und Sozialfürsorge, Bd. 1.1945–47, ersch. im April 1947, S. 265–272, mit den Erfolgszahlen aus Sachsen.

125 Vgl. Vierneisel, Beatrice: Ein Versuch, das „Auftragswesen" der DDR auf dem Gebiet der bildenden Kunst zu erhellen, in: Volks Eigene Bilder. Kunstbesitz der Parteien und Massenorganisationen der DDR. Hrsg. vom Dokumentationszentrum der DDR. Berlin 1999, S. 137–156.

126 SAPMO–BA, DY 30/IV 2/9.06/112–114: Kulturfonds 1949–1960.

Deutschlandtreffen der Jugend, Pfingsten 1950, Titelblatt einer FDJ-Broschüre aus Mecklenburg

aber auch dadurch bedingt, daß bei früheren Gelegenheiten Versprechungen gemacht wurden, die dann nicht gehalten wurden."

Ob tatsächlich nur die Schwerfälligkeit der Neubrandenburger der Grund für die „kulturellen Schwierigkeiten" war, sei dahin gestellt.[127] Die Antragssumme von DM 150.638 für die Einrichtung von Kulturräumen in 24 Gemeinden und DM 17.295 für sieben Musik- und Volkskunstgruppen wurde bewilligt.[128]

Als Johannes R. Becher 1954 zum Minister für Kultur berufen wurde, wurde der Begriff Kultur erstmals als „deutsche nationale Kultur" definiert, in der die

---

127 Vgl. SAPMO–BA, DY 30/IV 2/5/1099, Bl. 60–63: Rudi Herzog vom SED-Parteivorstand in Berlin in einer Diskussion in Rostock im Mai 1950: seine schweren Vorwürfe gegen die Kulturarbeit werden zurückgewiesen; Fanny Mütze-Specht, Mitglied des Volksbildungsausschusses und Forschungsleiterin der Mecklenburgischen VVN, nennt in dieser Diskussion die Ärzte eine „ungeheuer belastete Schicht der Intelligenz", die „s. Zt. unsere Irrenanstalten leergemacht, aber heute bekommen wir von ihnen nicht heraus, wo sie gewesen sind und was da los war. Warum wird gegen diese nicht aufgetreten?"
128 SAPMO–BA, DY 30/IV 2/9.06/113, Bl. 288f.

„kulturelle Massenarbeit" „von entscheidender Bedeutung überhaupt für den Wert unserer Kulturarbeit ist", so Otto Grotewohl auf der Ministerratssitzung vom 7. Januar 1954, auf der Becher ins Amt berufen wurde.[129] Becher selbst äußerte anschließend an Grotewohls Rede, „dass es für die weitere Entwicklung unserer Kultur entscheidend sein wird, ob es gelingt, die schöpferischen Kräfte, wie sie unmittelbar im Volke vorhanden sind, zu einer großen Volkskunstbewegung zu entwickeln".[130] Entsprechendes Gewicht erhielt „Volkskultur" in der Programmerklärung vom Oktober 1954.[131] Sie war nicht mehr Teil des Ganzen, sondern das Ganze selbst, und der Künstler und Intellektuelle war dem „Volk" verpflichtet, das nun in der Gestalt des „Arbeiters" über künstlerische Angelegenheiten mitreden und mitentscheiden sollte. Folgerichtig kam in der Erklärung des Ministeriums der „Volkskunst" eine große Bedeutung zu:

> „Die künstlerische Tätigkeit des Volkes ist eine bedeutsame gesellschaftliche Tätigkeit und muß als solche gewertet werden. Ihre Hauptaufgabe ist die patriotische Erziehung der Werktätigen. Allen Werktätigen ist die künstlerische Selbstbetätigung je nach Neigung und Fähigkeiten zu ermöglichen. Jeglicher Schematismus hemmt diese Entwicklung. Dabei muß alle Hilfe und Förderung der Volkskunstarbeit auf dem Lande zuteil werden, um durch die Entwicklung der eigenen schöpferischen Kräfte des Dorfes mitzuhelfen, das kulturelle Zurückbleiben auf dem Lande zu überwinden."[132]

Es folgt ein 24-Punkte-Katalog zur Förderung der verschiedenen Volkskunstsparten. Damals begann erstmals auch eine systematische und wissenschaftliche Untersuchung über eine marxistische Deutung von Volkskunst und wie sie für die Kulturpolitik der DDR fruchtbar gemacht werden konnte. Wichtige Initiatoren waren die Volkskundler Wolfgang Steinitz am Institut für Volkskunde der Akademie für Wissenschaften und Paul Nedo am Zentralhaus für Volkskunst in Leipzig, das eine eigene Forschungsabteilung hatte.[133] Filialen des Zentralhauses in den Städten und Kreisen wurden die Volkskunstkabinette.

---

129 BA, DC 20/I/3/212, Bl. 18.

130 Ebd., Bl. 24.

131 „Über den Aufbau einer Volkskultur in der Deutschen Demokratischen Republik". Programmerklärung des Ministeriums für Kultur der Deutschen Demokratischen Republik, Oktober 1954, S. 20.

132 Ebd., S. 47.

133 Vgl. Leo, Annette: Leben als Balance-Akt. Wolfgang Steinitz. Kommunist, Jude , Wissenschaftler, Berlin 2005; Lee, You Jae : Volkskunde in der DDR. Berlin, Magisterarbeit, Freie Universität, 1998. – Der aufschlussreiche Bestand des Zentralhauses für Kulturarbeit, wie es zuletzt hieß, gehört heute, kaum bearbeitet und ausgelagert, der Stiftung Archiv der Akademie der Künste Berlin.

„Die zweite Malerausstellung auf der Volkswerft". Album der Volkswerft Stralsund, 1952

„Kulturelle Massenarbeit" wurde in den fünfziger Jahren der Überbegriff für die Kulturarbeit der SED und Volkskunst war ein wichtiger Faktor dabei; ihr Zentrum war der „Betrieb", d.h. die Arbeitsstelle, Schule, Hochschule und die Verwaltungen. Ihre Formen waren vielfältig und nach gewalttätigen und widerständigen Anfängen auf allen Seiten – den gesellschaftlichen Organisationen, den Institutionen, den Betrieben und den zur Mitarbeit geforderten Berufskünstlern – gehörte betriebliche Kulturarbeit zum Selbstverständnis der DDR-Bürger. Zu erweitern ist daher der Begriff der „politischen Kultur" als lediglich SED-zentrierte Klientelpolitik. Im Laufe der Jahre entwickelten sich gerade im Kulturbereich vielfältige Formen einer internen Kommunikation, die keineswegs nur mit Befehl und Gehorsam funktionierten. Zwar „durchherrschten" (Jürgen Kocka) Partei und Staat die gesellschaftliche Öffentlichkeit, aber inzwischen hatte man mit dem Volk zu rechnen. In Mecklenburg-Vorpommern war es so gelungen, die niederdeutsche Kultur lebendig zu erhalten: in der AG Heimatpflege bzw. der späteren großen Kommission Natur und Heimat, im „Freundeskreis der Niederdeutschen Bühne" im Kulturbund[134] und vor allem als kulturelle Praxis.[135]

Denn: „Die Lust zu singen, die Lust zu tanzen, nicht abschaffbar."[136] Und ein großer Teil der Bevölkerung wurde in der volkskulturellen Praxis sozialisiert.

Der Tübinger Volkskundler Hermann Bausinger hat die Formen des Einlebens von Flüchtlingen und Vertriebenen unter westdeutschen Lebensbedingungen an volkskünstlerischen Beispielen untersucht und sie in vier Kategorien eingeteilt: als naive oder sentimentalische Beharrung und als naive oder sentimentalische Einfügung, d.h. als unbewusster oder bewusster Umgang mit den heimatlichen Traditionen in der neuen Volkskunst der Ankunftsregion.[137] Grundlagen bildeten dazu die Herkunft der Flüchtlinge, Alter und Geschlecht, soziale Stellung sowie die neuen Lebensumstände. 1956 sah der Wissenschaftler die „Starrheit der Fronten gelöst", Fronten, die auch im Westen in den ersten Jahren durch die Forderung nach Eingliederung oder deren Verweigerung bestimmt wurden:

> „Man hat erkannt, daß die vollständige Assimilation der Flüchtlinge weder möglich noch wünschenswert ist; und wir durften denn auch die Formen der Beharrung als Arten des *Einlebens* bezeichnen. Denn auch diese beharrenden Formen sind Antworten in der neu gegebenen Situation, sind Versuche, das Leben im neuen Umkreis zu meistern."[138]

In der SBZ/DDR standen die Flüchtlinge und Vertriebenen unter einem unvergleichbar höheren Druck, ihre Assimilation unter Beweis stellen zu müssen, „Formen der Beharrung" wurden oftmals sanktioniert. Untersuchungen über die Eingliederungsprozesse konnten daher erst nach der Wende von 1989 erforscht werden und sind noch selten.[139] Ob diese Assimilation in Mecklenburg-Vorpommern wegen der im Vorstehenden geschilderten Voraussetzungen für einen Teil der Umsiedler erleichtert wurde, ist hier als Frage gestellt, auf die die Antwor-

---

134 Niederdeutsch heute: Materialien einer Arbeitstagung des Freundeskreises Niederdeutsche Sprache und Literatur im Kulturbund der DDR, Kreisleitung Rostock, 16./17. November 1974. Hrsg. Kreisleitung Rostock des Kulturbundes der DDR, Red.: Hans-Joachim Theil. Rostock 1975.

135 Vgl. Herrmann-Winter, 1998, wie Anm. 53.

136 Kleinschmidt in: Zwischen Hoffnung, 1995, wie Anm. 108, S. 142.

137 Bausinger, Hermann: Beharrung und Einfügung. Zur Typik des Einlebens der Flüchtlinge, in: Jahrbuch für Volkskunde der Heimatvertriebenen, Salzburg, 2. 1956, S. 9–16.

138 Ebd., S. 14.

139 Vgl. Schmidt, Ute: „Drei- oder viermal im Leben neu anfangen müssen ..." – Beobachtungen zur ländlichen Vertriebenenintegration in mecklenburgischen „Bessarabier-Dörfern", in: Hoffmann, Dierk/Schwartz, Michael: Geglückte Integration? Spezifika und Vergleichbarkeiten der Vertriebenen-Eingliederung in der SBZ/DDR (Schriftenreihe der VZG, Sondernummer). München 1999, S. 291–320.

ten noch kaum gefunden sind. Doch es liegt nahe anzunehmen, dass die Neubürger, eine Hälfte der Bevölkerung, an der gebotenen kulturellen Praxis im Land teilgenommen und damit die integrierenden Möglichkeiten in der neuen Gesellschaft angenommen haben.

Michael Schwartz

Umsiedlerpolitik und Selbstorganisation
Assimilation als Problem in der DDR[1]

I.

In der sozialen Selbst- und Fremdbeschreibung der unmittelbaren Nachkriegszeit verdrängte eine „Schicksalskategorie" wie der „Vertriebene" die „herkömmlichen sozialen Typisierungen – nach Stand und Klasse, Beruf und Bildung – in den Hintergrund" und prägte damit nachhaltig Identität und Leben der Betroffenen.[2] Das lag nicht allein am Schicksal, Opfer einer Kriegsfolge (eben von Flucht, Vertreibung oder Zwangsumsiedlung) geworden zu sein, sondern ebenso am gesellschaftlichen Umgang mit diesem Schicksal. Dabei machte die Mehrzahl der ins restliche Deutschland gelangten Vertriebenen dort die niederschmetternde Erfahrung einer „totale[n] Aufkündigung der nationalen Solidarität"[3] durch die einheimische Bevölkerungsmehrheit. Dieses Zerplatzen der Illusion einer solidarischen „Volksgemeinschaft" begründete das lang anhaltende Gefühl eines ungerechten Sonderschicksals, nämlich als Vertriebene für den von allen Deutschen doch gemeinsam geführten und verlorenen Weltkrieg nahezu allein einstehen zu müssen.[4] Selbst wo karitative Hilfe geleistet wurde, bewirkte dies ungewollt stets eine Demütigung der Empfänger, die sich nicht zufällig oft erbittert gegen den inferioren Status hilfsbedürftiger Almosenempfänger wehrten. In der Arbeitswelt der vierziger Jahre nahmen Vertriebene überwiegend Aufgaben und Status der nicht mehr vorhandenen Fremdarbeiter ein, bevor das industrielle Wachstum der fünfziger Jahre ihnen neue Chancen eröffnete. Von der einheimischen Bevölkerungsmehrheit wurden die vertriebenen Neuankömmlinge als unerwünschte Konkurrenten um knappe Ressourcen und ansonsten verstörende Fremde betrachtet; kein Wunder, trafen doch infolge der

---

1 Die nachstehenden Darlegungen entstanden im Rahmen meiner Habilitationsschrift: Vertriebene und „Umsiedlerpolitik". Integrationskonflikte in den deutschen Nachkriegs-Gesellschaften und die Assimilationsstrategien in der SBZ/DDR 1945–1961 (Veröffentlichungen zur SBZ/DDR-Forschung im Institut für Zeitgeschichte). München 2004.
2 Vgl. Nolte, Paul: Die Ordnung der deutschen Gesellschaft. Selbstentwurf und Selbstbeschreibung im 20. Jahrhundert. München 2000, S. 227.
3 Vgl. Jeggle, Utz: Kaldaunen und Elche. Kulturelle Sicherungssysteme bei Heimatvertriebenen, in: Hoffmann, Dierk/Krauss, Marita/Schwartz, Michael (Hg.): Vertriebene in Deutschland. Interdisziplinäre Ergebnisse und Forschungsperspektiven. München 2000 (Vierteljahrshefte für Zeitgeschichte, Sondernummer), S. 395–407, hier S. 398.
4 Vgl. Bundesarchiv Berlin (BAB), DO 2/50, Bl. 417ff., Hermann P., St. Egidien, an ZVU, 26.10.45.

Vertreibung Städter auf Dorfbewohner, Sudetendeutsche auf Mecklenburger, Katholiken auf Protestanten. Die Folgen waren materielle Verteilungskonflikte, aber auch Konflikte um die kulturelle Deutungshoheit. Die abfälligen Vorurteile der Deutschen gegen Osteuropäer, die das „Dritte Reich" so mörderisch radikalisiert hatte, richteten sich nach dessen Zusammenbruch auch gegen die eigenen Landsleute „aus dem Osten", die sich plötzlich im restlichen Deutschland als „Polensau" oder „Polaken" stigmatisiert und tätlich angegriffen sahen.[5] Wurden sie als „hergelaufenes Gesindel" beschimpft,[6] so zielten solche Beschimpfungen auch auf die bittere vertreibungsbedingte Armut, die ihre Lebenswelt von jener der meisten Alteingesessenen scharf abgrenzte. Gerade weil die große Mehrheit der Vertriebenen in kleinen Landgemeinden untergebracht worden war, „deren soziales Gefüge [...] durch den Krieg kaum gestört" worden war, musste sich „notwendigerweise und von Anfang an der deutliche Abstand zwischen dem ‚Wohlstand' der Einheimischen und der ‚Armut' der Vertriebenen bemerkbar machen"[7]. Eine Vertriebene brachte 1947 das Gefühl der Demütigung auf den Punkt, als sie mit Blick auf Kleidung und abgemagertes Äußeres lapidar feststellte: „Jeder sieht auf tausend Schritte, daß hier ein Flüchtling kommt."[8] Noch 1951 glaubten die Sicherheitsorgane der DDR bei einem öffentlichen Massentreffen bezeichnenderweise „an der Kleidung vieler Menschen" erkennen zu können, „daß es sich hier um Neubürger handelte"[9].

Erst das demütigende Gefühl, als Deutsche von den Alteingesessenen der Aufnahmeorte nur zu oft „als Menschen zweiter" oder „sogar dritter Klasse behandelt" zu werden,[10] machte aus Vertreibungsopfern vollends Vertriebene mit der widersprüchlichen Grunderfahrung, „Fremde" im eigenen Lande zu sein[11].

---

5   Vgl. Thüringisches Staatsarchiv (THStA), Büro MP 238, Ministerpräsident Thüringen, Amt für Information, Bericht Nr. 251 über „Gegnerische Propaganda", 31.5.51.

6   Ebd.

7   Vgl. Böttcher, Karl Wilhelm: Die deutsche Emigration aus dem Osten, in: Frankfurter Hefte, 5.1950, S. 1159–1175, hier S. 1162–1164.

8   Sächsisches Hauptstaatsarchiv Dresden (SäHStA), Landesregierung Sachsen (LRS), Ministerium des Innern (MdI) 2259, Elfriede T., Flöha, „an den Verlag der neuen Heimat", Juli 1947, S. 2 und S. 4.

9   BAB, DO 1–11/887, Bl. 38, Landesbehörde der Volkspolizei Sachsen-Anhalt an MdI-DDR, HVDVP, 28.5.51.

10 Diese Erfahrung äußerte ein schlesischer Vorsitzender eines Umsiedlerausschusses in Thüringen vor sowjetischen Offizieren; vgl. Thüringisches Hauptstaatsarchiv Weimar (ThüHStA), MdI 3672, Bl. 100–127, insb. Bl. 118f., MdI Thüringen, AfN, Protokoll der Umsiedlerkonferenz in Weimar am 17.4.47, o.D.; auch aus Sicht der ZVU betrachtete und behandelte die einheimische Landbevölkerung „Umsiedler" generell als „Menschen zweiter oder gar dritter Klasse"; vgl. BAB, DO 2/62, Bl. 76ff., insb. Bl. 94, DVLF, Protokoll der Zonenkonferenz für Bodenordnung vom 29./30. Juli 1947, o.D.

11 Benz, Wolfgang: Fremde in der Heimat: Flucht – Vertreibung – Integration, in: Bade, Klaus J. (Hg.): Deutsche im Ausland – Fremde in Deutschland. Migration in Geschichte und Gegenwart. München 1992, S. 374–386, hier S. 374, spricht in diesem Zusammenhang allzu unscharf von „Heimat".

Die Umsiedlerkommission des SED-Parteivorstands fand bei einer Besichtigung Wismarer Vertriebenenwohnungen 1949 den bezeichnenden Wandspruch vor: „Erst wenn du in der Fremde bist, [...] weißt du, wie schön die Heimat ist."[12] Dieser Zwiespalt konnte in Resignation, aber auch in stolze Abgrenzung und Konfliktbereitschaft münden; die letztgenannten Faktoren waren die Basis für spontane oder organisierte Formen der Selbstorganisation, die in erster Linie Selbsthilfe- und Selbststabilisierungsfunktionen gehabt haben.[13] Bereits 1948 hat die Soziologin Elisabeth Pfeil beobachtet, dass die im restlichen Deutschland entstandenen Konflikte zwischen Einheimischen und Vertriebenen ein *Wechselspiel von Ausgrenzung und Selbstabgrenzung* in Gang setzten. Ghettoisierung war folglich kein von Vertriebenen nur passiv erlebter, sondern auch ein aktiv gestalteter Prozess. Gefühle „geheimer Verzweiflung" gegenüber einer abweisenden und übermächtigen Umwelt mischten sich „zur Herstellung des [inneren] Gleichgewichtes" nicht selten „mit geheimem Stolz" gegen eine als verächtlich empfundene Außenwelt. Die „Hilfsbereitschaft der Flüchtlinge untereinander" basierte auf dem Wissen darum, wie einander zumute war.[14] Noch eine rückblickende Expertise der DDR-Staatssicherheit erblickte 1989 in solchen „Umsiedlervereinigungen [...] die beste psychologische Möglichkeit" für Vertriebene, trotz einer feindseligen sozialen Umgebung „Isolationen zu überwinden und endlich als ‚Gleiche unter Gleichen' zu gelten"[15].

II.

Institutionelle Selbstorganisation von Vertriebenen hatte stets ein Doppelgesicht: Einerseits bedeutete sie eine Form von durch Selbstghettoisierung gewonnener „Heimat", zum anderen bot sie eine Plattform für zielgerichtete Interessenpolitik. Was als selbstbezügliche Selbsthilfeaktion einer Gruppe begann, konnte leicht in politischen Forderungen an Staat und Gesellschaft externalisiert werden. Das assimilationspolitisch begründete Koalitionsverbot, das die Vertriebenen nach 1945 unter Ausnahmerecht stellte und ihnen zeitweilig in allen

---

12 Stiftung Archiv der Parteien und Massenorganisationen im Bundesarchiv (SAPMO-BArch), DY 30/IV 2/5/243, Bl. 64ff., insb. Bl. 71, SED, ZS, Chwalczyk, Bericht über die Situation in der Schiffsreparaturwerft Wismar, 25.1.49a.

13 Karasek-Langer, Alfred: Volkstum im Umbruch, in: Lemberg, Eugen/Edding, Friedrich (Hg.): Die Vertriebenen in Westdeutschland. Ihre Eingliederung und ihr Einfluß auf Gesellschaft, Wirtschaft, Politik und Geistesleben, 3 Bde. Kiel 1959, Bd. 1, S. 606–694, hier S. 659.

14 Vgl. Pfeil, Elisabeth: Der Flüchtling. Gestalt einer Zeitenwende. Hamburg 1948, S. 60f.

15 Der Bundesbeauftragte für die Unterlagen der Staatssicherheit der ehem. DDR (BStU), ZA, HA XX, ZMA 663, Bl. 5–112, insb. Bl. 14, MfS-DDR, HVA, Abt. II, „Objektauskunft zum revanchistischen Dachverband ‚Bund der Vertriebenen – Vereinigte Landsmannschaften und Landesverbände' e.V. (BdV)", 1.7.89.

Besatzungszonen solche Selbstorganisation untersagte, richtete sich gegen beide Seiten dieses Phänomens. Nicht wenigen Vertriebenen war unverständlich, weshalb eigenständige Vertriebenenorganisationen vom SED-Regime so vehement abgelehnt wurden.[16]

Doch nur selten zeigten mit der Vertriebenenproblematik befasste SED-Funktionäre in diesem Punkte Nachdenklichkeit. Im Unterschied zum völkisch-organischen Vokabular der NS-Zeit, das in der Vertriebenenpolitik der Bundesrepublik in Begriffen wie „Verwurzelung" oder „Eingliederung" weiter lebte, standen in der „Umsiedlerpolitik" der sowjetischen Besatzungsmacht und der SED Alternativbegriffe wie „Assimilierung", „Verschmelzung" oder „Einschmelzung" im Vordergrund. Organische Metaphern wurden in der SBZ/DDR tendenziell durch schwerindustrielle Zukunftsbilder ersetzt. Diese beschworen nicht nur den im früheren Auswandererland Deutschland kollektiv lebendigen Mythos vom „melting pot" der USA, sondern auch den Zusammenhang von Schwerindustrialisierung und Sowjetisierung: In der DDR nahm die Utopie einer neuen Gesellschaft nicht zufällig die Gestalt des aus dem Nichts entstandenen Stahlstandortes Stalinstadt (später: Eisenhüttenstadt) an, in dem nicht nur Stahl, sondern auch Vertriebene „umgeschmolzen" und zu vergangenheitslosen Werktätigen einer sozialistischen Zukunftsgesellschaft „veredelt" werden sollten. Die „restlose [...] Verschmelzung" der Umsiedler „mit der übrigen Bevölkerung"[17] und die dadurch bewirkte „Assimilierung" der „Umsiedler" erschien der SED-Politik als „menschliche", „volkswirtschaftliche" und politische Notwendigkeit.[18] Die Vertriebenen sollten in der SBZ/DDR echte rechtliche und materielle Gleichberechtigung durch besondere staatliche Hilfsmaßnahmen erhalten, doch im Gegenzug für diese integrative Sozialpolitik (deren Höhepunkt das DDR-Umsiedlergesetz von 1950 war) forderte die SED von den Vertriebenen die Einsicht in die Unumkehrbarkeit ihres Heimatverlustes und die Aufgabe ihrer besonderen Vertriebenenidentität.[19] Aus Vertriebenen sollten bewusstseinsmässig „Umsiedler" ohne Rückkehrhoffnung und gerade deshalb möglichst rasch ganz normale unauffällige „Staatsbürger" werden.[20]

Es war insofern eine seltene Ausnahme, als der Leiter der „Hauptabteilung Umsiedler" in der zonalen Innenverwaltung, Arthur Vogt, im Februar 1949 auf einer Sitzung von Umsiedlerfunktionären signalisierte, dass er landsmannschaftlichen Organisationsbestrebungen nicht ausschließlich mit

---

16 Vgl. SAPMO-BArch DY 30/IV 2/2.022/33, Bl. 303, SED, ZS, Abt. Massenagitation, Partei-Information v. 14.7.49.

17 SäHSTA, LRS, MdI 2746, MdI Sachsen, Abt. Umsiedler, Halm, an SKK Dresden, Rasskasow, 30.9.50.

18 Merker, Paul: Die nächsten Schritte zur Lösung des Umsiedlerproblems, hrsg. v. SED-Zentralsekretariat. Berlin (Ost) 1947, S. 7.

19 Merker, Paul: Die Partei und die Umsiedler, in: Neues Deutschland, 17.9.1947, Berlinausgabe, S. 2.

20 Chwalczyk, Georg: Vom Umsiedler zum Staatsbürger, in: Neues Deutschland, 16.2.49.

Repression und Propaganda begegnen wollte, sondern auch die Tolerierung „landsmannschaftliche[r] Zusammenkünfte" erwog, sofern diese allein der „Pflege des Althergebrachten" dienten. Die Anhänglichkeit vieler Vertriebener an das kulturelle Brauchtum ihrer bisherigen Heimat „so einfach mit dem Holzhammer aus diesen Gehirnen heraustreiben" zu wollen, erschien dem selbst aus Breslau stammenden SED-Funktionär „gar nicht notwendig", denn man könne viel mehr erreichen, „wenn man die Pflege des Althergebrachten verbindet mit dem, was die neue Heimat ihnen zu bieten hat"[21].

Innerhalb der SED hatte dieser selbstkritische Ansatz jedoch keine Zukunft: Vogt wurde wenig später entlassen. Ein Regime, das sich damals intensiv mit der Gleichschaltung von Kleingartenvereinen und Volkskunstgruppen beschäftigte, weil es deren Innenleben für zu gefährlich hielt,[22] war nicht in der Lage, kulturelle Selbstorganisation von Vertriebenen zu tolerieren. Jegliche besondere Vertriebenen-Identität sollte stattdessen in der SBZ/DDR möglichst rasch ausgemerzt werden. Schon im März 1948 hatte ein SED-Funktionär der Zentralverwaltung für deutsche Umsiedler gegenüber der Volksbildungsverwaltung beklagt, dass „die Zonensender [...] oft serienweise sogenannte ‚Heimatlieder'" sendeten, die „von Umsiedlern, die sich oftmals dazu in besonderen Gruppen zum gemeinsamen Empfang zusammenfinden, sehr gern abgehört" würden. Die Folge solcher Gedankenlosigkeit sei, „daß sich in den einzelnen Ortschaften besondere landsmannschaftliche Gruppen von Umsiedlern bilden [...], um sogenannte Heimatabende zu veranstalten", die sich in „meist sehr unerfreulicher Art" hauptsächlich „mit den Rückkehrmöglichkeiten" in die frühere Heimat beschäftigten und „dadurch unerfüllbare Hoffnungen unter den Umsiedlern" erweckten. Durch dieses „Wiedererwachen chauvinistischer Stimmungen" werde der angestrebte „Assimilierungsprozeß [...] sehr empfindlich gestört". Der ZVU-Abteilungsleiter regte daher an, in Heimatsendungen künftig „die Umsiedler mehr und mehr mit den Sitten und Gebräuchen, Volksliedern und dergleichen ihrer neuen Heimat bekannt" zu machen, denn dadurch „könnte[n] auf kulturellem Gebiet die zwischen Alt- und Neubürgern existierenden Verschiedenartigkeiten leichter überbrückt werden"[23]. Seitdem bemühte sich der SED-gesteuerte Rundfunk gezielt, „in seinen Heimatsendungen die Wiedergabe von Heimatliedern zu vermeiden, die als ausgesprochene Heimatlieder der jetzt

---

21 BAB, DO 2/36, Bl. 295–315, insb. Bl. 305, Protokoll der erweiterten Sitzung der LKfN Thüringen am 11.2.49, o.D.

22 Zu den Kleingartenvereinen BAB, DO 2/32, Bl. 151ff., insb. Bl. 163f., DVdI, HAU, Protokoll der Direktorenkonferenz der HAU am 12.10, 10.11.48; auf dieser Konferenz hatte DVdI-Vizepräsident Seifert erklärt, die „Auflösung der Umsiedlerausschüsse" sei deshalb dringlich, da „die Gefahr einer gewissen Organisation" entstehen könnte, „die wir nicht mehr in der Hand haben", wie man dies „bei den zentralen Organen der Kleingartenvereine" bereits erlebt habe; zur Frage der Volkskunstgruppen: BAB, DO 1–11/885, Bl. 9–15.

23 BAB, DO 2/92, Bl. 81, ZVU, Abt. BPuA, Chwalczyk, an DVVb, Abt. Rundfunk, 9.3.48.

von Deutschland abgetrennten Gebiete angesprochen werden können"[24]. Allerdings wussten sich Vertriebene in dieser repressiven Situation durchaus zu helfen, denn nach Wahrnehmung der Staatsorgane wurden seither „an sich harmlose und unverfängliche Liedertexte" von vertriebenen Hörergruppen „bewußt so abgeändert", dass „sie zu Heimatliedern der ehemaligen Ostgebiete werden" konnten. Der Eigensinn der Vertriebenen verwandelte Belangloses in ein „Sehnsuchtslied"[25].

Die Assimilationspolitik der SED war einseitig materialistisch ausgerichtet. Es war zweifellos leichter, die Vertriebenen lediglich als Objekte polizeistaatlicher Überwachung oder sozialpolitischer Betreuung wahrzunehmen, als sie vollständig ernst zu nehmen. Nur selten plädierten SED-Funktionäre dafür, sich „eingehender als bisher mit der besonderen Mentalität dieses Personenkreises" vertraut zu machen. So forderte 1951 ein Funktionär des Dresdner Innenministeriums vor der sächsischen Verwaltungsschule, man müsse sich „darüber im klaren sein, dass sich der ankommende Umsiedler zunächst als Fremdkörper in seiner neuen Umgebung fühlt und leider auch von vielen Ansässigen als lästiger Fremdkörper empfunden wurde und wird". Erfahrungsgemäß könnten solche Gegensätze „unter der Voraussetzung ausreichender materieller Grundlagen" allmählich abgebaut oder wenigstens „auf ein erträgliches Maß reduziert" werden, doch solange eine ausreichende Basisversorgung (an Arbeit, Wohnung und Hausrat) nicht gegeben sei, werde unter Vertriebenen „die Entwicklung eines ideologischen Bewußtseins und einer positiven Einstellung zu unserem Staat" gehemmt bleiben. Die DDR-Politik könne in dieser Frage umso weniger tatenlos bleiben, als die unterdessen „im Bonner Separatstaat" geschaffenen „Landsmannschaften und Heimatverbände" den „Geist des Chauvinismus" durch Aufrechterhaltung der „Hoffnung auf eine baldige Rückkehr" in die einstige Heimat schürten. Diese durch westliche Medien verbreitete Haltung beeinflusse vertriebene DDR-Bürger ebenso wie der private Briefwechsel mit im Westen lebenden Angehörigen. Und dieses aus dem Westen importierte „Gift des einseitigen Zurückschauens in die Vergangenheit, das Sichabwenden von einer besseren Zukunft bis zu[r] brutalen Forderung" nach „Revanche" falle auf umso fruchtbareren Boden, je länger ein Vertriebener überzeugt sei, dass er in der DDR „keine Möglichkeit hat, die gröbsten Mängel in seinem Besitzstand in absehbarer Zeit zu beheben, daß er praktisch zu einem Mensch[en] 2. Klasse degradiert" werde und bleibe.[26]

Angesichts solcher Grundannahmen war dem SED-Regime eine interessenpolitische Selbstorganisation von Vertriebenen bei weitem verständlicher

---

24 Ebd., Bl. 82, ZVU, Chwalczyk, an DVVb, Abt. Rundfunk, 3.4.48.
25 Ebd., Bl. 82, ZVU, Chwalczyk, an DVVb, Abt. Rundfunk, 3.4.48.
26 SäHStA, LRS, MdI 2186, MdI Sachsen, Abt. BP, Bo[sse], Vorlesung an Landesverwaltungsschule Dr. Kurt Fischer, Frankenberg/Sa., 5.7.51, S. 2–4.

als das landsmannschaftliche Organisationsprinzip.[27] Noch 1989 bewertete das MfS die westdeutschen Landsmannschaften als Träger einer „Neuauflage großdeutsch-nationalistischer Pläne" eindeutig negativ, während eine Bildung von Vertriebenenorganisationen, die „vornehmlich sozialökonomischen und innenpolitisch-rechtlichen Interessen" nachgingen, in Westdeutschland „durchaus verständlich" schien.[28] Für die SBZ/DDR jedoch wurde die Notwendigkeit jeglicher Selbstorganisation mit dem Hinweis in Abrede gestellt, dass dort „die antifaschistisch-demokratischen Kräfte, unterstützt von der sowjetischen Besatzungsmacht", schon frühzeitig „alles" getan hätten, um „die Umsiedler sofort in das wirtschaftliche, kulturelle und politische Leben völlig gleichberechtigt einzureihen"[29]. Schon 1947 hatte die SED-Führung selbstbewusst behauptet, dass „ohne unsere Partei und die Verbreiterung ihres Einflusses für die Umsiedler überhaupt" keine Möglichkeit bestehe, „ihre berechtigten Forderungen zu realisieren"[30], womit sich die SED die Deutungshoheit darüber anmaßte, welche Vertriebenenforderungen als „berechtigt" gelten durften und welche nicht.

In der Konsequenz wurden in der SBZ eigenständige Interessenorganisationen von Vertriebenen verboten. Dies erging auch jenem von 180 Vertriebenen in Malchin im Januar 1947 gegründeten „Deutschen Umsiedler-Verband" nicht anders, der die effektive Gleichstellung mit den Alteingesessenen (z.B. bei Stellenbesetzungen und bei der Verteilung von Bezugscheinen) als Interessenorganisation öffentlich erzwingen wollte. Obwohl der Organisator ein vertriebenes SED-Mitglied war und sogar die Genehmigung des sowjetischen Kommandanten erhalten hatte, wurde er am nächsten Tag vom NKWD verhaftet und der Verband wieder aufgelöst.[31] Mecklenburgs SED-Innenminister Hans Warnke lehnte „die Bildung solcher Vereine" grundsätzlich ab, da sie die Bevölkerung in zwei Konfliktparteien der „Einheimische[n] und Umsiedler" spalten würden.[32] Diese Konflikte waren zwar in der Gesellschaft längst präsent, doch die SED zog es vor, sie zu negieren oder allenfalls paternalistisch zu beruhigen; zur Zulassung eines geregelten Konfliktaustrags, wie er in Westdeutschland alsbald möglich wurde, war sie weder willens noch in der Lage.

---

27 Vgl. SAPMO-BArch, DY 30/IV 2/13/388, SED, ZK, Abt. Westkommission, Bericht über die Tagung der Umsiedlerkommission von SED und KPD am 30.9./1.10.50, 2.10.50, S. 11.

28 BStU, ZA, HA XX, ZMA 663, Bl. 5–112, insb. Bl. 20, MfS-DDR, HVA, Abt. II, „Objektauskunft zum revanchistischen Dachverband ‚Bund der Vertriebenen – Vereinigte Landsmannschaften und Landesverbände' e.V. (BdV)", 1.7.89.

29 Ebd., Bl. 14f.

30 Merker, wie Anm. 18, S. 22.

31 Mecklenburgisches Landeshauptarchiv Schwerin (MLHAS), MP 623, MfSoz Mecklenburg-Vorpommern, Burmeister, an MP Mecklenburg-Vorpommern, Höcker, 19.2.47.

32 Ebd., Ministerium für Innere Verwaltung und Planung Mecklenburg-Vorpommern, Warnke, an MP Mecklenburg-Vorpommern, Persönl. Referat, 10.2.47; zur umsiedlerpolitischen Parteinahme sowjetischer Stellen in regionalen Befehlen und Anordnungen siehe oben.

Die erstaunliche Genehmigung der Malchiner Sowjetkommandantur zeigt andererseits, dass die „Gründung von Interessenverbänden [...] den Vertriebenen in der SBZ/DDR" keineswegs flächendeckend „verwehrt" worden ist.[33] Ursprüngliche Selbstorganisationstendenzen von Vertriebenen, die 1945/46 aus dem Zwang zur Selbsthilfe angesichts akuter Notlagen und staatlicher Überforderung entsprungen waren und zur Bestimmung von „Flüchtlingssprechern" als Verhandlungspartner lokaler und regionaler Behörden geführt hatten, waren in der SBZ auf örtlicher Basis zeitweilig durchaus möglich und vielleicht sogar unerlässlich. Allerdings suchten die Machthaber dergleichen möglichst rasch im Sinne der SED-Assimilationspolitik zu kanalisieren. Bereits 1945 wurde die Einrichtung staatlicher und gemeindlicher „Umsiedlerausschüsse" in der SBZ befohlen. Wie im Parallelfall der westzonalen Flüchtlingsbeiräte waren die Mitbestimmungsmöglichkeiten dieser Ausschüsse zwar gering, doch boten sie eine Chance zu staatlich anerkannter Interessenvertretung und zu *symbolischer Repräsentanz* von Vertriebenen auf der kommunalpolitischen Ebene,[34] auf der sie ansonsten häufig unterrepräsentiert waren. Tatsächlich scheinen die Ausschüsse, wo sie existierten und funktionierten, Selbstorganisationstendenzen zeitweilig eingedämmt zu haben; denn ausgerechnet in Mecklenburg und Sachsen, wo Umsiedlerausschüsse unterentwickelt blieben, waren 1947 „die meisten Anfragen bezüglich der Schaffung von Umsiedlerorganisationen" zu verzeichnen.[35] Ironischerweise wurde jedoch gerade das Funktionieren eines Teils dieser Ausschüsse zur Ursache für die rasche Wiederabschaffung dieser Institution. Engagierte Umsiedlerausschüsse mussten nämlich – ähnlich wie Selbstorganisationen – bestehende Gruppenkonflikte zwischen Vertriebenen und Einheimischen (etwa bei der Wohnraum- oder Hausratumverteilung) zwangsläufig vertiefen.[36] Darüber hinaus erlebten 1948 viele Umsiedlerausschüsse durch die

---

33 So jedoch fälschlich Ther, Philipp: Deutsche und polnische Vertriebene. Gesellschaft und Vertriebenenpolitik in der SBZ/DDR und in Polen 1945–1956. Göttingen 1998 (Kritische Studien zur Geschichtswissenschaft; 127), S. 235.

34 Vgl. die entsprechende Bedeutung der Arbeiter-Repräsentation in Gemeinderäten der NS-Zeit trotz faktischer Machtlosigkeit dieser Gremien; hierzu: Schwartz, Michael: ‚Machtergreifung'? Lokalpolitische Elitenkonflikte in der ländlichen Gesellschaft Westfalens während des ‚Dritten Reichs', in: Schlögl, Rudolf/Thamer, Hans-Ulrich (Hg.): Zwischen Loyalität und Resistenz. Soziale Konflikte und politische Repression während der NS-Herrschaft in Westfalen. Münster 1996, S. 185–243.

35 BAB, DO 2/50, Bl. 40ff., insb. Bl. 41f., ZVU, Abt. BPuA, Haslinger, Bericht über „Entwicklung und Tätigkeit der Umsiedlerausschüsse im 1. Halbjahr 1947", 13.8.47.

36 Ein Beispiel bietet der Konflikt im brandenburgischen Schwarzheide, wo dem Ausschußvorsitzenden vorgeworfen wurde, ohne das Vertrauen der Vertriebenen zu amtieren und die Gegensätze zwischen Vertriebenen und Einheimischen zu verschärfen; besonders strittig war sein aktives Vorgehen bei der Wohnraumumverteilung; vgl. BAB, DO 2/61, Bl. 200–205, insb. Bl. 201f., Untersuchungsbericht über verschiedene Umsiedlergenossenschaften Brandenburgs an Ministerium für Arbeit und Sozialwesen Brandenburg, Abt. UuH, 9.7.47.

wachsende Unzufriedenheit der Vertriebenenbasis einen Radikalisierungsschub, der diese Gremien in der Sicht der SED „mehr und mehr zu reaktionären Gruppen" werden und – mit Unterstützung der bürgerlichen Parteien – Resolutionen verfassen ließ, „die unerfüllbare Forderungen enthielten" – sei es, dass die Tabuproblematik der Oder-Neiße-Grenze „erneut zur Diskussion gestellt" wurde,[37] sei es – wie beim Umsiedlerausschuss Großen-Luckau –, dass man Forderungen nach Entschädigungszahlungen für vertreibungsbedingte Eigentumsverluste erhob.[38] Dass Umsiedlerausschüsse sogar zu Interessenbündnissen mit verbotenen Vertriebenenorganisationen tendierten, lag in der Logik interessenpolitischer Emanzipation von staatlicher Bevormundung, wie sie damals auch in Westdeutschland erfolgte. So haben vom brandenburgischen Forst ausgehende „Versuche zur Bildung eigener Umsiedlerorganisationen in der Art von Interessengemeinschaften für Umsiedler" 1948 jedenfalls 176 Umsiedlerausschüsse interessiert.[39] Nachdem die leitenden SED-Funktionäre der Polizeiorgane umgehend die „Auflösung der Umsiedlerausschüsse" gefordert hatten, die man „nicht mehr in der Hand [zu] haben" glaubte,[40] beschloss die SED-Führung im November 1948 diesen repressiven Akt, der bis Mitte 1949 flächendeckend vollzogen wurde. Das gesellschaftliche Konfliktpotential wurde dadurch natürlich nicht sistiert: Auch auf dem Sektor der Vertriebenenpolitik erreichte „die Geschichte der DDR als Geschichte der Suche ihrer Konflikte nach Ausdrucksformen"[41] lediglich eine neue Phase, ohne an ihr der SED so erwünschtes Ende zu gelangen. Da eine offizielle Vertretung von Gruppeninteressen in der SBZ/DDR nicht mehr möglich war, gab es für Organisationsbestrebungen unter Vertriebenen ab 1949 nur noch zwei Möglichkeiten. Entweder man nahm die Angebote zur Mitarbeit in den offiziellen Parteien, Massenorganisationen und Gremien wahr – oder man wurde in die Illegalität abgedrängt. Lediglich die Kirchen boten unter ihrem weiten Mantel eine gewisse Grauzone.

III.

Man sollte glauben, dass die totalitären Machthaber in der SBZ/DDR keine Schwierigkeiten gehabt hätten, unerwünschte gesellschaftliche Netzwerke und Organisationen zu unterdrücken. Zu oft ist die „‚Liquidierung' von Gesellschaft", von „gesellschaftlichen Differenzierungen, Pluralität und Interessenviel-

---

37 SAPMO-BArch, NY 4036/744, DVdI, Abt. BP, Büttner, Aktennotiz v. 10.8.49.

38 MLHAS, MdI, 2698, MfSoz Mecklenburg, HAU, Herzog, an Umsiedlerausschuß Großen-Luckau, 5.4.48, sowie dessen Eingabe v. 9.2.48.

39 BAB, DO 2/22, Bl. 260ff., insb. Bl. 265, Ministerium für Arbeit und Sozialwesen Brandenburg, Abt. UuH, 2. Quartalsbericht an die SMAB, 7.7.48.

40 Ebd., DVdI-VP Seifert im Oktober 1948.

41 Dahrendorf, Ralf: Gesellschaft und Demokratie in Deutschland. München 1968, S. 454.

falt" sowie aller „milieubedingter Solidaritäten" als zentrales Charakteristikum der SED-Herrschaft hervorgehoben worden.[42] Die klassische Studie Seraphims zur Lage der Vertriebenen in der DDR hat bereits 1954 den Standpunkt vertreten, dass infolge verschärfter Unterdrückungsmaßnahmen gegen „alle Volksgruppentreffen" nach 1950 selbst „in lockerster Form" ein „landsmannschaftlicher Zusammenhalt" in der DDR „unmöglich" geworden sei. Allein das kirchliche Gemeindeleben habe einen gewissen Schutzraum geboten, während selbst „stammtischartige Zusammenkünfte" von Vertriebenen „nur in seltenen Fällen möglich, größere Heimatfeste – bis auf einen einzigen Fall – ausgeschlossen" gewesen seien. Dieses Bild effektiver Repression „im Totalitätsstaat der Sowjetzone"[43] ist bis heute bestimmend geblieben. Auch in neuesten Forschungen wird das erfolgreiche „Mundtotmachen der Vertriebenen" durch staatliche Repression als „entscheidendes Indiz für die seit Anfang der fünfziger Jahre in der DDR verstärkt einsetzende Gleichschaltung der Gesellschaft" gewertet.[44] Die Prämisse erfolgreicher totalitärer Repression in der DDR war offenbar gerade nach der Wiedervereinigung wieder in Mode; um westdeutsche Integrationserfolge umso heller erstrahlen zu lassen, musste eine besondere Identität der Vertriebenen in der DDR „bis zur Unkenntlichkeit wegdefiniert" worden sein, Vertriebene konnten unter dem SED-Regime „ausschließlich Objekte des Geschehens" gewesen sein.[45] Die fragwürdige soziologische Konstruktion einer „gleichsam stillgestellten" DDR-Gesellschaft (Sigrid Meuschel) hat auch die DDR-Vertriebenenforschung geprägt und verhindert, Vertriebene auch als handelnde *Subjekte* zu begreifen und ihre Partizipations- oder Abwehrversuche angesichts der SED-Politik ernsthaft in den Blick zu nehmen. Nur wenige Stimmen haben in kluger Beschränkung lediglich von einem *Versuch* des SED-Regimes, den Vertriebenen „ihre Identität zu nehmen", gesprochen.[46] Statt dessen dominiert bis in die jüngste Zeit die dem Kalten Krieg entstammende These vom frühzeitigen und umfassenden Erfolg totalitärer Repression: Erst 1998 hat Philipp

---

42 Vgl. etwa die starre totalitarismus-fixierte Perspektive von Neubert, Erhart: Politische Verbrechen in der DDR, in: Courtois, Stéphane (Hg.): Das Schwarzbuch des Kommunismus. Unterdrückung, Verbrechen und Terror. München/Zürich 2000, S. 829–884, hier S. 844f.

43 Seraphim, Peter-Heinz: Die Heimatvertriebenen in der Sowjetzone. Berlin 1954, S. 160f.

44 Hoffmann, Johannes/Wille, Manfred/Meinicke, Wolfgang: Flüchtlinge und Vertriebene im Spannungsfeld der SBZ-Nachkriegspolitik, in: Wille, Manfred/Hoffmann, Johannes/Meinicke, Wolfgang (Hg.): Sie hatten alles verloren. Flüchtlinge und Vertriebene in der sowjetischen Besatzungszone Deutschlands. Wiesbaden 1993 (Studien der Forschungsstelle Ostmitteleuropa an der Universität Dortmund; 13), S. 12–26, hier S. 26.

45 Frantzioch-Immenkeppel, Marion: Die Vertriebenen in der Bundesrepublik Deutschland. Flucht, Vertreibung, Aufnahme und Integration, in: Aus Politik und Zeitgeschichte B 28 (1996), S. 3–13, hier S. 8.

46 Rautenberg, Hans-Werner: Die Wahrnehmung von Flucht und Vertreibung in der deutschen Nachkriegsgeschichte bis heute. In: Aus Politik und Zeitgeschichte, B 53 (1997), S. 34–46, hier S. 45.

Ther in dieser Deutungstradition behauptet, die Sicherheitsapparate der DDR hätten „die Vertriebenen an jedem politischen und kulturellen Selbstbekenntnis" gehindert.[47] Ganz auf der Linie Seraphims, soll laut Ther die erfolgreiche Unterdrückung von Vertriebenen-Selbstorganisation in der DDR bereits „Ende 1950" abgeschlossen worden sein, als „auch im Kulturleben sämtliche Bezüge zur alten Heimat und deren Gebrauch in der Öffentlichkeit" unterbunden worden seien und „die Zerschlagung der letzten Geheimtreffen von Vertriebenen gemeldet" worden sei.[48]

Empirisch kann von all dem keine Rede sein. Wenn westdeutsche Forscher feststellten, dass „alle Sonderbestrebungen von ‚Umsiedlern'" bereits vor Gründung der DDR „im Keime erstickt" worden seien, „um zu verhindern, daß sie [i.e. die Vertriebenen] ein eigenes Gruppenbewußtsein entwickelten"[49], übersahen dieselben, dass dieses besondere Gruppenbewusstsein infolge von Vertreibungs- und Ankunftserfahrungen längst existierte. Man kann ferner die totalitarismustheoretische Binsenweisheit nicht oft genug wiederholen, dass ein totalitärer Machtanspruch keineswegs bedeutet, „daß auch die Herrschaftspraxis zu allen Zeiten totalitär war". Dies zeitigte ausgerechnet in der stalinistisch geprägten Frühphase der DDR die paradoxe Folge, dass nicht nur der totalitäre Machtanspruch am stärksten war, sondern auch die Ausweichmöglichkeiten (bis hin zur Flucht gen Westen) am größten gewesen sind.[50] In dieser Situation war das SED-Regime weit davon entfernt, die letzten „Geheimtreffen" von Vertriebenen bereits 1950 restlos zerschlagen zu haben;[51] statt dessen sahen sich die DDR-Sicherheitsorgane mindestens bis Frühjahr 1953 sogar mit *öffentlichen* Massenzusammenkünften von Vertriebenen konfrontiert, die auf schweigsame, jedoch unübersehbare Weise dem SED-Regime die Herrschaft über öffentliche Räume demonstrativ streitig machten. Auf diese Entwicklung hatte das Wirken der unterdessen etablierten Vertriebenenverbände in der Bundesrepublik großen Einfluss. So erfolgte im Leipziger Zoo ein scheinbar zufälliges Zusammentreffen von 500 sudetendeutschen Vertriebenen just an jenem 6. August 1950, den die westdeutschen Vertriebenenorganisationen zum festlich begangenen „Tag der Heimat" ausgerufen hatten.[52] Zwar mussten diese öffentlichen Vertriebenentreffen auf jedes Anzeichen politischer Aktivität – etwa Ansprachen – verzichten, doch die Tatsache, dass diese sorgfältig vorbereiteten „zufälligen Begegnungen" vom SED-Staat jahrelang nicht verhindert werden konnten, verliehen

---

47 Ther, wie Anm. 33, S. 152.
48 Ebd., S. 238.
49 Lehmann, Hans-Georg: Der Oder-Neiße-Konflikt. München 1979, S. 156.
50 Vgl. Kielmannsegg, Peter Graf: Nach der Katastrophe. Eine Geschichte des geteilten Deutschland. Berlin 2000, S. 576.
51 Gegen Ther, wie Anm. 33, S. 152.
52 BAB, DO 1-11/886, Bl. 52, MdI-DDR, HVDVP, Rdschr. v. 21.7.50; ebenda, Bl. 87, Landesbehörde der Volkspolizei Sachsen an MdI-DDR, HVDVP, 24.11.50.

ihnen eine trotzige Demonstrationsqualität. Diese Erfolge verstetigten seit 1950 die „Organisierung von Umsiedlertreffen" auf dem Zoogelände in Halle[53] und ließen die dortigen Teilnehmerzahlen bis 1953 in die Tausende ansteigen.[54] Im Herbst 1952 wurden erstmals Vertriebene auf dem Zoogelände festgenommen, da sie allzu laut „ihr Erstaunen darüber" geäußert hatten, „daß an diesem Tage kein Umsiedlertreffen stattfand"[55]. Doch erst auf dem Höhepunkt der SED-Stalinisierungspolitik, im Mai 1953, wurde im Hallenser Zoo ein weiteres „Umsiedlertreffen" durch einen polizeilichen Großeinsatz gesprengt, Hunderte Vertriebene festgenommen und gegen einige mutmaßliche Organisatoren strafrechtliche Ermittlungsverfahren eingeleitet.[56] Zwar machte sich die Bezirksverwaltung der Volkspolizei über die Reichweite solcher Repressalien keine Illusionen, denn sie rechnete damit, „daß in Zukunft derartige Treffen an andere Orte verlagert werden"[57] würden. Es scheint jedoch die kurz darauf einsetzende Erfahrung der brutalen Niederschlagung des Volksaufstandes vom 17. Juni gewesen zu sein, die den Vertriebenen in der DDR die Lust an öffentlichen Großveranstaltungen schlagartig genommen hat.

Das bedeutete jedoch nicht, dass das Regime die Selbstorganisationsaktivitäten unter Vertriebenen seither in den Griff bekommen hätte. Mitte 1955 fiel im Kreis Röbel ein aus Oberschlesien stammender Handwerker auf, der gegen die 1950 anerkannte Ostgrenze Stellung bezog und offensichtlich „in Verbindung mit den Landsmannschaften in Westdeutschland" stand, von denen er „laufend schriftliches Material" erhielt. Dieser Vertriebene ging so weit, westdeutsche Publikationen auf öffentlichen Dorfversammlungen zu benutzen.[58] Noch im Herbst 1960 erklärte sich das DDR-Innenministerium die verstärkte Beteiligung von Vertriebenen an der „Republikflucht" mit kommunikativen Einflüssen aus Westdeutschland oder West-Berlin, die keineswegs nur den privaten Briefverkehr betrafen. „Vielfach" seien „Umsiedler-Zeitungen illegal" in die DDR eingeführt worden, „verschiedentlich" hätten später republikflüchtig gewordene Vertriebene zuvor „an Umsiedler-Treffen in Westdeutschland bzw. Westberlin" teilgenommen,[59] die offenbar als Informationsbörsen fungierten.

---

53 BAB, DO 1–7/72, Landesbehörde der Volkspolizei Sachsen-Anhalt, Auswertung der volkspolizeilichen Tätigkeit zur Sicherung der Vorbereitungen und Durchführung der Volkswahlen 1950, 26.10.50, S. 24.

54 Ebd., Bl. 48, Landesbehörde der Volkspolizei Sachsen-Anhalt an MdI-DDR, HVDVP, 16.8.51.

55 Ebd., Bl. 89, MdI-DDR, Generalinspekteur VP, Seifert, an MdI-DDR, Stoph, MfS, Zaisser, SKK und an MdI-DDR, Chefinspekteur Röbelen, o.D. [Oktober 1952].

56 Ebd., Bl. 96–104, insb. Bl. 96–98, Bezirksbehörde der DVP Halle an MdI-DDR, Staatssekretariat für Innere Angelegenheiten, HVDVP, 1.6.53.

57 Ebd., Bl. 104.

58 SAPMO-BArch, DY 6/4720–502–004, NFddD, Bezirksausschuß Neubrandenburg, Informationsbericht v. 15.6.55.

59 SAPMO-BArch, DY 30/IV 2/13/401, MdI-DDR, Abt. Innere Angelegenheiten, Informationsbericht über die Methoden der Abwerbung von Bürgern der DDR, 30.9.60, S. 4.

Staatliche Verbote von Vertriebenen-Selbstorganisation konnten immer dann besonders gut greifen, wenn Vertriebene versuchten, genehmigungspflichtige neue Vereinsstrukturen zu schaffen. Untersagt wurde auf diese Weise 1951 die Gründung eines Skat- und Billardclubs, dessen Mitglieder allzu offensichtlich ausschließlich Vertriebene waren, so dass der Chefinspekteur der Volkspolizei „den Charakter einer Umsiedlerorganisation" attestierte. Den seither überwachten Vertriebenen wurde geraten, sich innerhalb der bestehenden Massenorganisationen zu betätigen.[60] Erfolgversprechender scheint die Unterwanderung und Transformation bestehender Vereinsstrukturen gewesen zu sein. Auf diese Weise erhielten 1951/52 die regelmäßigen Zusammenkünfte von bis zu 400 Schlesiern im Leipziger „Gartenverein Priesnitz" eine legale institutionelle Basis. Diese Massenversammlungen hatten sich aus kleineren Treffen in einer Gaststätte entwickelt, deren Pächter dann das Vereinslokal des Gartenvereins übernommen und seine Stammgäste „nachgezogen" hatte. Auffällig war die kirchliche Bindung des Versammlungsleiters, der in der katholischen Gemeinde- und Jugendarbeit aktiv war; unter den Versammelten befanden sich ebenfalls „viele katholische Kirchgänger". Laut Spitzelbericht wurde auf den Vereinsversammlungen jedoch nicht „gegen die SED" gesprochen, weil der Versammlungsleiter dergleichen „nicht wünsch[t]e".[61]

IV.

Manche Wissenschaftler haben die von den Sowjets 1945 geschaffene „Zentralverwaltung für deutsche Umsiedler" als einzige „Lobby der Vertriebenen" in der SBZ/DDR betrachtet, weshalb ihre schon 1948 erfolgte Abschaffung für die dortigen Vertriebenen „fatale Folgen" gehabt habe.[62] Eine solche Sichtweise unterschätzt die gesellschaftliche Eigendynamik in der SBZ/DDR ganz erheblich. Insbesondere die beiden christlichen Großkirchen boten Vertriebenen nicht nur „materielle und ideelle Nothilfe in allen Bereichen des gesellschaftlichen Lebens"[63], sondern – etwa über besondere Flüchtlingsseelsorge, über Kirchenchöre mit landsmannschaftlichem Liedgut und Flüchtlings-Gottesdienste mit gewohntem Brauchtum und eigenwillig-kritischen Predigten – auch eine institutionelle Basis für vertriebenenspezifische Gruppenaktivitäten. Daraus resultierte der SED-Vorwurf der „revanchistischen Schutzhelferrolle des Klerus", den das

---

60 BAB, DO 1–11/887, Bl. 57, MdI-DDR, HVDVP, Lust, an MP, Sekretariat, 10.10.51.

61 SAPMO-BArch, DY 30/IV 2/9.02/75, Bl. 5f., MP-DDR, AfI, Abt. IK, Inform-Mitteilung II/27/52 v. 21.2.52.

62 So jedoch Ther, wie Anm. 33, S. 235.

63 Nowak, Kurt: Staat ohne Kirche? Überlegungen zur Entkirchlichung der evangelischen Bevölkerung im Staatsgebiet der DDR, in: Kaiser, Gert/Frie, Ewald (Hg.): Christen, Staat und Gesellschaft in der DDR. Frankfurt a.M./New York 1996, S. 23–43, hier S. 35.

MfS bis zum Ende der DDR in Erinnerung behielt. Demnach hätten schon seit 1945 erst lokal, dann regional ausgerichtete kirchliche Heimat-Rundbriefe eine wichtige publizistische Hilfe für „revanchistische Landsmannschaftspropaganda" gespielt. Beide Großkirchen hätten verbotenen Vertriebenenverbänden überdies „hervorragende und erstrangige organisatorische Starthilfe" gegeben und damit „die Bedeutung einer schützenden und tarnenden Glocke" für die Selbstorganisation von Vertriebenen erhalten.[64] Seit 1948 wurden die Kirchen daher verstärkt zum Gegenstand polizeistaatlicher Observation von Vertriebenenaktivitäten. Dass ihr Handlungsspielraum dadurch „merklich eingeschränkt" worden sei,[65] kann nicht ohne weiteres behauptet werden, denn der Bestand autonomer kirchlicher Institutionen konnte von der repressiven SED-Politik nicht in Frage gestellt werden, so dass man sich im wesentlichen auf Schikanen und Einschüchterung verlegen musste. Die „Grenzen der Diktatur" wurden – ähnlich wie in den achtziger Jahren – gerade gegenüber den Kirchen evident,[66] zumal hochrangige Kirchenführer anfangs öffentlich noch über die „Grenzen des Staates" zu räsonieren wagten.[67] Die These einer raschen „Zurückdrängung der Kirchen aus dem öffentlichen Leben und damit auch aus der Vertriebenenpolitik" der SBZ/DDR[68] ist daher verfehlt – besonders wenn man die gesamtdeutschen und internationalen Verbindungen der Kirchen berücksichtigt, die basisdemokratische Bedeutung synodaler Diskussionskulturen in Rechnung stellt und überhaupt nichtstaatliche „Alltags-Politik" als Bestandteil politischer Öffentlichkeit grundsätzlich ernst zu nehmen gewillt ist. Allerdings blieb diese Organisationsform auf kirchliche Milieus beschränkt, ohne automatisch allgemeinpolitische Relevanz zu entfalten. Zugleich war die vertriebenenspezifische Funktion der Kirchen ambivalent: Indem sie Vertriebenen einen organisatorischen Freiraum boten, schufen sie zugleich Voraussetzungen für gelingende Integration, die letztlich auch dem SED-Regime zugute kommen konnte. Mit diesen wichtigen Einschränkungen blieben jedoch die kirchlichen Organisationsstrukturen eine wichtige Alternative für zunehmend unmögliche Selbstorganisation von Vertriebenen. Die thüringische Volkspolizeibehörde stellte 1950 eine Anzahl Druckschriften aus Westdeutschland sicher, welche von kirchlichen „Jugend- und Umsiedlerorganisationen innerhalb der DDR zum Versand gebracht" worden waren und in SED-Sicht offene „Hetzpropaganda gegen die

---

64 BStU, ZA, HA XX, ZMA 663, Bl. 5–112, insb. Bl. 16f., MfS-DDR, HVA, Abt. II, „Objektauskunft zum revanchistischen Dachverband ‚Bund der Vertriebenen – Vereinigte Landsmannschaften und Landesverbände' e.V. (BdV)", 1.7.89.

65 Ther, wie Anm. 33, S. 151.

66 Vgl. Bessel, Richard/Jessen, Ralph (Hg.): Die Grenzen der Diktatur. Staat und Gesellschaft in der DDR. Göttingen 1996 (Sammlung Vandenhoeck), S. 14, Einleitung.

67 Vgl. Dibelius, Otto: Grenzen des Staates. Tübingen 1949, insb. S. 84–118.

68 Ther, wie Anm. 33, S. 151.

Volksrepublik Polen und somit gegen die DDR" enthielten.[69] Immer wieder ergab sich für die Sicherheitsapparate aus den Inhalten solcher Rundbriefe „eine systematisch und bewußt betriebene Abkapselung von der Wirklichkeit und eine immer wieder neu getriebene Hetze gegen die Oder-Neiße-Grenze"[70]. Tatsächlich klafften die Wirklichkeiten des SED-Systems und etlicher vertriebener DDR-Bürger weit auseinander: Solche oft von Pfarrern der früheren Heimatgemeinden initiierten Rundschreiben empfanden die verordnete „neue Heimat" ausdrücklich als „Fremde" und die dortigen Eingliederungsbemühungen „nur als einen harten Zwang".[71] Die „unterirdischen" Aktivitäten der Vertriebenen innerhalb der Kirchen blieben ein langfristiges Kontrollproblem der SED-Machtapparate, obschon die SED-Herrschaft dadurch niemals ernstlich gefährdet wurde. Als besonders „hemmend" für die erwünschte Assimilationspolitik betrachtete man die religiöse Absonderung volksdeutscher Bevölkerungsgruppen aus Südosteuropa, deren freikirchliche Strukturen nicht einmal an alteingesessene Kirchenorganisationen angebunden waren. Doch hatten sich auch Vertriebene aus den an Polen gefallenen deutschen Ostgebieten vielfach „in besonderen Umsiedler-Gebetsvereinigungen [...] im Rahmen der evangelischen bzw. katholischen Konfession zusammengeschlossen", die laut DDR-Innenministerium teilweise „den Charakter von Landsmannschaften, wie sie in Westdeutschland bestehen", angenommen hatten und von dort mit „tendenziöser Literatur" versorgt wurden.[72] Noch Ende 1960 war den Herrschenden ein Dorn im Auge, dass das „überwiegend" aus Vertriebenen bestehende Evangelische Frauenwerk des Kreises Prenzlau ungeniert „Themen wie ‚Schlesien einst und jetzt' oder ‚Die Zukunft gehört uns' behandelt[e]".[73] Die innere Emigration Vertriebener in dissidenten Kirchenmilieus wurde vom SED-Regime letztlich auch für die massenhafte Republikflucht von rund 2,7 Millionen Menschen aus der DDR mitverantwortlich gemacht,[74] an der Vertriebene ein überdurchschnittliches Drittel stellten. Noch 1960 erblickte das DDR-Innenministerium eine wichtige Fluchtursache im Einwirken reaktionärer Kräfte innerhalb der Kirchen, die – so die

---

69 BAB, DO 1–11/904, Bl. 1, MdI-DDR, HVDVP, Lust, an Landesbehörde der Volkspolizei Sachsen-Anhalt, 4.9.50.

70 BAB, DO 1–11/886, Bl. 91, Landespolizeibehörde Brandenburg an MdI-DDR, HVDVP, 14.9.50.

71 Ebd., Bl. 100ff., Landesbehörde der Volkspolizei Brandenburg an MdI-DDR, HVDVP, 16.8.50, Auszug aus dem Steinauer Rundbrief Nr. 10/1949.

72 BAB, DO 1/33276, MdI-DDR, Abt. BP, Kaßner, an SED, ZK, Abt. StV, Wolff, 14.12.51.

73 SAPMO-BArch, DY 30/IV 2/13/401, Bericht über den Einsatz der Brigade des MdI im Kreis Prenzlau, Bez. Neubrandenburg, 14.12.60, S. 2.

74 SAPMO-BArch, DY 30/IV 2/13/394, SED, ZK, Abt. Leitende Organe der Partei und der Massenorganisationen, Einschätzung über den Stand der Republikflucht, 13.4.53, S. 12.

bezeichnende Diagnose – unter der Bevölkerung nichts als „Unglauben an den Sieg des Sozialismus"[75] säten.

V.

Von einer „stillgestellten Gesellschaft" lässt sich im Hinblick auf die Vertriebenen in der SBZ und frühen DDR daher nicht gut sprechen. Vertriebenenpolitik und organisierte Vertriebenen-Mitsprache konnte das SED-Regime zwar effektiv verweigern, auch die Versuche, Vertriebenenidentität aus dem öffentlichen Raum möglichst zu verdrängen, waren in den fünfziger Jahren weitgehend erfolgreich: Freilich um den Preis, dass das Regime den 1945 aufoktroyierten „Umsiedler"-Begriff 1952/53 durch offizielle Sprachlosigkeit ersetzte.[76] Schon 1949 hatten Teile der SED-Führung den von den Sowjets und ihnen selbst eingeführten „Umsiedler"-Begriff am liebsten „schnellstens verschwinden" lassen wollen, da sich „unter dem Begriff Umsiedler oder Flüchtlinge [...] oft Klassenfeinde" verbergen würden, „die unter dieser Tarnung alte Machtpositionen zu gewinnen versuchen". Selten wurde seitens der SED so offen eingestanden, dass ihre schönfärberische Sprachpolitik gesellschaftlich gescheitert war.[77] Die Gedankenkontrolle der SED-Diktatur stieß nicht zuletzt deshalb an Grenzen, weil die DDR über eindeutige Grenzen selbst nicht verfügte[78] und durch ihre westdeutsche „Referenzgesellschaft" permanent herausgefordert wurde.[79] Vor dem Mauerbau konnten Vertriebene aus der DDR zu landsmannschaftlichen Veranstaltungen nach Westberlin oder Westdeutschland reisen;[80] vor wie nach dem Mauerbau durchkreuzten Rundfunk und Fernsehen die totalitären Steuerungsansprüche der SED-Apparate. Insbesondere der „Rundfunk im Amerikanischen Sektor" Berlins (RIAS) wurde wegen seines Einflusses unter in der DDR lebenden Vertriebenen zum Feindbild der SED-Potentaten.[81]

---

75 SAPMO-BArch, DY 30/IV 2/13/401, Bericht über den Einsatz der Brigade des MdI im Kreis Prenzlau, Bez. Neubrandenburg, 14.12.60, S. 2.

76 Dass diese damnatio memoriae weder sofort noch völlig gelang, verweist wiederum auf die Grenzen der SED-Diktatur; vgl. Schwartz, Michael: ‚Vom Umsiedler zum Staatsbürger'. Totalitäres und Subversives in der Sprachpolitik der SBZ/DDR, in: Hoffmann/Krauss/Schwartz, wie Anm. 3, S. 135–166.

77 SAPMO-BArch, DY 30/IV 2/5/243, Bl. 100f., Entwurf: „Bemerkungen der Org.-Abteilung zum Umsiedlerproblem", Schäfer, 24.2.49.

78 Das schließt nicht aus, das Verhältnis von offener Grenze und Diktaturentwicklung in der DDR letztlich ambivalent aufzufassen, wie dies bei Bessel, 1996, S. 237, aufscheint.

79 Vgl. hierzu Graf, Friedrich Wilhelm: Blick vom Westen. Zur DDR-Opposition in den fünfziger und achtziger Jahren, in: Kaiser/Frie, wie Anm. 63, S. 56.

80 Vgl. BAB, DO 1–11/886 und 887.

81 BAB, DO 1–7/71, SED, ZS, Plenikowski, an DVdI, Fischer, 11.3.49.

Am wenigsten gelang die Durchsetzung des vertriebenenspezifischen Schweigegebotes innerhalb der Gesellschaft selbst, in deren „eigen-sinniger" Binnen-Kommunikation nicht allein die besondere Gruppenidentität, sondern auch besondere Gruppenstrukturen von Vertriebenen fort existierten und sich zumindest an der „inneren Peripherie" (Ute Schmidt) jahrzehntelang halten konnten. Als Resultat einer weitgehend ungesteuerten Massenwanderung infolge von Flucht und Vertreibung existierten gerade in ländlichen Regionen zahlreiche dichte Siedlungsschwerpunkte von Vertriebenen. 1947 waren im mecklenburgischen Kreis Neubrandenburg 102 von 120 Gemeinden „reine Neubauerndörfer" mit hohem Vertriebenenanteil.[82] Im Raum Schwerin gab es in den fünfziger Jahren „ganze Dörfer von ehemaligen Sudetendeutschen"[83]. Solche von Vertriebenen dominierten Landgemeinden führten ein politisch wie kulturell vom SED-Regime nur schwer zu kontrollierendes Eigenleben. Noch vor Gründung der DDR wurden solche Siedlungsschwerpunkte, die sich über Migrationsketten nachziehender Verwandter und Bekannter[84] weiter vergrößerten, zum assimilations- und sicherheitspolitischen Problem aufgewertet. Dabei richtete sich die Kontrollwut des Regimes insbesondere gegen zwei Phänomene. Auf die häufig bewusst erfolgte Schwerpunktsiedlung von Vertriebenen in unmittelbarer Nähe zur Oder-Neiße-Grenze und auf besonders hartnäckige Tendenzen zur sozialen Selbstabschließung unter volksdeutschen „Umsiedlern". Gerade *volksdeutsche* Bevölkerungsgruppen aus Osteuropa tendierten durchweg zur Selbst-Segregation, die sie Jahrhunderte lang in ihren osteuropäischen Siedlungsgebieten gegenüber wechselnden Obrigkeiten und Mehrheitsbevölkerungen eingeübt hatten. Schon Ende 1948 thematisierte die zonale Innenverwaltung eine im Grenzkreis Zittau lebende Gruppe von 2.000 Ungarndeutschen, die sich nicht nur von den Alteingesessenen, sondern auch von den mehrheitlich sudetendeutschen Vertriebenen des Kreises weitgehend abgrenzte. Diese „gewollte Isolierung in jeder Beziehung", wie sie sich im Tragen traditioneller Trachtenkleidung, aber auch in demonstrativer politischer Abstinenz manifestiere, mündete für die DVdI „klar [in] die Gefahr des Fortbestehens eines fremden Faktors im Volkskörper".[85] Ausgerechnet der sächsische Innenminister Wilhelm Zaisser, späterer erster Staatssicherheitsminister der DDR, wies diese Einschätzung 1949 als völlig überzogen zurück. Besonders die „Beanstandung", „daß die Ungarndeutschen an der mitgebrachten Tracht fest-

---

82 BAB, DO 2/34, Bl. 126, MfSoz Mecklenburg, HAU, Gutmann, Gesamtbericht v. 27.11.47.

83 BAB, DO 1–11/887, Bl. 77, VP-Präsidium Potsdam an Landesbehörde der Volkspolizei Brandenburg, 26.4.52.

84 Vgl. hierzu Haug, Sonja/Pichler, Edith: Soziale Netzwerke und Transnationalität. Neue Ansätze für die historische Migrationsforschung, in: Motte, Jan/Ohliger, Rainer/Oswald, Anne von (Hg.): Fünfzig Jahre Bundesrepublik – Fünfzig Jahre Einwanderung. Nachkriegsgeschichte als Migrationsgeschichte. Frankfurt a.M./New York 1999, S. 259–284, hier S. 264.

85 BAB, DO 2/49, Bl. 97, DVdI, HAU, Büttner, Bericht über Kreisinspektion in Zittau, 20.12.48.

halten" würden, war ihm vollkommen „unverständlich", denn „man müßte sich doch darüber klar sein, daß die alten Menschen, die seit hunderten [sic!] von Jahren ihrer Tracht treugeblieben sind, nicht von heut auf morgen zur freiwilligen Preisgabe dieser Gewohnheit gebracht werden können. Das wird sich ohne Härten erst bei Assimilierung der jungen Generation erreichen lassen."[86] Diese berechtigte Kritik erzwang zwar einen Rückzieher des verantwortlichen DVdI-Funktionärs,[87] änderte jedoch nichts an der misstrauischen Grundhaltung des künftigen DDR-Innenministeriums gegenüber volksdeutschen Milieus, deren soziale und politische Abschottungstendenz „in einem plötzlich auftretenden Gefahrenmoment" als besonderer politischer „Unsicherheitsfaktor" erschien.[88] Die tiefe soziokulturelle Fremdheit zwischen Volksdeutschen und den über sie herrschenden SED-Funktionären war wohl der wesentliche Grund für dieses anhaltende Misstrauen des SED-Regimes, das auch in Mecklenburg lebende Wolhynien- und Bessarabiendeutsche betraf.[89] Dort existierten über das Jahr 1989 hinaus Dörfer, in denen volksdeutsche Vertriebene eine lebensweltliche Autonomie zu bewahren vermochten.[90] Umgekehrt blieb die Selbstabgrenzung solcher Volksgruppen *defensiv* und lebensweltlich begrenzt,[91] der politische Argwohn der SED-Machtapparate bewahrheitete sich somit nicht. Die Resistenz gewann nur dann aggressive Züge, wenn das Regime in problematischen Fragen demonstrative Loyalität erwartete – wie im Fall der Oder-Neiße-„Friedensgrenze". Nicht zufällig hielt die DDR-Zentrale „besondere Umsiedlerversammlungen" im Zuge deutsch-polnischer Freundschaftsveranstaltungen nach Anerkennung der deutsch-polnischen Nachkriegsgrenze 1950 „nicht [für] ratsam"[92]. Auch in den Folgejahren gelangten lebensweltliche Öffentlichkeit und „Friedensgrenzen"-Propaganda der SED nicht zur Deckung. Noch 1955 wagten Vertriebene in ländlichen Gebieten Mecklenburg-Vorpommerns öffentlichen Widerspruch auf Dorf- oder Hausgemeinschaftsversammlungen und teilten dem angereisten Versammlungsredner unverblümt mit, so wie er rede niemand im Dorf.[93]

---

86 SHSTA, LRS, MdI 2258, MdI Sachsen, Zaisser, an DVdI, HAU, Vogt, 4.4.49.
87 BAB, DO 2/49, Bl. 99, DVdI, Abt. BP, Büttner, an MdI Sachsen, 19.4.49.
88 BAB, DO 1–8/83, Bl. 96, DVdI, Abt. BP, Büttner, an SED, ZS, an MdI Brandenburg, Abt. BP, sowie an DVdI, Dr. Fischer und Malz, 14.4.49.
89 BAB, DO 1/33276, MdI-DDR, Abt. BP, Kaßner, an SED, ZK, Abt. StV, Wolff, 14.12.51.
90 Vgl. Schmidt, Ute: „Drei- oder viermal im Leben neu anfangen zu müssen..." – Beobachtungen zur ländlichen Vertriebenenintegration in mecklenburgischen ‚Bessarabier-Dörfern', in: Hoffmann, Dierk/Schwartz, Michael (Hg.): Geglückte Integration? Spezifika und Vergleichbarkeiten der Vertriebenen-Eingliederung in der SBZ/DDR. München 1999 (Schriftenreihe der Vierteljahreshefte für Zeitgeschichte, Sondernummer), S. 291–320, hier S. 296f.
91 Ebd, S. 319.
92 BAB, DO 1/5512, MdI-DDR, Abt. BP, Büttner, Aktennotiz v. 13.6.50.
93 SAPMO-BArch, DY6/4674/500/004, NFddD, Bezirkssekretariat Rostock, Wochenbericht v. 15.7.55, S. 2, sowie NFddD, Bezirkssekretariat Rostock, Wochenbericht v. 30.7.55.

Dem SED-Regime blieb neben punktueller Repression und sonstiger Duldung nur die Hoffnung auf langfristigen Wandel. Bereits 1946 hatte der aus Danzig stammende SED-Funktionär Anton Plenikowski seine Parteiführung darauf hingewiesen, dass sich „Kinder" immer „am leichtesten assimilieren" ließen,[94] und Mitte der fünfziger Jahre zeitigte die politische „Umerziehung" der jungen Vertriebenengeneration in der DDR auch von westdeutschen Beobachtern wahrgenommene erste Erfolge.[95] Dass diese Entwicklung nicht nur mit Manipulation zu tun hatte, sondern auch auf realen sozialen Aufstiegsangeboten gründete,[96] belegte jener dreiundzwanzigjährige SED-Funktionär, der 1952 einem Westreporter stolz erzählte, „daß er eines Arbeiters Kind sei, aus Schlesien, und unter kapitalistischen Verhältnissen niemals den Aufstieg zum Referenten des [thüringischen] Ministerpräsidenten hätte nehmen können"[97]. Doch gezielte Umerziehungsarbeit und die Forderung politischer Konformität als Voraussetzung für beruflichen Aufstieg verschärfte den gesellschaftlichen Anpassungsprozeß der jüngeren Vertriebenengeneration in der DDR und damit eine Distanzierung von der Lebenswelt ihrer Eltern, die sich auch ohne politischen Druck allmählich entwickelt hätte und in der Bundesrepublik um 1960 ebenfalls zu registrieren war.[98] 1952 entdeckte man bei einem zwanzigjährigen Schüler einer Pädagogischen Fachschule in Potsdam eine illegale Vertriebenenbroschüre. Im folgenden Aufklärungs-Gespräch, das über seine Zukunft entschied, gab der Schüler an, dass seine im Kreis Grimmen lebenden Eltern „von irgend einer Stelle beeinflusst" würden, denn sooft er „zu Hause weilte[,] erzählten die Eltern, daß es bald heimgeht[,] und immer sogar mit genauen Daten". Diese „Heimweh"-Mentalität lastete der junge Mann ganz im Sinne der SED „erzreaktionären und faschistischen Elementen" an.[99]

VI.

Unsere Beobachtungen haben gezeigt, dass Vertriebene in der DDR nicht einfach als degradierte, passive „Objekte" gedacht werden können. Innerhalb eines ständig ungünstiger werdenden Handlungsrahmens bemühten sich viele Vertriebene durch selbst organisiertes Handeln in interessenpolitischer Außen-

---

94 BAB, DO 2/4, Bl. 114, SED, ZS, Abt. LP, Plenikowski, an Ulbricht und Fechner, 29.11.46.
95 Vgl. Seraphim, wie Anm. 43, S. 180.
96 Vgl. hierzu allgemein: Kielmannsegg, wie Anm. 50, S. 585.
97 Kuby, Erich: In einem anderen Land – In der Deutschen Demokratischen Republik, in: Frankfurter Hefte, 7.1952, S. 417–432, hier S. 427.
98 Vgl. Karasek-Langer, wie Anm. 13, S. 694.
99 BAB, DO 1–11/887, Bl. 77, Volkspolizei-Präsidium Potsdam an Landesbehörde der Volkspolizei Brandenburg, 26.4.52.

richtung, erst recht aber im selbst bewahrenden Nischenrückzug, Subjekte ihrer Geschichte zu bleiben. Dem SED-Regime gelang es im Laufe der fünfziger Jahre freilich zunehmend, institutionalisierte Formen von Selbstorganisation zu zerschlagen oder in den kirchlichen Sonderbereich zurückzudrängen. Interessenpolitische Partizipation außerhalb der gleichgeschalteten Parteien und Massenorganisationen konnte es nicht geben. Dasselbe gilt ab etwa 1953 für demonstrative landsmannschaftlich-kulturelle Formen von Vertriebenen-Selbstorganisation. Innerhalb der Kirche sowie in lebensweltlichen Nischen der Selbstabgrenzung konnten freilich vertriebene Sonderidentitäten langfristig weiter bestehen und im Extremfall sogar das SED-Regime überdauern. Insgesamt jedoch sah sich eine besondere Vertriebenenidentität in der DDR einem wachsenden Verinnerlichungszwang ausgesetzt. Zugleich dürften gesellschaftlich bedingte, von der einheimischen Mehrheitsgesellschaft ausgehende Anpassungszwänge (wie sie ähnlich im Westen existierten) den politischen Druck ergänzt und individuelle Verdrängungsmechanismen unter Vertriebenen sowie eine Art persönliche „Integrationsideologie" (Albrecht Lehmann) befördert haben. Bei alledem war „Vertriebenenidentität", wie der Begriff selbst sagt, nichts historisch Gewachsenes, sondern etwas nach 1945 schlagartig neu Entstandenes. Auch die Berufung auf „landsmannschaftliche Traditionen" hilft nicht weiter, denn mochten Traditionen alt sein, so war es doch nicht ihre identitätsstiftende Beschwörung und Konservierung. Landsmannschaftliches Kulturbewusstsein war weitgehend, gesellschaftliches Vertriebenenbewusstsein vollständig eine Schöpfung der doppelten Katastrophe von Vertreibung und Ankunft. Solange unter den Betroffenen Verlust- und Fremdheitserfahrungen dominierten, solange dominierte ihre Vertriebenenidentität. Diese verlor im Laufe der Zeit in beiden deutschen Teil-Gesellschaften zwangsläufig an Relevanz, ohne doch völlig zu verschwinden. Es scheint kein Zufall zu sein, dass die Thematik in *beiden* deutschen Gesellschaften seit Mitte der achtziger Jahre eine beachtliche öffentliche – und auch geschichtswissenschaftliche – Renaissance erlebte. Die jüngere Erlebnisgeneration, nach ihren Aufbau-, Anpassungs- und Verdrängungsleistungen in die Jahre gekommen, entdeckte offensichtlich ein Bedürfnis nach Erinnerung, freilich im distanzierenden Präteritum der Historiographie und unter der entschärfenden Bedingung eines „Happy-ends", das die anfängliche Not im späteren Integrationserfolg aufheben zu können vorgab. Doch bei jeder Beschäftigung mit diesem Thema wird rasch deutlich, dass neben unbestreitbaren „Erfolgen" auch etliche „Verluste" zu verzeichnen waren. Erst wenn man dies zusammen denkt, hat man die Chance zu erfahren, wo wir nach Vertreibung und Vertriebenenintegration, nach SED-Assimilationspolitik und in die Enge getriebener Vertriebenenidentität, nach vierzig Jahren DDR-Erfahrung und zehn Jahren umwälzender „Wiedervereinigung" im Dickicht widersprüchlicher Identitäten heute stehen.

Martin Holz

Evakuierung, Flucht, Vertreibung und Neuanfang
aus der Perspektive der evangelischen und katholischen Kirche 1943–1961 am Beispiel Rügens

Durch Evakuierung, Flucht und Vertreibung änderte sich die konfessionelle Landschaft Deutschlands. Bisherige konfessionelle Separierungen, die seit dem Ende des konfessionellen Zeitalters bestanden, wurden aufgebrochen.[1] Damit erhielt ein längerer Prozess, der mit den Bemühungen um religiöse Toleranz seit dem 18. Jahrhundert in leisen Anfängen begonnen, sich im Laufe des 19. Jahrhunderts, vor allem im Zuge der Industrialisierung des Deutschen Reiches intensiviert und in der NS-Zeit neue Dynamik erhalten hatte, eine in der bisherigen Geschichte beispiellose Steigerung. Die Aufnahme der Evakuierten, Flüchtlinge und Vertriebenen verstärkte in Mecklenburg und Pommern (bzw. nach 1945 Vorpommern), traditionell evangelisch-lutherisch geprägten Gebieten, die konfessionelle Durchmischung, d. h. der Anteil der Katholiken an der Gesamtbevölkerung wuchs im Vergleich zu den Evangelischen.[2] Diese Verschiebungen im konfessionellen Gefüge lassen es mir sachgemäß erscheinen, anhand eines interkonfessionellen Vergleichs zwischen der (zumindest bis in die fünfziger Jahre) volkskirchlich verankerten evangelischen Landeskirche, der

---

1 Menges, Walter: Wandel und Auflösung der Konfessionsgrenzen, in: Lemberg, Eugen/Edding, Friedrich, Die Vertriebenen in Westdeutschland. Ihre Eingliederung und ihr Einfluß auf Gesellschaft, Wirtschaft, Politik, Geistesleben, Bd. 3. Kiel 1959, S. 1–22; Vollnhals, Clemens: Die Evangelische Kirche zwischen Traditionswahrung und Neuorientierung, in: Broszat, Martin/Henke, Klaus-Dietmar/Woller, Hans (Hg.): Von Stalingrad zur Währungsreform. Zur Sozialgeschichte des Umbruchs in Deutschland, München 1988 (Quellen und Darstellungen zur Zeitgeschichte; 26), S. 113–167. – Vgl. zu allgemeiner Literatur den Überblick: Sommer, Karl-Ludwig: Zwischen nationalen Rechtswahrungsansprüchen, „kirchlicher Neuordnung" und praktizierter Nächstenliebe: Die evangelische Kirche und die Flüchtlinge in den ersten Nachkriegsjahren, in: Schraut, Sylvia/Grosser, Thomas (Hg.): Die Flüchtlingsfrage in der deutschen Nachkriegsgesellschaft. Mannheim 1996 (Mannheimer historische Forschungen; 11), S. 395–420; Maser, Peter: Ein schwieriger Neuanfang. Die Evangelische Kirche der Union (EKU) und die Vertriebenen, in: Beiträge zur ostdeutschen Kirchengeschichte, 3.1999, S. 9–26. – Zur NS-Zeit vgl. Werner Klän: Die evangelische Kirche Pommerns in Republik und Diktatur. Geschichte und Gestaltung einer preußischen Kirchenprovinz. Köln, Weimar, Wien 1995 (Veröffentlichungen der Historischen Kommission für Pommern).

2 Der ab 1945 durchgeführte Aufbau katholischer Gemeindestrukturen in den durch das Potsdamer Abkommen unter polnische Verwaltung gestellten Gebieten muss hier unberücksichtigt bleiben und wäre als weitere Fragestellung zu betrachten.

Pommerschen Evangelischen Kirche[3], und den für katholische Flüchtlinge und Vertriebene ab 1945/46 stark ausgebauten Gemeindestrukturen im Bistum Berlin die Reaktionen beider Kirchen auf die Problematik von Flucht und Vertreibung zu untersuchen. So lassen sich Spezifika und Vergleichbarkeiten herausarbeiten, und die Konflikte können offen an Ort und Stelle benannt werden. Die durch ihre geographische Lage exponierte Insel Rügen erscheint als Untersuchungsgegenstand besonders geeignet, zumal der lokalpolitische Kontext in der Umbruchsituation 1945 angesichts zusammengebrochener staatlicher Strukturen primärer Gestaltungshorizont war.[4]

Der zeitliche Rahmen dieser Untersuchung ist relativ weit gefasst, da auch die Aufnahme der Evakuierten, Flüchtlinge und Vertriebenen ein höchst komplexer, in Schüben verlaufender und von Rückkehrversuchen unterbrochener Prozess war, der in der SBZ/DDR angesichts des Kalten Krieges zunehmend verdrängt und tabuisiert, damit dennoch nicht „gelöst" und abgeschlossen wurde, wie es die systemnahe DDR-Geschichtsschreibung zu suggerieren bemüht war.[5] Die Kriegswende von Stalingrad und der Höhepunkt der Kinderlandverschickung im Jahre 1943 einerseits sowie der Bau der Berliner Mauer am 13. August 1961 andererseits erscheinen als Zäsuren. Letzterer schob sich als deutschlandpolitische Fragestellung in der Sicht der in der DDR Lebenden gewissermaßen vor die Erfahrung von Flucht und Vertreibung und veränderte die Perzeption dieses Ereignisses.[6]

---

3   In diesem Aufsatz wird einheitlich nur die Bezeichnung „Pommersche Evangelische Kirche" gebraucht, die von 1950 bis 1968 durchgehalten wurde. Dann musste der Name schließlich doch auf staatlichen Druck hin in „Evangelische Landeskirche Greifswald" geändert werden. Zunächst (1945–1950) lautete die offizielle Bezeichnung „Evangelische Kirche Pommerns". Sie war Rechtsnachfolgerin der Kirchenprovinz Pommern der Evangelischen Kirche der altpreußischen Union. Zur Evangelischen Kirche der altpreußischen Union (APU), der heutigen Evangelischen Kirche der Union (EKU); vgl. Hauschild, Wolf-Dieter: Evangelische Kirche der Union, in: Theologische Realenzyklopädie, Bd. 10. Berlin, New York 1982, S. 677–683.

4   Pointiert kann mit Mielke davon gesprochen werden, dass sich die SBZ nach Kriegsende „als ein Flickenteppich von ‚Dorf- und Stadtrepubliken'" dargestellt habe, „der von den relativ kraftlosen Länder- und Provinzialverwaltungen mehr schlecht als recht zusammengehalten wurde", vgl. Mielke, Henning: Die Auflösung der Länder in der SBZ/DDR. Von der deutschen Selbstverwaltung zum sozialistisch-zentralistischen Modell. Stuttgart 1995, S. 38.

5   Vgl. Wille, Manfred: Die „Umsiedler"-Problematik in der DDR-Geschichtsschreibung, in: Wille, Manfred/Hoffmann, Johannes/Meinecke (Hg): Sie hatten alles verloren. Flüchtlinge und Vertriebene in der sowjetischen Besatzungszone Deutschlands. Wiesbaden 1993 (Studien der Forschungsstelle Ostmitteleuropa an der Universität Dortmund, 13), S. 3–11.

6   Vgl. Hoffmann, Dierk/Schwartz Michael (Hg.): Geglückte Integration? Spezifika und Vergleichbarkeiten der Vertriebenen-Eingliederung in der SBZ/DDR. München 1999 (Schriftenreihe der Vierteljahreshefte für Zeitgeschichte, Sondernummer); Holz, Martin: Evakuierte, Flüchtlinge und Vertriebene auf der Insel Rügen 1943–1961. Ihre Aufnahme

1. Ausgangsbedingungen

Die Aufnahmemöglichkeiten für Evakuierte und Flüchtlinge auf Rügen wurden – ähnlich wie in anderen ländlichen, relativ „luftsicheren" Gebieten bereits während des Krieges durch die Zuordnung als Aufnahmegebiet der Kinderlandverschickung seit 1942/43 sowie evakuierter luftkriegsgefährdeter Städte und frontnaher ostpreußischer Gebiete in starkem Maße in Anspruch genommen. Im Herbst 1944 kam eine erste große Gruppe evakuierter Ostpreußen mit Sonderzügen. Seit Jahresanfang 1945 wuchs die Bedeutung der Trecks, einer kollektiven Flucht, bei der die Bevölkerung im nahezu geschlossenen Dorfverband zu fliehen versuchte. Zunächst kamen die Trecks aus Ost- und Westpreußen sowie aus dem Wartheland und polnischen Gebieten. Die Zusammenstellung aller nachweisbaren nach Rügen gekommenen Trecks verdeutlicht, dass die meisten aus dem Gebiet der südöstlich von Stettin gelegenen Kreise Saatzig und Pyritz kamen. Fortwirkende Sozialkontakte der alten Dorfgemeinschaft, die Mitnahme von Kleidung und Hausrat wie auch die frühzeitige Ankunft vor Kriegsende verbesserten die Startbedingungen in den Aufnahmegemeinden. Die nach dem auf Rügen kampflosen Kriegsende einsetzende Rückkehr der Flüchtlinge, Kriegsgefangenen und Zwangsarbeiter auf dem Land- und Seewege in ihre Heimat, die durch örtlich unterschiedliche Ausweisungsbefehle, vor allem durch die damit verbundene Verweigerung der Ausgabe von Lebensmittelkarten Existenz bedrohend verstärkt wurde, führte bis zum Frühsommer 1945 zu einer rapiden Abnahme der Rügener Bevölkerung. Die Perspektive einer Rückkehr in die Heimat, durch die für Rügen ein Bevölkerungsrückgang auf 50.000 Einwohner prognostiziert worden war, zerbrach abrupt seit Ende Juni 1945, als erste Zwangsausweisungen aus den Oder nahen Gebieten zur Schaffung eines die Grenze kennzeichnenden Korridors durch polnische Militär- und Milizeinheiten erfolgten und zu einem Rückstau der rückkehrwilligen Ostflüchtlinge westlich der Oder führten.

Da geringe Bevölkerungsdichte als hinreichender Indikator für die Aufnahmefähigkeit angesehen wurde, erschien Mecklenburg-Vorpommern seiner agrarischen Wirtschaftsstruktur und seiner geringen Bevölkerungsdichte wegen den sowjetischen Militärbehörden als besonders geeignet, eine hohe Zahl von Vertriebenen aufzunehmen. Angesichts der fortgesetzten Zuweisung von Vertriebenen nach Mecklenburg-Vorpommern geriet die Situation zum Jahresende gänzlich außer Kontrolle. Hunger grassierte, Seuchen brachen aus, und die Unterbringungsmöglichkeiten waren völlig überlastet, so dass die sowjetischen Stellen im Januar 1946 eingestehen mussten, dass das seit Sommer 1945 in verschiedenen Varianten durchgeführte Vorhaben, die Vertriebenen in erster Linie

---

und Bestrebungen zur Eingliederung in die Gesellschaft. Köln, Weimar, Wien 2003 (Veröffentlichungen der Historischen Kommission für Pommern, Reihe V; 38).

im agrarisch geprägten Mecklenburg-Vorpommern unterzubringen, die Eskalation der Lage in diesem Ausmaße verursacht hatte und damit gescheitert war.[7]

Auf Rügen lebten zur Volkszählung im Oktober 1946 insgesamt 90.740 Einwohner, von denen 37.565 als Vertriebene gekommen waren (41,4 Prozent). Davon waren 18.824 Hinterpommern (einschließlich Stettiner/Swinemünder), 6.485 Ostpreußen, 5.399 Sudetendeutsche als die dominierenden Gruppen, sowie 2.525 Schlesier und Sachsen (östlich der Neiße), 1.653 Deutsche aus Polen, 1.043 Danziger, 594 Ostbrandenburger, 438 Baltendeutsche, 213 Deutsche aus Rumänien und 100 Deutsche aus der Sowjetunion.[8] Ungefähr den gleichen Anteil wie auf Rügen hatten die Flüchtlinge und Vertriebenen mit 41,2 Prozent in Mecklenburg-Vorpommern, das seiner agrarischen Struktur wegen zum Hauptflüchtlingsland in allen Besatzungszonen geworden war (gefolgt von Schleswig-Holstein).[9]

Die in der Notsituation der unmittelbaren Nachkriegszeit erweiterte Bandbreite kirchlicher Aktivitäten, die bei der etablierten evangelischen Landeskirche größer war als bei der zunächst noch sehr kleinen katholischen Diasporagemeinde, erforderte für diese Untersuchung eine Beschränkung auf zentrale Tätigkeitsfelder. Besondere Bereiche praktischer Hilfe der evangelischen Kirche wie die Einrichtung eines Flüchtlingssuchdienstes der evangelischen Kirche, der im Laufe 1946 in den amtlichen Suchdienst für vermisste Deutsche eingegliedert werden musste, der Aufbau einer Lagerseelsorge für die Umsiedlerlager, aber auch die Beteiligung an der parteiübergreifenden Notgemeinschaft des Landes Mecklenburg-Vorpommern können hier nicht thematisiert werden. Auch der Aufbau des evangelischen Hilfswerkes und der katholischen Caritas müssten gesondert verglichen werden.[10]

2. Evakuierung, Flucht, Vertreibung und Neuanfang aus der Perspektive der evangelischen Kirche

Bereits seit Kriegsbeginn 1939, verstärkt aber im Zuge der Kinderlandverschickung und der Evakuierungen luftkriegsgefährdeter Städte ab 1942/43, sahen sich die auf Rügen verbliebenen und nicht zur Wehrmacht eingezogenen, also wohl überwiegend älteren Pastoren mit zusätzlichen seelsorgerlichen und katechetischen Aufgaben konfrontiert. Nachdem bereits 1941/42 erste evakuierte Schüler und Familien auf der Insel untergebracht worden waren, wurde

---

7 Ebd., S. 121–160.
8 Endgültige Ergebnisse der Volks- und Berufszählung vom 29.10.1946, 3. Folge, in: Statistische Praxis 2 (1947), H. 3, Beilage 2.
9 Ebd.
10 Ebd., S. 343–357, 409–411.

der Umfang der Kinderlandverschickung angesichts der verstärkten alliierten Luftangriffe seit 1942/43 erheblich erweitert.[11] Einige Pfarrer aus den evakuierten Großstädten wurden zur personellen Verstärkung auf die Insel gesandt.[12] Eine besondere Situation bestand in der Kreisstadt Bergen durch das Umsiedlerlager „Ernst Moritz Arndt", das der Volksdeutschen Mittelstelle unterstellt war. Superintendent Friedrich Lucas unterrichtete 1944 in Bergen insgesamt 100 Konfirmanden zwischen 12 und 23 Jahren. Da den Volksdeutschen in der Sowjetunion seit 1929 Konfirmationen verboten gewesen waren, besuchten sie als junge Erwachsene zusammen mit den dreizehn- und vierzehnjährigen Einheimischen den Bergener Konfirmanden-Unterricht.[13]

Nach diesen temporären Sonderaufgaben während des Krieges erwuchsen mit der Aufnahme der ersten größeren Flüchtlingsgruppe, evakuierter Ostpreußen aus den Kreisen Lyck, Gumbinnen und Ragnit-Tilsit, ab November 1944 seelsorgerliche Aufgaben in weit größerem Ausmaß, die sich ab Anfang 1945 durch die unablässig einströmenden Trecks und Eisenbahntransporte aus den Ostgebieten potenzierten.

Die Rahmenbedingungen kirchlicher Arbeit nach dem auf Rügen kampflosen Kriegsende und der sowjetischen Besetzung der Insel waren vergleichsweise günstig. Der lokale und regionale Kontext war es, in dem nach Kriegsende durch Verhandlungen mit den sowjetischen Orts- und Kreiskommandanturen die Tätigkeitsfelder kirchlicher Arbeit abgesteckt wurden, da nicht nur die staatlichen, sondern nach der Flucht des Stettiner Konsistoriums zum Jahresbeginn 1945 die übergeordneten Instanzen der pommerschen Provinzialkirche nicht arbeitsfähig waren.[14] In einem Brief an Karl von Scheven, den Superinten-

---

11 Superintendent Friedrich Lucas verhandelte im Sommer 1942 erfolgreich mit den Direktoren nach Rügen umquartierter Schulen über die Durchführung des Konfirmandenunterrichts für die KLV-Lager. Anhand einer Liste der betreffenden Kinder, der schriftliche Einwilligungserklärungen der Eltern beizulegen waren, wurden die Gruppen zusammengestellt. Sup. Lucas, Bergen, Aktennotiz, 10.8.1942, Kirchenarchiv Middelhagen (KiAMidd), Nr. III/4.

12 Pfarrer Hellmuth Heyden, der aus Stettin zum Konfirmandenunterricht für die zahlreichen umquartierten Schulen beauftragt worden war, übernahm zusätzlich Gottesdienste in den Mönchguter Gemeinden, wodurch sich auch Pfarrer Heyn intensiver in der eigenen Konfirmandenarbeit engagieren konnte, Konsistorium, Stettin, an Pfr. Heyn, 17.6.1944, KiAMidd, Nr. III/4.

13 Aus dem Lager kamen knapp 30 Kinder und Jugendliche zum Konfirmandenunterricht. Sup. Lucas an Baron Georg Magnus von der Goltz, Rogzhof, 3.3.1944. Deshalb bat der Superintendent bei verschiedenen Bibelgesellschaften um die Zusendung von Bibeln und Katechismusausgaben. Sup. Lucas an Württembergische Bibelgesellschaft, 11.12.1944, Superintendenturarchiv Bergen (SupABer), A 173.

14 Vgl. Raddatz, Carlies-Maria: „... Eine Aktentasche voll Kartoffeln ..." Die Flüchtlingsproblematik aus der Perspektive der Evangelischen Kirche Pommerns, in: Buchholz, Werner/Mangelsdorf, Günter (Hg.): Land am Meer. Pommern im Spiegel seiner Geschichte, Festschrift Roderich Schmidt. Köln, Weimar, Wien 1995, S. 621–659.

denten von Greifswald und späteren Bischof, berichtete Superintendent Lucas Ende Juni 1945 über die kirchliche Arbeit seit Kriegsende und wies auf die relativ günstigen durch die Besatzungsmacht gegebenen Rahmenbedingungen hin. So seien kirchliche Einrichtungen, z. B. das Behindertenheim Arndthof, ein Waisen- und ein Altersheim in Bergen, wiedereröffnet worden. Kurz darauf folgten ein Kinderhort, ein Kindergarten und eine Gemeindeschwesternstation.

> „Durch einen Besuch, den mir ein Kapitän der Roten Armee Swonking im Auftrage des Oberkommandos machte, wurde alle kirchliche Arbeit wieder freigegeben, das Glockenläuten als erwünscht bezeichnet und insbesondere die Wiederaufnahme der kirchlichen Jugendarbeit und des kirchlichen Unterrichts gestattet."[15] Ähnlich berichteten auch andere Superintendenten nach Greifswald, dass „die Weiterführung der kirchlichen Arbeit in der bisherigen Form vor sich gehen könne".[16]

Während der ersten Monate wurde Superintendent Friedrich Lucas vom Landrat Dr. Hugo Blohm zu wichtigen Bürgermeisterbesprechungen herangezogen.[17] Bei den Verhandlungen mit der sowjetischen Besatzungsmacht hatte Superintendent Lucas (Bergen) offensichtlich auch das Mandat von Superintendent Daerr (Putbus) erhalten, in seinem Namen für den zweiten Rügener Kirchenkreis Garz mitzuverhandeln.[18] Die Besprechungen fanden in Bergen, dem Sitz des Inselkommandanten, statt, legten also die Vertretung gegenüber der Kommandantur durch eine Person nahe.

Bereits am 31. Mai 1945 hatte Superintendent Lucas die Rügener Pfarrer beider Kirchenkreise um eine Bestandsaufnahme gebeten, in der die in der Zeit des Nationalsozialismus aufgelösten kirchlichen Wohlfahrtseinrichtungen aufge-

---

15 Sup. Lucas an Sup. von Scheven, Greifswald, 28.6.1945, SupABer, A–169. – Vgl. auch den autobiographischen Bericht des NKFD-Mitgliedes Gottfried Grünberg: Kumpel, Kämpfer, Kommunist. Berlin 1977, S. 223–235.

16 Bericht von Sup. Ernst Seils aus Grimmen, in: Seidel, Jürgen J.: „Neubeginn?" in der Kirche? Die evangelischen Landes- und Provinzialkirchen in der SBZ/DDR im gesellschaftspolitischen Kontext der Nachkriegszeit (1945–1953). Göttingen 1989, S. 253f.

17 Nach dem Ausscheiden des ersten provisorischen Landrates Dr. Julius Ahlsen amtierte Studienrat Dr. Hugo Blohm, der in der Weimarer Republik der DNVP angehört hatte. Der Rechtsberater sei „unser Bundesbruder Stuht", berichtete der Bergener dem Greifswalder Superintendenten, Schreiben vom 28.6.1945, SupABer, A–169. – Dr. Blohm war als Studienrat am Gymnasium Bergen tätig. Rügen. Kreis- und Bäder-Adreßbuch. Zusammengestellt auf Grund amtlicher Unterlagen, hrsg. v. Rügenschen Kreis- und Bäderadressbuch, Stralsund o.J. (1931), S. 84. – Vgl. auch Sup. Lucas, Bergen, an Sup. von Scheven, Greifswald, 28.6.1945, SupABer, A–169.

18 Viele Schreiben an alle Pastoren der Insel sind von ihm verfaßt, Sup. Lucas, Bergen, an Pfr. der Kirchenkreise Bergen und Garz, 31.5.1945, Kirchenarchiv Samtens (KiASam), Nr. I/2.

listet werden sollten, um an die kirchliche Arbeit vor 1933 anknüpfen zu können:

„I. Ich erbitte umgehend durch die Bürgermeister oder Gemeindevorsteher Bericht über die kirchliche Lage in den Gemeinden und Pfarrhäusern. (Vielleicht besteht auch in den nächsten Tagen die Möglichkeit der Postverbindung auf der Insel). Aus Einzelberichten geht hervor, dass weiterhin die kirchliche Arbeit ungehindert weitergeht. II. Ich bitte um Mitteilung, wo kirchliche Gemeindestationen bestanden haben, wer der Träger war und wie sie finanziert worden sind. III. In mehrfachen Besprechungen ist ausdrücklich festgestellt worden, dass die kirchliche Jugend- und Gemeindearbeit wie vor 1933 wieder aufgenommen werden kann. Ich bitte besonders, sich die Betreuung der Jugendlichen angelegen sein zu lassen. IV. Im Rundschreiben Nr. 2 des Landrats vom 18. Mai ist angeordnet, dass gegen die Wiederaufnahme des Religionsunterrichtes bei Wiederaufnahme des Schulunterrichtes keine Bedenken bestehen.“[19]

In verschiedenen Schreiben, auch noch 1946, hob Superintendent Lucas immer wieder hervor, dass keine „Behinderungen der kirchlichen Arbeit" beständen, „im Gegenteil, uns sind mancherlei Arbeitsmöglichkeiten durch die Besatzungsmacht gegeben, die wir früher nicht hatten".[20] Angesichts der weitgehend zusammengebrochenen staatlichen Strukturen und erst zu gründender neuer Parteien sahen sich die Pastoren in eine Mittlerfunktion zur sowjetischen Besatzungsmacht gestellt. Die kirchlichen Vertreter sollten ausgleichend wirken angesichts der Ängste der Bevölkerung vor den Siegern. Besonders groß war die Bedeutung der Geistlichen, wenn es sonst keine Ansprechpartner aus den Reihen von NS-Gegnern und Kritikern gab, wie es in kleineren Orten die Regel war. Ähnliche Beobachtungen hat Hartmut Rudolph für die westlichen Besatzungszonen gemacht und als „das Bild eines durch den Zusammenbruch der staatlichen und gesellschaftlichen Autoritäten hervorgerufenen Vakuums, das vornehmlich von den Kirchen ausgefüllt sei"[21] beschrieben. Die temporäre Sonderrolle betraf in Norddeutschland (fast) ausschließlich die evangelische Landeskirche.

Während bei den ersten Bestandsaufnahmen vom Mai/Juni 1945 die Unterbringung und kirchliche Eingliederung der Flüchtlinge nicht thematisiert wurde, da die Flüchtlinge von den sowjetischen Kommandanturen unter Entzug der

---

19 Ebd.

20 Sup. Lucas an Pfr. S., Bernburg, 24.10.1946, SupABer, A–174.

21 Rudolph, Hartmut: Der Beitrag der kirchlichen Zeitgeschichte zur Flüchtlingsforschung – Hinweise auf Fragen, in: Schulze, Rainer/Brelie-Lewien, Doris von der/Grebing, Helga (Hg.): Flüchtlinge und Vertriebene in der westdeutschen Nachkriegsgeschichte. Bilanzierung der Forschung und Perspektiven für die zukünftige Forschungsarbeit. Hildesheim 1987, S. 245–251, hier S. 246.

Lebensmittelkarten in ihre Heimatorte geschickt wurden, zumal sie selbst so bald wie möglich zurückkehren wollten, änderte sich die Situation seit Ende Juni/Anfang Juli angesichts der Abriegelung der Oder-Neiße-Linie durch polnische Militäreinheiten und der ersten „wilden" Vertreibungen aus den Ostgebieten in dramatischer Weise.[22] Bereits Anfang Juli 1945 hatten die Rügener Superintendenten Lucas und Daerr alle Gemeindekirchenräte darüber informiert, dass „die jetzt zurückkommenden Flüchtlinge" von den Kirchengemeinden „als Gemeindeglieder anzusehen" und listenmäßig zu erfassen seien.[23] Über die Situation der Flüchtlinge und Vertriebenen[24] wurde im Pfarrkonvent am 6. September 1945 erstmalig ausführlicher diskutiert und ein von der Superintendentenkonferenz in Greifswald erarbeiteter Aufgabenkatalog vorgestellt: Der Inneren Mission wurde neben der Wiederaufnahme der in der NS-Zeit verbotenen bzw. eingeschränkten Arbeitsgebiete (Kindergärten, Horte, Kinder- und Altersheime) die Flüchtlingsseelsorge im „weitreichendsten Sinne" zu einer zweiten zentralen Aufgabe. Auch die nach den Verboten der NS-Zeit wieder einzurichtende Bahnhofsmission wurde mit dieser Perspektive aufgebaut. In jedem Pfarramt sollte eine Flüchtlingssuchstelle eingerichtet werden. Abschließend wurde den Pastoren eingeschärft:

> „Die seelsorgerliche Arbeit der Pastoren erstreckt sich auf ein Kennenlernen und Betreuen der Flüchtlinge durch Hausbesuche (sehr wichtig). Die Flüchtlinge müssen in ihrer neuen Heimat wieder Glieder der Gemeinde werden. Ihr Heimatgefühl muß neu entfacht und gestärkt werden. In Verbindung mit der Flüchtlingsfürsorge steht die Fürsorge der heimkehrenden Kriegsgefangenen."[25]

Im nächsten Konvent am 4. Oktober 1945 wurden die teilnehmenden Pastoren ausdrücklich auf einen Aufruf des Präsidenten des Landes Mecklenburg-Vorpommern hingewiesen, durch den eine Notgemeinschaft auf breitester Grundlage gegründet wurde, um die Wohlfahrtsämter zumindest teilweise zu entlasten.[26] Angesichts der Notsituation im Herbst 1945 und Winter 1945/46 forderte der sowjetische Politoffizier, Kapitän Biwowara, der auch am Konvent teilnahm, „einen verstärkten Einsatz" der Kirche und ihrer Wohlfahrtsein-

---

22 Holz, wie Anm. 6, S. 121–160. – Vgl. „Unsere Heimat ist ein fremdes Land geworden ..." Die Deutschen östlich von Oder und Neiße 1945–1950. Dokumente aus polnischen Archiven, hrsg. von Wlodzimierz Borodziey u. Hans Lemberg, Bd. 4/1: Dokumente der zentralen Behörden. Wojewodschaft Allenstein (Südliches Ostpreußen). Marburg 2000.
23 Sup. Lucas und Sup. Daerr an Gemeindekirchenräte, 5.7.1945, KiASam, Nr. I/2.
24 Zur Haltung der Gesamtkirche vgl. Rudolph, Hartmut: Evangelische Kirche und Vertriebene 1945–1972, Bd. 1: Kirchen ohne Land, Bd. 2: Kirchen in der neuen Heimat. Göttingen 1984/85 (Arbeiten zur kirchlichen Zeitgeschichte, Reihe B; 11/12).
25 Protokoll des Pfarrkonventes Bergen, 6.9.1945, S. 2, SupABer, A–19.
26 Protokoll des Pfarrkonventes Bergen, 4.10.1945, S. 3, SupABer, A–19.

richtungen.[27] In diese Zeit fällt auch der Aufbau örtlicher Strukturen des auf der Kirchenkonferenz von Treysa im August 1945 gegründeten evangelischen Hilfswerkes.[28] Im Dezember 1945, als eine Situationsanalyse erfolgte und in den Weihnachtsgottesdiensten das Wort an die Flüchtlinge und der Aufruf der Flüchtlingssuchstelle verlesen werden sollte, wurde wiederum nachdrücklich gefordert, die Flüchtlinge gleichberechtigt in die Gemeindearbeit einzubeziehen. Die Gemeindekirchenräte sollten proportional in dem Maße erweitert werden, wie die Gemeindezahl durch die Flüchtlinge gestiegen war. „Flüchtlinge sind bei der Wahl zu berücksichtigen und möglichst frühere Kirchenälteste festzustellen und aufzunehmen."[29] Die Superintendenten Lucas und Daerr forderten Anfang Januar 1946 ihre Amtsbrüder auf, mit der „Sammlung von Frauen und Jugendlichen" in eigenen Gemeindekreisen zu beginnen. „Es liegen vielfach Anfragen von Frauen vor, die aus lebendigen östlichen Gemeinden kommen, (die) dort in kirchlicher Frauenarbeit gestanden haben."[30]

Abgesehen von lokal begrenzten kirchlichen Veranstaltungen, bei denen die Probleme der Flüchtlinge und Vertriebenen neben anderen tagespolitischen Fragen thematisiert wurden, gab es auf der Ebene der Kirchenkreise und der pommerschen Landeskirche Initiativen, auf die Situation der neuen Gemeindeglieder einzugehen.[31] Nachdem seit Ende Oktober 1945 enteignete Besitzer aus Sachsen nach Rügen verschleppt, im Umsiedlerlager KdF-Seebad Rügen (Prora) untergekommen, dann über die Insel verteilt und auf Siedlerstellen von drei Hektar Größe verwiesen worden waren, riefen die Superintendenten Lucas und Daerr die Pastoren auf, auch diesen Heimatlosen zu helfen.[32] Für die Weihnachtsgottesdienste 1945, also in einer Zeit, als alle Unterbringungsmöglichkeiten völlig überlastet waren und die Situation darüber hinaus durch mangelnde Ernährung und ausbrechende Seuchen eskalierte, vereinbarten die beiden Rügener Superintendenten ein gemeinsames Wort an die einheimischen Gemeindeglieder und „die großen Scharen der Neuzugezogenen".

---

27 Sup. Lucas und Sup. Daerr an Pfarrämter, KiASam, Nr. I/2.

28 Vgl. Wischnath, Johannes Michael: Kirche in Aktion. Das Evangelische Hilfswerk 1945– 1957 und sein Verhältnis zu Kirche und Innerer Mission. Göttingen 1986 (Arbeiten zur kirchlichen Zeitgeschichte, Reihe B; 14).

29 Sup. Lucas und Sup. Daerr an alle Pfarrämter, 19.12.1945, KiAKas, I/15 (1943–1949). – Flüchtlingspfr. Frädrich an Konsistorium, 11.12.1945, S. 1, Landeskirchliches Archiv der Pommerschen Evangelischen Kirche Greifswald (LKAG), Best. 5, Konsistorium, Nr. 32301, Bd. I.

30 Sup. Lucas und Sup. Daerr an alle Pfarrämter, 12.1.1946, Kirchenarchiv Kasnevitz (KiAKas), I/15 (1943–1949).

31 Heyden, Hellmuth: Kirchengeschichte Pommerns, Bd. 2, Köln-Braunsfeld 1957, S. 258.

32 Sup. Lucas u. Daerr an Pastoren der Kirchenkreise Bergen und Garz, 3.12.1945, KiASam, Nr. I/2. – Zur Deportation sächsischer Enteigneter nach Rügen vgl. Holz, wie Anm. 6, S. 193–207.

Viele „sind seit dem vorigen Weihnachten in der alten Heimat durch viel Not und Verlieren gegangen. Entbehrungen und Demütigungen haben nicht gefehlt. Das Weihnachten dieses Jahres mahnt: Laßt euch nicht überwältigen von Wehmut und Bitterkeit, sondern stark machen durch den, der arm wurde, auf das wir durch seine Armut reich würden und der heimatlos über diese Erde ging, um uns die ewige Heimat zu schaffen."

Mitmenschliches Handeln der Gemeinde an den Vertriebenen wurde gepredigt:

„Schenkt uns und unseren Gemeinden den Geist Eurer Heimat und seid gewiss, dass wir Euch gern beherbergen, euch unsere Herzen und Häuser auftun, um euch in eurer notvollen Gegenwart helfenden Dienst zu tun."

In welcher Weise dieser Aufruf möglicherweise in Einzelfällen dazu führte, dass die neuen Gemeindeglieder auch tatsächlich unterstützt wurden, lässt sich nicht feststellen. Deutlich ist aber, dass die schweren Erfahrungen der Vertriebenen zumindest einen Raum hatten, um ausgesprochen zu werden, ein erster unumgänglicher Schritt auf dem Wege, diese persönlich zu verarbeiten. Neben dem seelsorgerlichen Wort wurde den Rügener Pastoren auch ein „Aufruf an die Umquartierten zur Meldung bei den Pfarrämtern" geschickt, der sinngemäß an mehreren Sonntagen abgekündigt werden sollte.[33] Als 1946 im Rahmen einer EKD-Initiative Bittgottesdienste für die Rückkehr der Kriegsgefangenen durchgeführt werden sollten, war die Toleranzgrenze der sowjetischen Militärbehörden überschritten. Die Abhaltung dieser Gottesdienste wurde verboten.[34]

Erfolgreicher umgesetzt werden konnten die auf die eigene Landeskirche beschränkten, relativ unpolitisch gehaltenen, auf die Eingliederung der Flüchtlinge, Vertriebenen und Heimkehrer sowie auf ethische Fragestellungen gerichteten Verlautbarungen der pommerschen Provinzialsynode. Im Oktober 1946

---

33 Aufruf „Umsiedler, Rückgeführte und Heimkehrer! Ebd. auch: KiAKas, I/15. – Beide Aufrufe wurden zu den Weihnachtsgottesdiensten in beiden Rügener Kirchenkreisen verlesen, z. B. am 24. und 25.12.1945 in Kasnevitz, handschriftlicher Vermerk auf Aufruf, KiAKas, I/15.

34 Zur Haltung der EKD zur Kriegsgefangenenfrage s. Konsistorium an alle Pfarrämter, 12.11.1946, Kirchenarchiv Groß Zicker (KiAGrZick), I/1. Diese gemeinsame Fürbitte mit der sehr deutlichen Aufforderung zur Freilassung der Kriegsgefangenen wurde von den sowjetischen Behörden als Affront gewertet und verboten. Superintendent Daerr benachrichtigte seine Amtsbrüder am 30.11.1946 mit einem Telegramm: „Für morgen beabsichtigte Aktion verboten", Sup. Daerr an Pfarrämter Kirchenkreis Garz, 30.11.1946, KiAGrZick, I/1. Pfarrer Hellmut Hildebrandt, der aus Ostpreußen nach Altenkirchen auf Rügen gekommen war, forderte die pommersche Kirche statt dessen auf, mutiger für die Interessen der Zivilinternierten einzutreten. Pfr. Hildebrandt an pommerschen Bruderrat der BK, Bußtag 1946, LKAG, Best. 5 Konsistorium, Nr. 30907, Bd. I. – Vgl. zu Zivilinternierten: Klier, Freya: Verschleppt ans Ende der Welt. Schicksale deutscher Frauen in sowjetischen Arbeitslagern. Berlin 1999, 4. Aufl., dort weitere Literatur.

hatte die 20. Provinzialsynode beschlossen, ein dreifaches Wort an die Gemeinden zu richten, ein Wort an die Flüchtlinge, ein Wort an die Heimkehrer und ein Wort über die Zehn Gebote. Da eine Abkündigung nach der Predigt zu viel Zeit in Anspruch genommen hätte, wurde von der Kirchenleitung entschieden, diese Worte anstelle einer Predigt verlesen zu lassen.[35] Nach der Liturgie, eingerahmt durch Liedverse und die Voranstellung jeweils eines Wortes aus der Bibel, sollten die drei Worte verlesen werden. Im Wort der „Provinzialsynode an die Flüchtlinge" kam die Not der Flüchtlinge und Vertriebenen deutlich zur Sprache: „Wir gedenken mit tiefer Sorge an Eure Not. Ihr habt die Heimat verloren, den grössten Teil Eurer Habe, wenn nicht sogar die gesamte, hergeben müssen und lebt nun in fremder Umgebung bei fremden Menschen unter vielfach schwierigen Bedingungen. Oft habt ihr geliebte Menschen in der alten Heimat zurücklassen müssen, um deren Schicksal Ihr bangt, oder Ihr habt durch Unglücksfall und Krankheit die nächsten Angehörigen verloren. Ihr hofft auf Heimkehr – aber diese Hoffnung ist immer wieder zuschanden geworden, und ihr wißt nicht, ob und wann Euch die ersehnte Stunde schlägt. Dazu kommt die Mühsal des alltäglichen Lebens, der Kampf um die Existenz und das Unverständnis, das Eurer traurigen Lage hier und dort entgegengebracht wird." Angesichts dieser Situation sei die Gefahr groß, den Mut zu verlieren und „mit Gott zu hadern".

> „Darum bitten wir Euch, nicht zu verzweifeln, sondern im neuen Euch zugewiesenen Lande Fuß zu fassen als Menschen, denen die Not einen besonderen Ruf, das Leben im Glauben zu meistern, erteilt hat und Euch immer neue Kraft zu holen durch die Vertiefung in das Wort Gottes und durch rege Beteiligung an den Gottesdiensten. Laßt es Euch nicht verdriessen, wenn Menschen Eure Art und Sitte nicht verstehen oder Euch unfreundlich begegnen, und vergeltet nicht Böses mit Bösem; denkt aber daran, daß auch die, bei denen Ihr wohnt, durch Euch zu tragen haben, da sie um Euretwillen manche Unbequemlichkeit auf sich nehmen müssen und deshalb aller Rücksichtnahme wert sind."[36]

Neben dem Aufruf zu Geduld und Festhalten am Gottvertrauen war das Wort an die Flüchtlinge auch eine Ermahnung zu mehr Rücksichtnahme von Vertriebenen und Einheimischen aufeinander im täglichen problembeladenen Miteinander. Auch in seinem Wort „Zum Weihnachtsfest 1947" erwähnte Bischof von Scheven die Not der Flüchtlinge: „Die Erinnerung an schöne, unwieder-

---

35 Gottesdienstordnung für die von der 20. Provinzialsynode beschlossenen Worte an die Gemeinden unserer Kirchenprovinz, 23.11.1946, SupABer, A–179. – Der Verzicht auf die in der evangelischen Kirche so zentrale Predigt war eine ungewöhnliche Entscheidung, die unterstreicht, wie wichtig diese seelsorgerlichen Worte der Synode und der Kirchenleitung waren. Für diesen Gottesdienst wurde der zweite oder dritte Advent vorgesehen.

36 Provinzialsynode an Flüchtlinge, November 1946, SupABer, A–170.

bringliche Feste vergangener Zeiten, die Zersplitterung oder gar Zerrüttung der Familie, der Verlust der Heimat und das vergebliche Warten auf Angehörige erfüllt viele Herzen mit Bitterkeit und Hoffnungslosigkeit."[37]

Wie die Seelsorge an den Flüchtlingen und Vertriebenen vor Ort sich entfalten konnte, wird, weil sich Seelsorge weitgehend im Gespräch vollzieht, nur in wenigen Einzelfällen an archivierten Materialien nachzuzeichnen sein.[38] Seelsorge in Zeiten des Umbruchs bedeutete weiterhin, sich denjenigen unter den Einheimischen und Flüchtlingen zuzuwenden, die in der Zeit der NS-Diktatur an anderen Menschen schuldig geworden waren, und ihnen zu helfen, mit der eigenen Schuld umzugehen. In einem Rügener Pfarrhaus fand ein Flüchtling, der sich der Beteiligung an Verbrechen in Osteuropa schuldig gemacht hatte, Asyl in einem bescheidenen Anbau des Pfarrhauses. „In den ersten Jahren nach 1945 fristete in der jetzigen Teeküche mehrere Jahre ein halbblinder Mann aus der Gegend von Lodz sein Leben, dem als einem Deutschen, der Augenzeuge zahlloser Juden-Erschießungen gewesen war, vor und auf seiner Flucht hart zugesetzt wurde und in vorbildlicher christlicher Haltung und Gesinnung sein Kreuz trug. Er fand Zuflucht in einem Altersheim der freikirchlichen Gemeinschaft bei Berlin und ging dort im Frieden heim."[39]

Flüchtlingspfarrer auf Rügen

Bereits im Februar 1945 waren sieben Flüchtlingspastoren auf Rügen tätig, die überwiegend in Kriegsvakanzen aushalfen.[40] Nachdem Pfarrer Willy Fischer am 18. April 1945 als Flüchtlingspfarrer in seine frühere Pfarrstelle Sassnitz zurückgekehrt war, setzte er die Pfarrchronik dort fort, wo er bei seinem Weggang im Jahre 1934 aufgehört hatte.

„Ich darf vorausschicken, daß ich am 5.3.1945 meine Gemeinde Stettin, Altdamm, gezwungen durch die Kriegsereignisse verlassen mußte. Mit Tausenden von Volksgenossen (sic!) habe auch ich so gut wie alles verloren; Amt, Gemeinde, Heim sind dahin! Mit nur ein paar Koffern hatte ich mit Frau und kriegsversehrtem Sohn zunächst mich durchgeschlagen zu meiner Schwiegermutter nach Wuthenow bei Neuruppin. [...] Ich bekam dann auch bald durch Sup. Lucas die Aufforderung, meine alte Pfarrstelle Saßnitz vertretungsweise

---

37 Die Pfr. wurden gebeten, das Wort im Weihnachtsgottesdienst zu verlesen, Bischof an alle Pfr., 10.12.1947, Superintendenturarchiv Garz (SupAGar), Superintendentur, Rundschreiben an Behörden – Kundgebungen.

38 Vgl. die Bitte einer Vertriebenen an Sup. Lucas, undatiert (Kontext weist auf November 1946), SupABer, A–174, in der es um ein insbesondere in Ostpreußen verbreitetes, identifikationsstiftendes Lied ging.

39 Pfarrchronik Altefähr, Kirchenarchiv Altefähr (KiAAlt).

40 Heyden, wie Anm. 31, Bd. 2, S. 244.

zu übernehmen, da der Stelleninhaber Pastor Müller noch im Militärdienst war."[41]

Trotz der geschilderten Schwierigkeiten konnte er in vertraute Gemeindestrukturen zurückkehren, was den Neuanfang erleichtert haben dürfte, zumal er vor seinem Weggang beliebt war.[42] Er war der alte bekannte Pastor und nun zugleich Flüchtlingspastor.

Aus einer Aufstellung für beide Rügener Kirchenkreise über die „zur Zeit im Amt stehenden Flüchtlingspastoren"[43] geht hervor, dass zum Jahresbeginn 1946 acht Pastoren aus Hinterpommern, zwei aus Ostpreußen und je ein Geistlicher aus dem Memelland, aus dem Weichselgebiet, seit 1939 „Warthegau", und aus Finnland gekommen waren. Auch wenn viele zunächst nur vertretungsweise eingesetzt waren, um zurückkehrenden Ortspastoren die Stellen zunächst noch offen zu halten, also insgesamt von einer großen Fluktuation auszugehen sein wird, so blieben einige „Flüchtlingspastoren" dauerhaft auf der Insel.[44] Aufgrund einer Notverordnung vom 3. April 1946 blieben die unbesetzten und freiwerdenden Pfarrstellen in Vorpommern der Besetzung durch das Konsistorium auf Vorschlag des Präses vorbehalten.[45] Da ca. 60 „Flüchtlingspastoren"

---

41 Pfarrchronik Sassnitz, 1945, Bl. 117, Kirchenarchiv Sassnitz (KiASas). – Auch Pfr. Gustav Scharf war erstmalig 1934 in seine Poseritzer Pfarrstelle eingeführt worden, jedoch zum 1.4.1939 nach Plathe in Hinterpommern berufen und dorthin gegangen. In den Kriegswirren flüchtete er 1945 in seine alte Gemeinde Poseritz zurück und konnte hier seinen Dienst fortsetzen. Heyden, Hellmuth: Die evangelischen Geistlichen des ehemaligen Regierungsbezirkes Stralsund, Rügen. Greifswald 1956, S. 218. – Der Kirchenprovinz Pommern der evangelischen Kirche der altpreußischen Union gehörten 1940 ca. 1.734.060 Kirchenmitglieder an, am 29.12.1948 wurden an die Kommandantur ca. 630.000 Kirchenmitglieder gemeldet. Gegenüber 51 Kirchenkreisen vor dem Krieg bestanden nun 17 Kirchenkreise in der vorpommerschen Restkirche. Raddatz, wie Anm. 14, S. 623f.

42 Pfarrchronik Sassnitz, 1945, Bl. 117, KiASas.

43 Undatierte Tabelle (aus den Ankunftsdaten bis Dezember 1945 kann der Jahresbeginn 1946 als Datierung vermutet werden), SupABer, A–169.

44 Der Verf. hat die Herkunft der Pastoren beider Kirchenkreise für den 1.4.1950 (Stichtag) untersucht. Danach waren 16 Pastoren schon vor dem Kriegsende in ihrer Stelle auf Rügen bzw. hatten eine Stelle und/oder ihre Heimatkirche und Ausbildung westlich der Oder-Neiße-Linie. Doch insgesamt neun Pastoren waren durch die Kriegs- und Nachkriegsereignisse aus den Gebieten östlich der Oder-Neiße-Linie gekommen, die meisten aus Hinterpommern, womit sie in der verkleinerten pommerschen Heimatkirche bleiben konnten, vgl. Heyden, wie Anm. 41.

45 Darüber hinaus ordnete die Kirchenleitung am 17. Juni 1946 an, Pfarrstellen für „erledigt" zu erklären, wenn die aus der Kriegsgefangenschaft entlassenen Pastoren nicht innerhalb von drei Monaten in ihre Pfarre zurückkehrten. Denjenigen, die ihre Stelle 1945 kriegsbedingt verlassen hatten, wurde eine Rückkehrfrist von sechs Monaten eingeräumt, wenn nicht hinreichende Gründe als Ausnahme anzuerkennen waren. Heyden, wie Anm. 31, Bd. 2, S. 253. – Zu berücksichtigen sind auch die Notverordnungen der evangelischen Kirche der altpreußischen Union „Zur Beschränkung und Sichtung der kirchlichen Ver-

in Vorpommern unterzubringen waren, wurde von der Notverordnung häufig Gebrauch gemacht.[46]

Seit 1947 konnten in der (rest)pommerschen Landeskirche Pfarrstellen wieder regulär besetzt werden. Dabei wurden Pastoren aus den östlichen Kirchenprovinzen genauso behandelt wie Einheimische.[47] Die meisten der auf Rügen gebliebenen „Flüchtlingspastoren" wurden in den Jahren 1947 bis 1949 in ihre Pfarrstelle berufen, zumal in der SBZ insgesamt Pfarrermangel, in den Westzonen jedoch Pfarrerüberschuss zu verzeichnen war.[48]

Rügener Gemeindeleben und Traditionen der Flüchtlinge und Vertriebenen

Während die pommersche Kirche die Situation der Vertriebenen in den Gemeinden stärken wollte und auch die gestiegenen Besucherzahlen als Zeichen wachsender Kirchlichkeit registrierte[49], erschien das kirchliche Leben Vorpommerns vielen aus den östlichen Provinzen Gekommenen, die in der Tradition der Erweckungsbewegung Hinterpommerns oder der Bekennenden Kirche standen, als weitgehend tot. Aus den Berichten der Pastoren über die kirchliche Lage spricht nach einiger Zeit wieder zunehmende Ernüchterung, auch bei den schon lange auf der Insel lebenden, also nicht durch regelmäßige Gottesdienstbesucher verwöhnten Pastoren. So stellte der Sagarder Pfarrer Kurt Schmidt in einem Situationsbericht von 1948 zunächst fest, dass sich der Gottesdienstbesuch „durch die Flüchtlinge besonders aus dem Osten recht gebessert" habe, fügte jedoch resignierend hinzu, dass „die auf Rügen herrschende Nichtteilnahme an den Gottesdiensten wie eine Seuche sich auswirkt".[50] Ähnliche Erfahrungen

---

waltungen" vom 6.11.1945 sowie „Zur Wiederherstellung eines an Schrift und Bekenntnis gebundenen Pfarrerstandes" vom 15.2.1946. Raddatz, wie Anm. 14, S. 641.

46 Heyden, wie Anm. 31, Bd. 2, S. 253. – In der Evangelisch-Lutherischen Landeskirche Mecklenburgs waren ca. 75 Flüchtlingspastoren aufgenommen, eine – auf die Größe des Kirchengebietes bezogen – relativ geringere Zahl, vgl. Seidel, Jürgen J.: Die Evangelisch-Lutherische Landeskirche Mecklenburgs, Teil I a, in: Kirche im Sozialismus, 1986, H. 6, S. 260.

47 Die Gleichstellung der Flüchtlingspfarrer mit den einheimischen Pfarrern bei der Anstellung und Versorgung wurde bereits 1946 praktiziert. Präses der Provinzialsynode an Beirat, Kirchendienst Ost, Berlin, 18.10.1946, LKAG, Best. 5, Konsistorium, Rep. 2. – Andere Landeskirchen machten Unterschiede. Raddatz, wie Anm. 14, S. 657.

48 Rudolph, wie Anm. 24, Bd. 2, S. 320–379.

49 Heyden, wie Anm. 31, Bd. 2, S. 258.

50 Schreiben für Synodalbericht, 23.9.1948, S.2, SupABer, A–12 I. – Wenn der Pastor wenige Zeilen zuvor darauf hinweist, dass 50 bis 60 Kinder sonntäglich zum Kindergottesdienst gehen, werden die volkskirchlichen Strukturen deutlich. Ebd., S. 1. – Drei Jahre nach seiner Rückkehr aus der Kriegsgefangenschaft in seine Gemeinde Kasnevitz vermerkte 1949 Pfarrer Möller-Titel in der Pfarrchronik, dass er „allmählich Fuß in der Ge-

wurden in verschiedenen Aufnahmegebieten gemacht. Auch in Schleswig-Holstein hatten einige Pastoren geglaubt, „durch den Zustrom von den z. T. im Kirchenkampf bewährten Kräften den oft sehr unkirchlichen Gemeinden neues Leben einimpfen zu können. Daß dem nicht so wurde, das deutete sich schon gleich in der Anfangszeit an; denn zu den willigen Flüchtlingen kamen stellenweise gar keine Einheimischen dazu."[51]

Ein ausführlicher Bericht von Pfarrer Hellmut Hildebrandt, der aus Königsberg stammte, dort der Bekennenden Kirche angehört hatte und nach der Flucht mit der Vertretung der Altenkirchener Pfarrstelle betraut worden war, übt bittere Kritik an den kirchlichen Verhältnissen:

> „Die Gottesdienste sollen jetzt besser besucht sein als in Kriegszeiten, was aber mit der Verdoppelung der Seelenzahl durch die Heimatvertriebenen zusammenhängt. Die Außenandachten, die ich regelmäßig in Varnkevitz, Lobkevitz, Breege, Putgarten (bezw. Vit) [sic! Gemeint ist Vitt. M. H.] halte, werden fast nur, in Lobk(evitz) und Varnk(evitz) nur von Flüchtlingen besucht. Die Einheimischen erscheinen einfach nicht."[52]

Nicht nur die stärkere eigene kirchliche Tradition führte die Flüchtlinge und Vertriebenen in die Gottesdienste.[53] Darüber hinaus hatten sie, die weit zerstreut in ländlichen Notunterkünften leben mussten, einen Raum, um sich zu treffen und sich in ihrer besonderen Not einschließlich der Konflikte mit den Einheimischen auszutauschen und zu bestärken.

Pfarrer Hildebrandt stellte abschließend fest, dass lediglich einige ostpreußische Flüchtlinge, die aus der Tradition der Gemeinschaftsbewegung stammten, versuchten, „tapfer, ihrer geistlichen Tradition die Treue zu halten" und ihn als einen, der ihr Schicksal teilte, unterstützten.[54] In seinem aus sehr negativem

---

meinde" gefaßt habe: „Die Gottesdienstbesucher sind z. größten Teil die Flüchtlinge. Die einheimische Bevölkerung braucht keinen Herrgott. 'Tue recht, u. scheue niemand', ist ihr Grundsatz. Sünde, Buße, Gnade u. Bekehrung sind Vokabeln, die der Pfarrer sich ausgedacht hat, um die Leute zu verdummen. Es ist schwer an die Herzen heranzukommen." Pfarrchronik Kasnevitz, 1949, KiAKas.

51 Neumann, Gerhard J.: Zur Religionspsychologie der Flüchtlinge, in: Soziale Welt, 8.1957, S. 138.

52 Pfr. Hildebrandt, Bericht über das kirchliche Leben Altenkirchens, 29.9.1948, S. 4, SupABer, A–12 I.

53 Spiegel-Schmidt, Friedrich: Religiöse Wandlungen und Probleme im evangelischen Bereich, in: Lemberg, Eugen/Edding, Friedrich (Hg.): Die Vertriebenen in Westdeutschland. Ihre Eingliederung und ihr Einfluß auf Gesellschaft, Wirtschaft, Politik und Geistesleben, 3 Bde. Kiel 1959, Bd. 3, S. 23–91, hier S. 80–83.

54 Er beklagte weiterhin die fehlende Unterstützung durch die Pfarrpächter, ein für ihn beschämender Zustand: Pfr. Hildebrandt, Bericht über das kirchliche Leben Altenkirchens, 29.9.1948, S. 4, SupABer, A–12 I. – Pfr. Hildebrandt, der vor seiner Flucht in Königsberg amtiert hatte, wurde vom Kirchenkreis Bergen vor seiner Altenkirchener Zeit kurzzeitig

Erleben verfassten Bericht, der keine Ausnahme darstellt, sind Polarisierungen angedeutet, die auch in den Kirchengemeinden aufbrachen: unterschiedliche Kriegs- und Flucht- wie auch kirchliche Erfahrungen standen der bis dahin relativ homogenen Situation auf den Rügenschen Dörfern gegenüber. Diese strukturellen Benachteiligungen und der Sachverhalt, dass die Flüchtlinge, die aus weit stärkerer kirchlicher Tradition kamen, fortan das Gemeindeleben durch ihren regelmäßigen Gottesdienst- und Abendmahlsbesuch prägten, wurde aus religionssoziologischer Sicht für die Bundesrepublik untersucht.[55] Viele Ost-pfarrer fühlten in den Kirchen, die sie aufgenommen hatten, „eine relative see-lische Heimatlosigkeit". So wie sie selbst die Notwendigkeit zur Eingliederung sahen, so wünschten sie gleichzeitig, dass die Glaubenstraditionen ihrer Hei-matkirche am Aufnahmeort anerkannt würden.

> „Man bedenke das Schlagwort ‚Eingliederung' in ganz unkirchliche Gegenden! Wo hinein sollen sich da die Flüchtlinge eingliedern? Wir wissen von Pfarror-ten Norddeutschlands, wo im Gottesdienst 80, ja 90 Prozent Flüchtlinge sitzen, und wo die dortigen Geistlichen dankbar sind, endlich wieder eine Gemeinde vor sich zu haben. Aber diese Flüchtlinge, die dort das Leben tragen, werden gezwungen, sich nach dem fremden Ritus derer zu richten, die überhaupt nicht da sind."[56]

In dieser pointierten Darstellung, die die Beobachtungen des oben zitierten ostpreußischen Pfarrers Hildebrandt auf Rügen bestätigt, wird die nachdrück-liche Forderung der Ostpfarrer nach Gleichberechtigung ihrer Tradition in den neuen Gemeinden deutlich. Da die Flüchtlingspfarrer und ihre Gemeindeglieder in den Aufnahmekirchen weit zerstreut waren, hatten sie strukturell schlechte Voraussetzungen, ihre Traditionen auch in die neuen Ortsgemeinden prägend hineinzutragen. Eine auf Gegenseitigkeit beruhende Begegnung von einheimi-scher Tradition und den Erfahrungen der Flüchtlinge konnte nur in Einzelfäl-len umgesetzt werden. Ein solches Klima gegenseitiger Bereicherung konnte in der Vilmnitzer Gemeinde wachsen. Dadurch geriet Pfarrer Schwarz mit seiner Gemeinde in den fünfziger Jahren in den Blick der Instrukteure der SED-Kreis-leitung Putbus, die angesichts der in Schüben forcierten Staat-Kirche-Auseinan-dersetzungen vor allem ab 1952 renitentes Verhalten von Pastoren, Mitarbeitern und Gemeindegliedern observierten.

1946 als „evangelischer Sozialpfarrer" für die gesamte Insel Rügen eingesetzt und sollte die Umsiedler- und Heimkehrerlager und die bereits in den Rügener Orten untergebrach-ten Vertriebenen aufsuchen, womit er aber offensichtlich auf Skepsis und Ignoranz auf Seiten der einheimischen Pastorenschaft gestoßen war: Sozialpfr. an „seine Amtsbrüder", 28.3.1946, SupABer, A–184.

55 Vgl. Neumann, wie Anm. 51, S. 114–128.

56 Eberlein, Hellmut: Zur Psychologie des Ostpfarrers, in: Jahrbuch für schlesische Kirche und Kirchengeschichte, 32. 1953, S. 154–167, hier S. 161.

Am Ostersonntag 1954 fand in Vilmnitz erstmalig morgens um sechs Uhr auf dem Friedhof eine Auferstehungsfeier statt, an der ungefähr 100 Gemeindeglieder teilnahmen. „Die wider Erwarten gute Teilnahme machte uns Mut, diese Osterfrühfeier – Auferstehungsfeier alle Jahre zu wiederholen", vermerkte Pfarrer Schwarz in der Pfarrchronik.[57]

Im folgenden Jahr wurde diese neu begründete Tradition von einem Informanten der SED-Kreisleitung beobachtet. Unter der Überschrift „Auferstehungsfeier am 1. Osterfeiertag" berichtete er im Frühjahr 1955: „Dieses Osterfest (Auferstehungsfest) wurde in Vilmnitz vom Pastor auf Veranlassung und Wunsch der Umsiedler aus Hinterpommern durchgeführt. Sie hätten es zu Hause immer durchgeführt, und es hätte ihnen hier gefehlt."[58] Die Tatsache, dass hier Traditionen von Flüchtlingen und Vertriebenen aufgenommen wurden, erschien dem Informanten politisch verdächtig und gerade deshalb mitteilenswert.

Im Laufe der Jahre wurden die Kirchgebäude den Vertriebenen vertrauter. Die wachsende Bindung an die Gotteshäuser dürfte die Identifikation mit den Aufnahmeorten überhaupt gefördert haben. Gemeinsam mit den aktiven Einheimischen bauten sie an der Kirche ihrer neuen Wohnorte, die damit in besonderer Weise „ihre" Kirche wurde. Die beiden neuen Kronleuchter in der Kasnvitzer Kirche, z. B., hatte 1951 ein Schlossermeister „aus der Pyritzer Gegend" „gratis aufgehängt".[59]

Nachdem im Sommer 1952 im Zuge der administrativen Neugliederung der DDR[60] die Bezirksdirektion der Volkspolizei (VP) in Rostock eingerichtet worden war, wurde sie sofort im Rahmen des Referates Personenmeldewesen (PM) 2b mit der Überwachung der Kirchen in einem bisher ungekannten Maße beauftragt, obwohl die Behörde erst sukzessive arbeitsfähig wurde.[61] Dienstbeflissen hatte das Volkspolizeikreisamt Bergen, Referat PM 2b, zwischenzeit-

---

57 Pfarrchronik Vilmnitz, 1954, Kirchenarchiv Vilmnitz (KiAVilm). – Vgl. auch: Festschrift 750 Jahre Maria Magdalena-Kirche zu Vilmnitz 1249–1999, hrsg. vom Pfarramt Vilmnitz, 1999, S. 25.

58 SED-Kreisleitung Putbus, Parteiinformation, 12.5.1954, Landesarchiv Greifswald (LAG), IV/08/08/156, Bl. 20.

59 Pfarrchronik Kasnevitz, 1951, KiAKas.

60 Wächter, Joachim: Änderungen der Verwaltungsgebiete Vorpommerns seit 1945, in: Bekker, Gerd/Inachin, Kyra T. (Hg.): Pommern zwischen Zäsur und Kontinuität. Schwerin 1999, S. 269–281.

61 Vgl. Herbstritt, Georg: Die Deutsche Volkspolizei als Geheimpolizei?, in: Sozialismus auf dem platten Land. Mecklenburg-Vorpommern 1945–1952, hrsg. von Damian van Melis. Schwerin 1999, S. 389–414; Bessel, Richard: Die Volkspolizei und das Volk. Mecklenburg-Vorpommern 1945–1952, in: ebd., S. 17–40. Die VP wurde auf die „Herstellung einer guten Zusammenarbeit" mit der Sowjetischen Kontrollkommission, dem MfS, der SED, Referat Kirchen, sowie mit der FDJ verpflichtet. Bezirksbehörde der Deutschen Volkspolizei (BdDVP), Referat PM 2b, Bericht 3. Quartal 1952, 4.10.1952, LAG, Rep. 202/1, Nr. 122, Bl. 10.

lich bereits mitgeteilt, mit der Observierung der Kirchenaktivitäten begonnen zu haben.[62] Am 27. Januar 1953 beschloss das Politbüro der SED einen Maßnahmeplan, der die „Liquidierung" der „Jungen Gemeinde" zum Ziel hatte und insgesamt verschärfte Repressionen auch gegen andere Bereiche kirchlicher Arbeit auslöste.[63] Von zunehmender Überwachung waren die evangelische und katholische Kirche, aber auch Freikirchen und religiöse Sondergemeinschaften betroffen.[64]

Neben politischen Äußerungen zur Bildung der LPG und anderen staatlichen Eingriffen waren in der Anfangszeit strukturelle Analysen über die aktiven Gruppen der Gemeinde Gegenstand der Informationsberichte. Die „Umsiedler", die vielfach das Gemeindeleben aktiviert hatten und gemeinsam mit aktiven Einheimischen Kristallisationskerne des Gemeindeaufbaus waren, wurden in den Berichten häufig angeführt. Bei der Erstellung politischer Charakteristiken der Pastoren, die den VP-Angehörigen besonders schwer fiel, wurde die Haltung der Pastoren zu den Flüchtlingen und Vertriebenen beschrieben. Das besondere Engagement der Pastoren für diese Gruppe widersprach der öffentlichen Tabuisierung der Thematik in der DDR. Im Bewusstsein, über verbotene, zumindest unerwünschte politische Aktivitäten kirchlicher Personen zu berichten, verfassten die Informanten und VP-Mitarbeiter ihre Meldungen.[65] Was aufgrund der drängenden Tagesaufgaben von den Pastoren in ihren Eintragungen ins Memorabilienbuch übergangen wurde, erschien den Informanten mitteilenswert: die täglichen Gespräche der Pastoren mit Flüchtlingen und Vertriebenen, ihre Kasualpredigten am Grabe für ihre Verstorbenen.

---

62 VPKA Bergen, Bericht, 3. Quartal, 22.9.1952, LAG Rep. 202/1, Nr. 229.

63 Goerner, Martin/Kubina, Michael: Die Phasen der Kirchenpolitik der SED, in: Materialien der Enquete-Kommission „Aufarbeitung von Geschichte und Folgen der SED-Diktatur in Deutschland, hrsg. vom Deutschen Bundestag. Baden-Baden 1995, Bd. VI/1, S. 639f.

64 Während die VP-Einschätzungen der kirchlichen Aktivitäten, die auf Eigenberichten der VP-Angehörigen und Informationen der sog. „freiwilligen Helfer der VP" auf dem Dienstweg über das Volkspolizeikreisamt bis zur Bezirksbehörde der VP geleitet wurden, die der Hauptverwaltung der VP berichtete, verfügte auch der SED-Parteiapparat mit der auf allen Ebenen bestehenden Abteilung Parteiinformation und Instrukteuren über eigene Überwachungsstrukturen. Hinzu kamen die Kontrollmechanismen der Referate für Kirchenfragen der Abteilung Innere Angelegenheiten bei den Räten der Kreise und Bezirke sowie auf zentraler Ebene. Zu berücksichtigen sind weiterhin die noch im Aufbau befindlichen Strukturen des Ministeriums für Staatssicherheit (MfS), dessen kirchenpolitischer Einfluß seit den sechziger Jahren weiter wuchs; vgl. Herbstritt, wie Anm. 61, S. 391–398, der für die Anfangsjahre eine (allerdings begrenzte) Konkurrenzsituation von VP und MfS herausstellt.

65 Durch die jeweilige ideologische Optik des Berichtenden, die vielfach mit fachlicher Überforderung angesichts theologischer Fragen und liturgischer Praxis einhergehen konnte, entstand freilich ein verzerrtes und in Einzelaspekten auch sachlich falsches Bild. Dennoch – unter Beachtung dieser Zusammenhänge – haben diese Informationsberichte besonderen Wert, da sie oft von Personen verfaßt wurden, die das kirchliche Leben von außen beobachteten.

So observierten die im Auftrag von Staat und/oder SED tätigen Beobachter kirchlichen Verhaltens mehr oder weniger erfolgreich das gruppenspezifische Engagement der „Umsiedler" in der Kirche.[66] Den enormen Erwartungsdruck auf die VP-Angehörigen, regelmäßig mehrere Aktivitäten des „Klassengegners" aufzeigen zu müssen, verdeutlicht das im Sinne der Parteidisziplin selbstkritische Eingeständnis des Leiters des Volkspolizeikreisamtes Putbus aus dem Jahre 1953:

„Daß in der Berichtszeit nur sehr wenige Beispiele des Klassenkampfes im Kreisgebiet zu verzeichnen waren, ist kein Zeichen guter polizeilicher und politischer Arbeit, denn der Amtsleitung ist bekannt, daß der Klassenkampf auch im eigenen Kreis immer schärfere Formen annimmt. Die wenigen Beispiele des Klassenkampfes zeigen uns, daß wir es nur nicht genügend verstehen, den Klassenkampf zu erkennen und zur Verantwortung zu ziehen."[67]

Neben den Gottesdiensten, Bibelstunden und -wochen dürften es vor allem die angeführten größeren Veranstaltungen, die Kreiskirchentage, Jugendtreffen und Missionsfeste gewesen sein, die besondere Begegnungsmöglichkeiten von Einheimischen und Vertriebenen untereinander und Wiedersehensmöglichkeiten schufen. Zum Landesmissionsfest kamen am 3. Juli 1955 ungefähr 350 bis 400 Gemeindeglieder nach Garz. Davon waren sechzig Prozent „Umsiedler", zwanzig Prozent Jugendliche und nur zwanzig Prozent Alteingesessene, wie von der VP geschätzt wurde.[68] Die Flüchtlinge hatten das Übergewicht. Das verdeutlicht: Wenn von der starken Prägung der Rügener Gemeinden durch die Flüchtlinge und Vertriebenen ausgegangen wird, ist auch bei den größeren kirchlichen Veranstaltungen der fünfziger Jahre ein Flüchtlingsanteil zu erwarten, der (zumindest) etwas über dem Bevölkerungsanteil lag. Genauere Aussagen lassen sich aufgrund fehlenden statistischen Materials nicht machen. Auch für das kirchlich ähnlich strukturierte Schleswig-Holstein wurde bereits in den fünfziger Jahren herausgearbeitet, dass die Flüchtlinge am besten über Mütter-, Frauen-, Männer- und Jugendkreise in die neue Kirchengemeinde hineingefun-

---

66 Der Bürgermeister des kleinen Dorfes Swantow im Süden der Insel teilte im Februar 1953 dem Volkspolizeikreisamt mit, dass sich in seinem Ort ein „Jungmädelbund" gebildet habe. „Eine persönliche Rücksprache mit dem Genossen ergab, dass es sich hierbei um 8 Mädels im Alter von 14–20 Jahren handelt, die grösstenteils Kinder von ehemaligen Großgrundbesitzern und Gutsinspektoren aus Ostpreussen sind, deren Familien streng religiös sind und außerdem als Riashörer in der Gemeinde bekannt sind. Der Gründer dieses Bundes ist der Vikar." VPKA Putbus, Bericht, 26.2.1953, LAG, Rep. 201/1, Nr. 232, Bl. 20. – Damit waren gleichzeitig mehrere Indikatoren benannt, die auf eine DDR-kritische Haltung innerhalb der genannten kirchlichen Gruppe schließen ließen.

67 Informationsbericht, 29.5.1953, LAG, Rep. 202/1, Nr. 232, Bl. 24.

68 Bezirksbehörde der VP an Hauptverwaltung Deutsche Volkspolizei, Hauptabt. PM, Abt. PM 2, 25.7.1955, LAG, Rep. 202/1, Nr. 123, Bl. 84.

den hatten und diese fortan prägten, ohne dass sich in gleichem Maße Einheimische beteiligt hätten.[69]

Die Bemühungen der Pfarrer um regelmäßige Gottesdienste in den Alters- und Pflegeheimen waren ein weiteres Konfliktfeld mit den staatlichen Stellen. Nach einer offiziellen Erhebung waren im Jahre 1950 insgesamt 8.013 Personen in den Alters- und Invalidenheimen Mecklenburg-Vorpommerns untergebracht. Davon waren 5.770 Vertriebene, was einem Anteil von 72 Prozent entspricht. Auf Rügen lebten 447 Personen in Alters- und Invalidenheimen. 356 von ihnen waren Vertriebene (79,6 Prozent).[70] Altenarbeit der Kirchen in den Heimen war also auf Jahre weithin Flüchtlingsseelsorge.

Die VP und der Rat des Kreises, Abteilung Inneres, sammelten außerdem Informationen zur Herkunft der Pastoren und kirchlichen Mitarbeiter. In diesem Zusammenhang wurde das persönliche Verhältnis zu den Flüchtlingen und Vertriebenen thematisiert. Hier wurde offensichtlich (und zutreffend) ein Bereich vermutet, in dem den Kirchen nachgewiesen werden konnte, entgegen der staatlich konstatierten Lösung des „Umsiedlerproblems" relative Freiräume für die gruppenspezifischen Aktivitäten der verschiedenen landsmannschaftlichen Gruppen zu eröffnen. So wurde in einem Ermittlungsbericht festgestellt, dass die Mehrzahl der Angestellten des Konsistoriums in Greifswald Vertriebene waren:

> „Es sind hier fast ausschließlich Umsiedler, bürgerlicher Herkunft aus den ehemaligen hinterpommerschen Gebieten sowie der Stadt Stettin angestellt. Besonders hat der verstorbene Bischof von Scheven enge Verbindungen zu den in Westdeutschland bestehenden pommerschen Heimatverbänden unterhalten."[71]

In den politischen Beurteilungen, teilweise als „Ermittlungsbericht" bezeichnet, wurde vielfach das besondere Engagement für die Flüchtlinge und Vertriebenen vermerkt, in einigen Fällen im Bewusstsein, damit einen Anfangsverdacht über nicht normgerechtes politisches Verhalten zu Papier gebracht zu haben. Pfarrer Arnold Simon in Altefähr, der aus Speck/Kreis Naugard stammte, war „sehr beliebt unter seinen Kirchengängern, die sich zum Teil aus Umsiedlern zusammensetzen. [...] Da er selbst Umsiedler ist, hält er auch mit den anderen sehr zusammen."[72]

---

69 Neumann, wie Anm. 51, S. 118.

70 Land Mecklenburg-Vorpommern, Alters-, Siechen und Invalidenheime, Stand 1.1.1950, Stadtarchiv Greifswald (StAG), Rep. 7, 17, Nr. 4.

71 Bericht, 3. Quartal 1955, Rostock, 12.10.1955, LAG, Rep. 202/1, Nr. 122, Bl. 307.

72 VPKA Putbus, Abteilung Erlaubniswesen E2, Ermittlungsbericht, 10.10.1955, LAG, Rep. 200/7.3/82, Bl. 142.

3. Evakuierung, Flucht, Vertreibung und Neuanfang aus der Perspektive der katholischen Kirche

Zunächst ein Blick zurück: Die 1864 als Missionspfarrei gegründete katholische Gemeinde Sankt Bonifatius in Bergen[73] ist in den ersten 75 Jahren ihres Bestehens bis zum Ausbruch des Zweiten Weltkrieges vor allem durch die osteuropäischen, meist polnischen Saisonarbeiter katholischer Konfession geprägt worden, die den Bau der katholischen Kirche in Garz und die Vergrößerung der Bergener Kirche angeregt und mitfinanziert hatten.[74] Pfarrer Maximilian Kaller[75], ein gebürtiger Oberschlesier, der als Bahnbrecher moderner Seelsorgemethoden galt und später Bischof des Ermlandes wurde, hat in seinem am Ende des Ersten Weltkrieges verfassten Bericht für die Pfarrchronik vier Gruppen unterschieden, die die katholische Gemeinde vor dem Ersten Weltkrieg bildeten: Wenige, auf Rügen sehr zerstreut lebende deutsche Katholiken waren die Minderheit. Polnische Schnitter sowie Badegäste im Sommer, von denen viele katholischer Konfession waren, stellten die Mehrheit. Die vierte Gruppe, Militärangehörige katholischer Konfession, trat erst im Ersten Weltkrieg hervor.

„Das eigentliche Gepräge erhielt die Gemeinde durch die Schnitter."[76] Pointiert hat damit Pfarrer Kaller das quantitative Verhältnis der verschiedenen Gruppen gewichtet. Die Zahl der Gemeindeglieder schwankte dadurch erheblich: bezüglich der Badegäste mit der Sommersaison, bezüglich der Schnitter mit dem Verlauf der landwirtschaftlichen Arbeiten.

Der seit 1933 verstärkte und 1935/36 extrem forcierte militärische, militärstrategisch bedingte infrastrukturelle und industrielle Ausbau[77] hatte einen neuen Schub konfessioneller Durchmischung zur Folge. Die Bergener Gemeinde wuchs ab 1935 zeitweise durch die große Zahl aus dem Rheinland stammen-

---

73 Vgl. den Schriftwechsel mit der Regierung Stralsund zur Errichtung einer katholischen Missionsstation: LAG, Rep. 65c, Nr. 3065 u. Nr. 3066. – Zum Gesamtabschnitt vgl. Holz, wie Anm. 6, S. 384–448; ders.: „Wir müssen unserer Gottesmutter auch hier in der Zerstreuung ein Heiligtum schaffen". Katholische Vertriebene in der Diaspora und die Wallfahrt zur Kapelle „Maria Meeresstern" in Sellin auf der Insel Rügen seit 1951, in: Jahrbuch für ostdeutsche und osteuropäische Volkskunde, 43. 2000, S. 195–251.

74 Vgl. zum Kirchbau Bergen: LAG, Rep. 65c, Nr. 3079. – Pfarrchronik Bergen, Katholisches Kirchenarchiv Bergen (KathKiABer).

75 Vgl. Fittkau, Gerhard: Maximilian Kaller (1880–1947), in: Gatz, Erwin (Hg.): Die Bischöfe der deutschsprachigen Länder 1785/1803 bis 1945. Berlin 1983, S. 361. – Zur Seelsorgemethode vgl. Kaller, Maximilian: Unser Laienapostolat in St. Michael Berlin. Was es ist und was es sein soll, eingeleitet u. neu hrsg. von Hans Jürgen Brandt. Paderborn 1997.

76 Pfarrchronik Bergen, KathKiABer.

77 Schröder, Uwe: Zur Entwicklung der pommerschen Wirtschaft in der Zeit des Nationalsozialismus (1933–1939), in: Baltische Studien NF, 78. 1992, S. 82–94.

der katholischer Arbeiter und Angestellter der Großbaustelle des KdF-Seebades Rügen (Prora) und der Militärbauten.[78]

Seelsorge für Kriegsgefangene und Zwangsarbeiter im Zweiten Weltkrieg

Die Betreuung der ausländischen Zwangsarbeiter und Kriegsgefangenen während des Zweiten Weltkrieges war eine seelsorgerliche Herausforderung, die die katholischen Pfarrer fast regelmäßig mit den NS-Behörden in Konflikt brachte.

„Auf dem Lande änderte sich auch das Bild der katholischen Bevölkerung. Die Landarbeiten wurden von Zwangsarbeitern aus den besetzten Gebieten verrichtet, von Kriegsgefangenen und von freien Italienern. Alle diese mußten von mir auch seelsorglich betreut werden. Am Sonntag um 11 Uhr fand noch ein 3. Gottesdienst für die verschiedenen Kategorien von Gläubigen statt"[79],

vermerkte der Pfarrer von Anklam in der Pfarrchronik. Ähnlich war die Situation überall in Norddeutschland. Allein schon durch die zahlenmäßige Dominanz war die Ausländerseelsorge eine herausragende Aufgabe. Auf Rügen wurden im Zweiten Weltkrieg ca. 8.000 Kriegsgefangene und Zwangsarbeiter eingesetzt, die auf der Insel verteilt waren.[80] Höhere Zahlen wiesen industrielle Standorte wie Barth auf.[81] Pastorales Engagement für die Katholiken vor Ort führte allein schon durch die Gemeindestruktur bedingt zum Konflikt mit den NS-Behörden. Die katholischen Gemeinden wurden durch die Ortspolizeibehörden überwacht, die von der Gestapo Stettin angewiesen wurden.[82] Viele Priester stammten aus zweisprachigen Gebieten Oberschlesiens, Westpreußens oder des Ermlandes, so dass sie sich mit den polnischen Zwangsarbeitern in ihrer Muttersprache verständigen konnten. So beschränkten sich die katholischen Pfarrer in ihren Bemühungen für die kriegsbedingt in ihre Gemeinde gekommenen Zwangsarbeiter und Kriegsgefangenen vielfach nicht – wie durch die staatlichen Vorschriften gefordert – auf gottesdienstliche Handlungen. Im Gegenteil,

---

78 Pfarrchronik Bergen, KathKiABer.

79 Pfarrchronik Anklam, S. 28, Katholisches Kirchenarchiv Anklam (KathKiAAnkl).

80 Kreisernährungs– und Wirtschaftsamt, Rundschreiben, Anfang Juni 1945, Stadtarchiv Sassnitz (StASas), Nr. 10–6.

81 Vgl. Kriegsgefangene und Zwangsarbeiter zwischen Warnow und Barthe, hrsg. von der Geschichtswerkstatt Toitenwinkel. Rostock 1998. – Radau, Helga: Nichts ist vergessen und niemand. Aus der Geschichte des KZ Barth, Kückenshagen 1995, 2. Aufl. – Mai, Uwe: Kriegsgefangene in Brandenburg. Stalag III A in Luckenwalde 1939–1945. Berlin 1999.

82 Kreisarchiv Rügen (KARüg), Bergen, 516/III, Nr. 1819 I u. Nr. 1820; Stadtarchiv Stralsund (StAStr), Rep. 18, Nr. 111.

sie waren zu persönlichen Kontakten bereit, und viele von ihnen solidarisierten sich mit ihnen und sprachen ihnen Mut in ihrer Zwangslage zu.

Während des Krieges wurden die Gottesdienste Pfarrer Karl Willimskys in Bergen überwacht, insbesondere sein Verhalten zu den polnischen Kriegsgefangenen und Zwangsarbeitern.[83] Auch sein Nachfolger Karl Böhmer, seit 1942 in Bergen tätig, war um die Seelsorge an Kriegsgefangenen und Zwangsarbeitern bemüht. Damit und mit seiner grundsätzlich kritischen Haltung zum NS-Staat hatte er diesen provoziert. Er wurde am 3. Juli 1943 im Zusammenhang mit dem Fall Stettin[84] von der Gestapo verhaftet und im Konzentrationslager Hägerwelle bei Stettin-Pölitz inhaftiert.[85] Angesichts der bis in Odernähe vorgerückten Ostfront wurde er am 8. Februar 1945 entlassen und konnte in seine Pfarrei Bergen zurückkehren. Hier musste er als neue Aufgabe die Versorgung der Flüchtlinge und Vertriebenen bewältigen.

Gemeindewachstum durch katholische Flüchtlinge und Vertriebene

Pfarrer Böhmer berichtete zum Jahresende 1945: „Durch die Flüchtlinge wurde die Seelenzahl der Katholiken, die durch den Wegzug fast aller ehemaligen Polen sehr zusammengeschmolzen war, wieder sehr groß, wohl mehrere Tausend."[86] Ähnlich war die Lage auch in anderen katholischen Gemeinden. Anschaulich schildert Pfarrer Nolewaika die Lage nach seiner Rückkehr nach Demmin:

„Nach seiner Rückkehr aus dem KZ Dachau stellte der Pfarrer mit großem Erstaunen fest, daß in seiner Pfarrei ein ungewöhnlicher Umschwung eingetreten war. Es bestand die Pfarrei früher zu 85–90 % aus polnischen Schnittern und deren Angehörigen und zählte etwa 1.200 Seelen. Jetzt war das Bild ein völlig anderes geworden: Durch die Kriegsereignisse (in Polen) des Jahres 1945 waren die Bewohner der Ostprovinzen evakuiert und verschleppt worden. Fast alle Einwohner des Kreises Deutsch Krone und darüber hinaus viele

---

83 Gestapo Stettin an Ortspolizeibehörde Bergen, 3.11.1939, KARüg, Bergen, 516/III, Nr. 1819 I.

84 Priester unter Hitlers Terror. Eine biographische und statistische Erhebung, bearbeitet von Ulrich von Hehl u.a. Paderborn 1989 (Veröffentlichungen der Kommission für Zeitgeschichte, Reihe A; 37/38), Bd. 1, S. 479. – Knauft, Wolfgang: „Fall Stettin" ferngesteuert. Berlin 1994.

85 Am 1.9.1943 war er unter Anrechnung der Schutz- und Untersuchungshaft durch das Sondergericht Stettin zu zwei Jahren Haft und drei Jahren Ehrverlust verurteilt worden. Er musste schwere Misshandlungen erleiden. Pfarrchronik Bergen, 1942, 1943 und 1945, KathKiABer.

86 Pfarrchronik Bergen, 1945, KathKiABer.

Ostpreußen und später aus dem Sudetenland hatte man in den Kreis Demmin überführt, so daß die Seelenzahl auf über 10.000 angewachsen war."[87]

Pointiert formulierte er: „Aus einer Schnitterpfarrei war dadurch eine bürgerliche Pfarrei geworden."[88]

So erweist sich die Aufnahme der Flüchtlinge und Vertriebenen als tiefe Zäsur für die Entwicklung der katholischen Gemeinden in den Diasporagebieten. Die große Zahl der katholischen Flüchtlinge und Vertriebenen und der auf längere Dauer angelegte Charakter ihres Aufenthalts verdeutlichen eindrücklich diesen Einschnitt. Im Vergleich zu den evangelischen Gemeinden, die sich in ihren Mitgliederzahlen zwar auch fast verdoppelt hatten, bedeutete die Aufnahme der katholischen Flüchtlinge und Vertriebenen einen tieferen Wandel, gleichsam einen Neubeginn des Katholizismus in Norddeutschland seit der Reformation. Während die fest etablierten, volkskirchlich verankerten evangelischen Gemeinden durch die Flüchtlinge wuchsen, Neugründungen dagegen die Ausnahme blieben, gab es vor 1945 nur wenige katholische Gemeinden mit stark schwankender Mitgliederzahl. Die Flüchtlinge und Vertriebenen veränderten den Charakter der bestehenden Gemeinden tiefgreifend und waren der Anlass für die Gründung zahlreicher neuer katholischer Gemeinden.[89]

Anhand der in Stralsund angekommenen, verpflegten und nach Rügen weitergeleiteten Transporte aus Schlesien und dem Sudetenland lassen sich die Hauptgruppen der katholischen Vertriebenen zahlenmäßig erfassen. Am 17. November 1945 traf in Stralsund ein Transport mit 2.000 schlesischen überwiegend katholischen Vertriebenen aus Neiße ein und wurde am 20. November mit Schiffen in das im ehemaligen Fliegerhorst Bug auf der Halbinsel Wittow eingerichtete Quarantänelager weitergeleitet. Im Sommer 1946 wurden vier große und weitere kleine Transporte mit Sudetendeutschen der Insel Rügen zugewiesen.[90] Diese vier Transporte mit insgesamt 4.769 Sudetendeutschen bildeten – verstärkt durch kleinere Transporte Sudetendeutscher – die Hauptgruppe der katholischen Gemeinde auf Rügen, gefolgt von den Schlesiern.

Während die Bergener Pfarrei 1934 insgesamt 1.254 Rügener Katholiken zu versorgen hatte, waren die drei Rügener Pfarrein Bergen, Garz und Binz für 9.860 Katholiken zuständig, wie Volkszählung vom Oktober 1946 ergab. Das

---

87 Pfarrrchonik Demmin, Katholisches Kirchenarchiv Demmin (KathKiADem).

88 Ebd.

89 Vgl. ähnliche Ergebnisse bei: Pilvousek, Josef: „Innenansichten". Von der „Flüchtlingskirche" zur „katholischen Kirche in der DDR", in: Materialien, wie Anm. 63, Bd. VI/2, S. 1134–1163.

90 Zur Lage der Vertriebenen auf Rügen und den fortgesetzten Schwierigkeiten der Umsiedlerlager durch Demontagen und Inanspruchnahme durch sowjetische Truppen vgl. Holz, Martin: Insulaner wider Willen. Zu den Aufnahmebedingungen für die Flüchtlinge und Vertriebenen in Mecklenburg-Vorpommern, dargestellt am Kreis Rügen 1943–1948, in: Becker/Inachin, wie Anm. 60, S. 213–252.

war ein Wachstum auf 786,3 Prozent.[91] Wie auf Rügen, wie in Mecklenburg und Vorpommern, so hatten Diasporaseelsorger in allen Besatzungszonen sonntags mehrere Gemeinden an unterschiedlichen Orten zu betreuen. Sie mussten – teilweise unter noch ungünstigeren Bedingungen als ihre protestantischen Amtskollegen – die langen Anfahrtswege zu Fuß oder mit Fahrrad, später mit Motorrad zurücklegen, bei jedem Wetter, den Rucksack mit den vasa sacra auf dem Rücken. Deshalb wurden sie „Rucksackpriester" genannt. Während die Ausgangslage ländlicher Diasporagebiete 1945/46 in allen Besatzungszonen ähnlich war, so wurde der Aufbau von Gemeindestrukturen in der SBZ/DDR im Vergleich zu den Westzonen in den folgenden Jahren aufgrund der atheistischen Ideologisierung und repressiven Kirchenpolitik immer schwieriger. Kapellenwagen der Ostpriesterhilfe, z. B., wie sie sich in den fünfziger Jahren in Westdeutschland bewährten, waren in der DDR nicht verfügbar.[92]

Während der ersten Nachkriegsjahre musste bei der gottesdienstlichen und seelsorgerlichen Versorgung der zahlreichen Außenstationen improvisiert werden. Hilfe bei der Gemeindearbeit kam teilweise sogar aus den Reihen der auf Rügen angekommenen Vertriebenen selbst. Pfarradministrator Josef Barhoff aus Rischka in Böhmen war mit dem Vertriebenentransport aus seiner Gemeinde über das Quarantänelager Ummanz nach Gingst auf Rügen gekommen. Er hielt für die auf Westrügen und auf Hiddensee (bis zur Umpfarrung Hiddensees nach Stralsund im Jahre 1950) untergekommenen sudetendeutschen Gottesdienste.[93]

Die Position der evangelischen Kirche zur Mitnutzung durch die katholischen Gemeinden wurde 1952 in einem Rundschreiben des Konsistoriums an alle Pfarrämter zusammengefasst. „Die evangelischen Kirchen oder andere kircheneigene Räume können grundsätzlich bereitgestellt werden für katholische Gottesdienste, die in regelmäßigen Abständen zu einer Zeit gehalten werden dürfen, in der das Gotteshaus von der evangelischen Gemeinde nicht benötigt wird."[94] Im allgemeinen waren die evangelischen Kirchen bereits seit Ende der vierziger/Anfang der fünfziger Jahre für die katholischen Gottesdienste geöffnet. Erst Jahre später wurden vertragliche Vereinbarungen geschlossen. Ein Vergleich mit der Situation der evangelischen Flüchtlingsdiaspora im katholischen Bayern zeigt, dass auch die katholische Kirche dort der protestantischen Min-

---

91 Ergebnis der Volkszählung 1946, KathKiABer, Statistik. – Pfarrer Böhmer schätzte die Zahl der katholischen Vertriebenen im Jahre 1949 immerhin noch auf 6.000 Personen, von denen 50 Prozent Sudetendeutsche, 30 Prozent Schlesier und jeweils 10 Prozent Ermländer und Hinterpommern/Westpreußen waren, Aktenvermerk, Statistische Zahlen, Stand 1.7.1949, KathKiABer, Statitistik.

92 Gröger, Johannes: „An die Seelen dieser Menschen herankommen". Vertriebenenseelsorge, in: Michael Hirschmann/Markus Trautmann (Hg.): Gelebter Glaube – Hoffen auf Heimat. Katholische Vertriebene im Bistum Münster. Münster 1999, S. 19–70, hier S. 33f.

93 Pfarrchronik Bergen, 1946, S. 9, KathKiABer.

94 Konsistorium Greifswald an Pfarrämter, 7.8.1952, Kirchenarchiv Putbus (KiAPut), Nr. I/17.

derheit ihre Kirchen öffnete.[95] Wallfahrten, Prozessionen sowie die Trauung von evangelisch-katholischen Paaren in evangelischen Kirchen wurden hingegen vom Konsistorium nicht gestattet.[96]

Die Wallfahrt zur Kapelle „Maria Meeresstern" in Sellin ab 1951

„Wir müssen unserer Gottesmutter auch hier in der Zerstreuung ein Heiligtum schaffen."[97] Diese Aussage einer aus Schlesien ausgewiesenen und seit 1946 in Demmin tätigen Hedwigsschwester verdeutlicht die herausragende Bedeutung der 1951 begründeten Wallfahrt nach Sellin. Diese ging in ihrer symbolischen Bedeutung für die geistliche Integration der Diasporagemeinden Vorpommerns weit über das punktuelle Ereignis des Wallfahrtstages hinaus. Abgesehen von den theologischen Hintergründen weist die Suche nach den Motiven vor Ort zurück in die jüngste katholische Kirchengeschichte vor dem Ersten Weltkrieg, als im aufstrebenden Badeort Sellin ein katholisches Gotteshaus errichtet wurde. Die Kapelle „Maria Meeresstern" in Sellin war nicht durch die Initiative einer katholischen Gemeinde vor Ort entstanden, sondern durch Badegäste aus katholischen Gegenden Deutschlands, die einen Stamm von Dauergästen in Sellin bildeten.[98] Bei der Einweihung war ihr der poetische Name „Maria Meeresstern" gegeben worden. Die zur Ehre Marias, dem „Stern des Meeres", erbaute Kapelle thronte, von Wald umgeben, über der Ostsee. Nach 1945 wurde sie von den Flüchtlingen symbolisch auf ihre Diasporasituation übertragen. Sie wurde ein Gnadenort dort, wo sich die Landschaft des Aufnahmelandes in besonders schöner Vielfalt zeigte, wo durch auswärtige Katholiken seit einem halben Jahrhundert katholischer Gottesdienst gefeiert wurde.

So war die erste Wallfahrt nach Sellin am Pfingstmontag, dem 14. Mai 1951, abgesehen vom religiösen Gemeinschaftserlebnis, für die meisten Vertriebenen auch eine Landnahme, ein erstes gemeinsames Kennenlernen einer bisher fremden Landschaft. Die Demminer Hedwigsschwestern berichteten über ihre Erstbegegnung:

> „Still und ruhig lag die gewaltige See vor uns, und wir ließen Gottes unendliche Majestät und Größe erst einmal ruhig auf uns wirken. Ja, Gott ist wunderbar in seinen Werken! Wer das noch nicht erfaßt hat, muß es hier begreifen. Dann ging es zur Gnadenstätte. Am Herzen unserer lieben himmlischen Mutter waren wir bald daheim. Die hl. Messe begann, alle sangen aus vollem,

---

95 Koller, Wilhelm: Die evangelische „Flüchtlings-Diaspora" in Ostbayern nach 1945, in: Zeitschrift für bayerische Kirchengeschichte, 40.1971, S. 1–35.
96 Konsistorium Greifswald an Pfarrämter, 7.8.1952, KiAPut, Nr. I/17.
97 Bericht Hedwigsschwestern, S. 15, Pfarrchronik Demmin, KathKiADem.
98 LAG, Rep. 65c, Nr. 3242.

dankbarem Herzen. Wir fühlten es, wir waren bei unserer lieben, guten Mutter, bei Maria, der fürbittenden Allmacht und legten ihr alle unsere Wünsche und Bitten vertrauensvoll zu Füßen."[99]

Diese gefühlvolle Schilderung der Hedwigsschwestern kann das besondere Engagement in der Demminer Gemeinde für die Wallfahrt von Anfang an erklären: „Schon der Name 'Wallfahrt' rief in allen Herzen alte Erinnerungen an die Heimat und große Freude und Begeisterung wach."[100]

In der Bergener Pfarrchronik wurde berichtet:

„Die vorwiegend sudetendeutschen Katholiken der Insel kommen in großer Zahl zusammen, mit Bussen und mit der Bahn, auch vom Festland (Stralsund, Anklam) kommen Busse. Großer Beichtandrang vom frühen Morgen, Meßfeiern fortwährend bis zum frühen Nachmittag (Jugendmesse). Totenfeier auf dem Friedhof. Festhochamt und Schlußandacht vor der Kirche (Altar im geöffneten Portal). Ca. 1500 (Besucher) wurden geschätzt. Klerus und Gottesvolk sind von dem gelungenen Festtag begeistert. Zum Schluß Motorrad-Prozession der Priester mit dem Allerheiligsten nach Binz."[101]

Friedrich Radek[102], Erzpriester des Archidiakonats Stralsund, der bereits das große Wachstum in seinem Archidiakonat erlebt hatte und Gottesdienste und Seelsorge in den zahlreichen Außenorten organisierte bzw. selbst gestaltete, war in besonderer Weise daran interessiert, den innerhalb des Jahres 1946 vervielfachten Gemeinden einen geistigen Mittelpunkt zu schaffen. In den ersten Nachkriegsjahren gingen ähnliche Impulse von Priestern in allen Besatzungszonen aus. Sie suchten in verschiedenen, oft von einander unabhängigen Initiativen in den Wallfahrten ein Glaubenselement, das in besonderer Weise „für die Rechte des Herzens und der Gemütswerte im religiösen Leben"[103] eintrat und gleichzeitig geeignet war, die Bindungskraft von Glauben und Kirche für die entwurzelten Flüchtlinge und Vertriebenen zu stärken.

---

99 Bericht Hedwigsschwestern, S. 14, Pfarrchronik Demmin, KathKiADem.
100 Ebd., S. 13.
101 Pfarrchronik Bergen, 1951, S. 28f., KathKiABer.
102 Priester, wie Anm. 84, Bd. 1, S. 483. – Knauft, Wolfgang: Friedrich Radek, in: Miterbauer des Bistums Berlin. 50 Jahre Geschichte in Charakterbildern, hrsg. von Wolfgang Knauft. Berlin 1979, S.133–152. 1884 in Berlin geboren, war er seit der frühesten Kindheit im schlesischen Oberglogau aufgewachsen. Zum Kriegsende 1945 war sein Stralsunder Pfarramt Anlaufpunkt für seine schlesischen Verwandten, deren Rückkehr in die Heimat ihm wichtiges Anliegen war. Bericht über die Fahrt zum deutschen Abschnittskommandanten auf Rügen vom 2.–5. Mai 1945 auf Bitten des russischen Generalmajors Lastschenkos, Chronik der katholischen Gemeinde, Katholisches Kirchenarchiv Stralsund (KathKiAStr).
103 Kindermann, Religiöse Wandlungen im katholischen Bereich, S. 108.

Diese Motive bestimmten auch Pfarrer Radeks Argumentation für den Ausbau der Wallfahrt:

„Der Plan, Sellin zu einem Wallfahrtsort auszubauen, ist im ganzen Archipresbyteriat Stralsund von Klerus und Volk mit einer unerwartet großen Begeisterung aufgenommen worden. Erstens liegt unseren Neuzugezogenen das Wallfahrten, wie es scheint, im Blute. Dauernd hört man von ihnen Reden über ihre schönen und viel besuchten Wallfahrtsorte in der sudetendeutschen Heimat. Man gibt diesen Menschen also ein Stück Heimat wieder, wenn man ihnen zu Wallfahrten verhilft. Zweitens ist Sellin-Rügen mit der so schön im Walde gelegenen Kirche am Steilufer der Insel ein besonders günstiger Platz für diesen Zweck."[104]

Bemerkenswert ist der enge Zusammenhang zwischen der Wallfahrt als religiösem Gemeinschaftserlebnis und zugleich als Wiedersehensmöglichkeit für die Flüchtlinge und Vertriebenen mit zerstreuten Familienmitgliedern, Freunden und Bekannten aus der alten Heimat. Für die Gruppenidentität der katholischen Vertriebenen kam der Selliner Wallfahrt herausragende Bedeutung zu. Die Wahl Sellins ergab sich aus der geographischen Lage, aus dem Vorhandensein einer Kapelle sowie aus der Tatsache, dass es sich um eine der Gottesmutter Maria geweihte Kapelle handelte. Überhaupt ist auch hinsichtlich der Patrozinien festzustellen, dass in den meisten Fällen um Marienheiligtümer gewählt wurden.[105]

1952 stieg die Besucherzahl der Sellin-Wallfahrt weiter an, und ein zu großen Teilen aus Spenden finanzierter, vom Berliner Holzgestalter Georg Tyllack geschaffener Marienaltar konnte eingeweiht werden. Die Teilnehmerzahl wurde mit 2.000 angegeben.[106] Die Festmesse und Festpredigt hielt Bischof Wilhelm Weskamm aus Berlin.[107]

Die staatliche Tolerierung der Wallfahrten kann als Indikator der jeweiligen Kirchenpolitik angesehen werden.[108] Bereits 1953, zwei Jahre nach dem Beginn der Wallfahrtstradition, sollte diese im Rahmen der forcierten Stalinisierung und Aufrüstung unterdrückt werden.[109] „Die Sellin-Wallfahrt wird diesmal von den

---

104 Pfr. Radek, Stralsund, an Katholisches Pfarramt Binz, 4.9.1951, Diözesarchiv Berlin (DAB), Nr. I/4 – 209 Binz.

105 Vgl. Schroubek, Georg R.: Wallfahrt und Heimatverlust. Ein Beitrag zur religiösen Volkskunde der Gegenwart. Marburg 1968 (Schriftenreihe der Kommission für ostdeutsche Volkskunde in der Deutschen Gesellschaft für Volkskunde; 5).

106 Tag des Herrn, 2 (1952), Nr. 27/28, 5.7.1952, S. 120.

107 Pfarrchronik Bergen, 1946, S. 31f., KathKiABer.

108 Hehl, Ulrich von/Tischner, Wolfgang: Die katholische Kirche in der SBZ/DDR 1945–1949, in: Materialien, wie Anm. 63, Bd. VI/2, S. 875–949.

109 In der „Polizeiverordnung über die Verstärkung des Schutzes der Ostseeküste der DDR", die am 7.6.1952 in Kraft trat, wurde eine fünf Kilometer breite „Schutzzone" festgelegt, in die auswärtige Besucher nur aufgrund besonderer Genehmigungen einreisen durften. Westdeutschen wurden keine Aufenthaltsgenehmigungen erteilt, vgl. Holz, Martin: Drei

Behörden systematisch behindert (es ist kurz vor dem 17. Juni!). Die bestellten Busse sagen unter erfundenem Vorwand ab, oder die Reichsbahn gibt für Sellin keine Fahrkarten aus. Die Besucherzahl ist infolgedessen beträchtlich geringer als bisher."[110]

Angesichts des angespannten Staat-Kirche-Verhältnisses seit 1952/53 wurde die Wallfahrt durch Instrukteure der SED sowie die mit diesen kooperierende Volkspolizei, Referat Personenmeldewesen, Erlaubniswesen, im Rahmen der sonstigen Erhebungen über die evangelische und katholische Kirche überwacht.[111] Am 27. Januar 1953 hatte das Politbüro der SED einen Maßnahmeplan beschlossen, der die „Liquidierung" der „Jungen Gemeinde" und die Eindämmung des gesamten kirchlichen Arbeit zum Ziel hatte.[112] Instrukteure der SED-Kreisleitung, aber auch der Maschinen-Traktoren-Stationen (MTS) besuchten kirchliche Veranstaltungen, registrierten die Kirchgänger und kontrollierten die Predigten.

Im Jahre 1955 hatten die SED-Kreisleitung und das Volkspolizeikreisamt auf Rügen keine Gegenmaßnahmen unternommen, um die Wallfahrt zu verhindern, was im Nachhinein von der in puncto Wachsamkeit konkurrierenden FDJ-Kreisleitung als Nachlässigkeit der Überwachung ausdrücklich missbilligt wurde, zumal am Pfingstmontag 1955 neben der katholischen Wallfahrt auch ein evangelischer Jugendsonntag in Putbus begangen worden war. „Durch die Unachtsamkeit der Kreisleitung Putbus konnte es vorkommen, daß [...] in Putbus und Sellin Treffen stattfanden, die von Seiten der Kirche organisiert waren, mit ca. 500 bis 600 Teilnehmern, darunter ca. 40 % Jugendliche im Alter von 14 bis 22 Jahren."[113] Im gleichen Bericht wurde ein kirchliches Treffen in Rostock analysiert und deutliche Kritik am VEB Kraftverkehr Neubrandenburg geübt, der fünf Busse zur Verfügung gestellt hatte. „VEB Kraftverkehr gesprochen, für Kirche werden keine Wagen mehr gegeben, alle Kreisbetriebe haben Kenntnis", vermerkte der Sachbearbeiter handschriftlich nach seiner unverzüglichen tele-

---

Versuche, einen Kriegshafen im Jasmunder Bodden zu bauen, und ihr Scheitern, in: Rügen, 6. Folge, hrsg. von der VHS Rügen. Bergen 1996, S. 6–17. – Bereits bevor die Schutzgebiete am 7.6.1952 offiziell verfügt wurden, gab es Vorbereitungen an der Küste Rügens. Deshalb wurde in der am 1.6.1952 in Binz verlesenen Abkündigung für die Wallfahrt am nächsten Tag vermerkt, Sperrgebiete seien „weniger empfehlenswert". Es handelte sich um eine allgemein gehaltene Warnung vor dem Betreten der aufzubauenden Sperrgebiete im Zusammenhang mit dem militärischen Ausbau. Vermeldebuch Stella maris Binz, 7.4.1946–25.12.1953, Katholisches Kirchenarchiv Binz (KathKiABi).
110 Pfarrchronik Bergen, 1946, S. 33, KathKiABer.
111 Vgl. Herbstritt, wie Anm. 61.
112 Von Hehl/Tischner, wie Anm. 108, S. 894ff. – Goerner/Kubina, wie Anm. 63, S. 639f. – Schäfer, Bernd: Staat und Katholische Kirche in der DDR. Köln, Weimar, Wien 1998 (Schriften des Hannah-Arendt-Instituts für Totalitarismusforschung; 8), S. 75–78.
113 Auszug aus dem Informationsbericht der FDJ-Bezirksleitung, 20.6.1955, LAG, IV/2/14/1348, Bl. 15.

fonischen Intervention beim VEB Kraftverkehr.[114] Derartige Schwierigkeiten wuchsen mit der zunehmenden Monopolstellung des VEB Kraftverkehr.

Während der folgenden Jahre nahm die Zahl der Wallfahrer nach Sellin ab. Dies erklärt sich aus verschiedenen Gründen. Einerseits waren im Laufe der fünfziger Jahre viele aktive Katholiken, meist Vertriebene aus dem industriell geprägten Sudetenland, aus dem für sie völlig fremden Norden der DDR in andere Teile des Landes oder in die Bundesrepublik ausgewandert, da sie im agrarisch geprägten Norden keine adäquate Arbeit fanden. Der innenpolitische Druck verstärkte die Fluchtneigung in den Westen.[115] Andererseits schrumpfte die katholische Kirche – ähnlich wie die evangelischen Landeskirchen in der DDR – auf aktive Kreise zusammen. Viele am Rande Stehende mit volkskirchlicher Tradition, die anfangs beteiligt waren, verloren das Interesse, zumal es nicht mehr opportun war, sich aktiv zur Kirche zu halten, berufliche Benachteiligungen eingeschlossen.

4. Fazit

1) Die flächendeckend vertretene evangelische Landeskirche sah sich angesichts der weitgehend zusammengebrochenen staatlichen Strukturen und erst zu gründender neuer Parteien vor allem durch ihre Pastoren in eine Mittlerfunktion zur sowjetischen Besatzungsmacht gestellt. Da die weitmaschigen katholischen Gemeindestrukturen erst durch die Aufnahme der Flüchtlinge und Vertriebenen verdichtet wurden, war die katholische Kirche zu einem ähnlichen Engagement in der Umbruchszeit weder in der Lage noch von der Besatzungsmacht und der einheimischen Bevölkerung als Mittler angefragt. Das durch den Zusammenbruch der staatlichen und gesellschaftlichen Autoritäten hervorgerufene Vakuum wurde hier vor allem durch die Landeskirche ausgefüllt.

2) Die pommersche evangelische Kirche verfügte in Vorpommern abgesehen vom Stettiner Gebiet und dem besonders zerstörten odernahen Streifen auf Gemeinde- und Kirchenkreisebene über nahezu intakte volkskirchliche Strukturen, die allerdings kriegsbedingt durch den Militärdienst, Tod oder Kriegsgefangenschaft vieler Pastoren und Mitarbeiter geschwächt waren. Als preußische Provinzialkirche, die mehr als zwei Drittel ihres Gebietes samt Stettin als dem Sitz des Konsistoriums verloren hatte, teilte die pommersche Restkirche das

---

114 Ebd.

115 So berichtet der Damgartener Pfarrer in seiner statistischen Zusammenstellung für das Jahr 1953 an das Bischöfliche Ordinariat: „Verringerung der Seelenzahl um 1/3 infolge der Abwanderung nach dem Westen, und Abwanderung in die Städte mangels Arbeitsmöglichkeiten". Kirchliche Statistik für das Jahr 1953, Zählbogen A, 15.1.1954, S. 2, Katholisches Kirchenarchiv Ribnitz-Damgarten (KathKiARDG).

Schicksal der Flüchtlinge und Vertriebenen. Durch die engen verwandtschaftlichen Beziehungen innerhalb der Provinz und durch den Fluchtverlauf bedingt, stellten die Hinterpommern und Stettiner den mit Abstand größten Anteil der evangelischen Flüchtlinge und Vertriebenen, was die Eingliederung erleichterte, zumal auch die Leitungsebene nach der Flucht aus Stettin in Greifswald neu aufgebaut werden musste. Das ist ein signifikanter Unterschied zur Evangelisch-Lutherischen Kirche Mecklenburgs.

3) Während damit der Aufbau katholischer Gemeindestrukturen aufgrund der zahlenmäßigen Dominanz per se Flüchtlings- und Vertriebenenarbeit war, mussten sich die evangelischen Vertriebenen in die erweiterten, aber schon existenten evangelischen Gemeinden hinein integrieren. Da die Flüchtlingspfarrer und ihre Gemeindeglieder in den Aufnahmekirchen weit zerstreut waren, hatten sie strukturell schlechte Voraussetzungen, ihre Traditionen in die Aufnahmegemeinden prägend hineinzutragen. Eine auf Gegenseitigkeit beruhende Begegnung von einheimischer Tradition (auf Rügen) und den Erfahrungen der Flüchtlinge entstand dennoch ansatzweise in einigen Gemeinden (Auferstehungsfeiern, Frauen- und Chorarbeit, Aufschwung der Missionsfeste).

Im Unterschied zur evangelischen Landeskirche, deren Mitgliederzahl zwar auch beachtlich wuchs, war der Anteil der Vertriebenen an den Katholiken so hoch, dass – zugespitzt formuliert – bereits die katholische Konfession als Indikator für den Vertriebenenstatus angesehen werden konnte.

Im Gegensatz zu den evangelischen stießen die katholischen Flüchtlinge und Vertriebenen in den kleinen katholischen Gemeinden auf wenig fest gefügte Traditionen. Weit stärker dürfte hier die Begegnung unterschiedlicher Glaubenstraditionen aus den Reihen der Vertriebenen selbst sein (Sudetendeutsche, Schlesier, Ermländer und Deutsch-Kroner).

4) Hinsichtlich der Situation gegenüber den in Schüben, vor allem seit der 2. Parteikonferenz im Juli 1952 erfolgten Pressionen von Partei und Staat konnte bei beiden Konfessionen festgestellt werden, dass ihre seelsorgerlichen Bemühungen für die Vertriebenen vom Überwachungsapparat beargwöhnt und in Abhängigkeit vom jeweiligen kirchenpolitischen Kurs zeitweise auch aktiv behindert und kriminalisiert wurden. Beide Kirchen waren die einzigen gesellschaftlichen Großorganisationen, in denen – in begrenztem Rahmen – auch in den fünfziger Jahren seelsorgerliche Arbeit an Vertriebenen möglich war. Das Engagement der Kirchen für Flüchtlinge und Vertriebene war also weniger aktiv gegen die Politik der SED gerichtet, wie es von den SED-Instrukteuren gelegentlich missverstanden wurde. Für die katholische Kirche war es die Frage nach den Trägern ihres eigenen Neuanfangs in der Diaspora. Für die Pommersche Evangelische Kirche war es die jüngste Zeitgeschichte ihres eigenen Kirchengebietes, da sie selbst als preußische Provinzialkirche kriegsbedingt zwei Drittel ihres Kirchengebietes, darunter die Zentren der geistlichen Tradition der Erweckungsbewegung, verloren hatte.

5) Wie auch allgemein als Unterschied evangelischer und katholischer Volksfrömmigkeit zu erwarten war, trat die für das norddeutschkühle protestantische Umfeld ungewöhnliche Vielfalt des volksfrommen Ausdrucksrepertoires des Katholizismus nach vierhundertjähriger Abstinenz seit der Reformation mit dem Aufbau der katholischen Gemeindestrukturen wieder hervor. Dieses wurde durch Traditionen der katholischen Vertriebenen dominiert. Dem hatten die einheimischen und vertriebenen Protestanten nichts Vergleichbares entgegenzusetzen, keine Votivbilder, keine öffentlichen Prozessionen. Die Veränderungen evangelischer Gemeinden sind weniger offenkundig, hatte doch der Protestantismus die katholische Bilddidaktik durch die Kultur des religiösen Lesens ersetzt. Einige liturgische Besonderheiten wie die Auferstehungsfeiern als hinterpommersche Tradition konnten festgestellt werden. Vor allem waren es aber theologische Prägungen, des weiteren die größere Kirchlichkeit ostdeutscher Gemeinden, wie sie sich im Kirchgang und in der Sonntagsheiligung äußerte, sowie geistliche Traditionen der Erweckungs- und Gemeinschaftsbewegung und der Bekennenden Kirche, die zu einer nachhaltigen Belebung der evangelischen Kirchengemeinden führten.

6) Abschließend erscheinen am Beispiel der 1951 gegründeten Selliner Wallfahrt folgende Beobachtungen als wesentlich, die die Vertriebenenwallfahrten aus soziologischer und psychologischer Perspektive einordnen. Im Gedanken des Pilgerns fand der soziale Status der Flüchtlinge und Vertriebenen, als heimatlos Gewordene nach einem neuen Anfang suchen zu müssen, eine Entsprechung auf religiösem Gebiet. Die Wallfahrten hatten, freilich ohne von den Beteiligten in dieser Weise erörtert zu werden, „die Funktion eines Ventils gegen den Überdruck psychischer Belastung durch das Flüchtlingsschicksal".[116] Die Vertriebenenwallfahrten wurden – in den Westzonen mit breiter Außenwirkung, in der SBZ/DDR stärker auf den religiösen Kern eingeengt, zu besonderen Orten der Reflexion über den Sinn des Durchlittenen seit Kriegsende und Vertreibung. Sie symbolisierten von allen katholischen Brauchtumselementen am besten den „Weggang aus dem Alltag"[117], hinein in die Geborgenheit einer herausgehobenen Gemeinschaft. Außerdem war die Möglichkeit, Verwandte und Bekannte aus der alten Heimat zu treffen, eine weitere, nicht zu unterschätzende Funktion, zumal in der DDR weltliche Heimattreffen unterdrückt waren. Mit der schrittweisen Eingliederung trat diese Funktion zurück. Als zusätzliches Charakteristikum im Weltanschauungsstaat DDR konnte am Beispiel Sellins die starke Abhängigkeit vom kirchenpolitischen Klima im atheistischen DDR-Staat herausgearbeitet werden. Die Wallfahrten und Prozessionen können in die Tra-

---

116 Vgl. das Fazit der Analyse bei Schroubek, wie Anm. 105, S. 339.
117 Wiebel-Fanderl, Olivia: Religion als Heimat? Zur lebensgeschichtlichen Bedeutung katholischer Glaubenstraditionen. Wien 1993, S. 170.

dition des „Demonstrations-Katholizismus" der NS-Zeit eingeordnet werden.[118] Einem Seismographen vergleichbar, widerspiegelten die auf Öffentlichkeit angelegten Wallfahrten, Prozessionen, aber auch Kirchentage und andere kirchliche Großveranstaltungen beider Konfessionen das kirchenpolitische Klima, innerhalb dessen die Behörden und SED-Parteifunktionäre vor Ort agierten.[119]

118 Vgl. Pötzl, Walter: Wallfahrten gegen das Hakenkreuz, in: Festschrift Heinz Hürten zum 60. Geburtstag, hrsg. von Harald Dickerhof. Frankfurt/M. u. a. 1988, S. 443–465.
119 Auch in kleineren Gemeinden fanden sie rege Beteiligung. 1955 kamen z. B. in der kleinen Stadt 700 Katholiken aus der Gützkower Gemeinde, Pfarrchronik Gützkow, 1955, S. 8f., Katholisches Pfarrarchiv Gützkow. – Auf Rügen wurde die Prozession in Bergen 1959 besonders ausgestaltet. Pfarrchronik Bergen, 1959, S. 53, KathKiABer. – Auch in Binz und Garz fanden seit 1951 (fast) jährlich Prozessionen statt. Bildchronik Garz, KathKiABer. – Fotosammlung KathKiABi.

Günther Noll

Musikalische Volkskultur
als Chance sozialer Integration

1. Einleitung

Mein Thema nimmt keinen direkten Bezug zum Tagungsthema, d.h. auf die spezielle Situation in Mecklenburg-Vorpommern, da hierzu – leider – kein Untersuchungsmaterial vorliegt, sondern es unternimmt den Versuch, mit einigen grundsätzlichen Erörterungen am Beispiel der Musik – begrenzt auf ausgewählte Formen, Aspekte und Belege – einen allgemeinen Beitrag zum Thema „Soziale Integration" zu leisten. Wenngleich Hinweise auf den Missbrauch Musikalischer Volkskultur in Diktaturen im Sinne einer ideologisch determinierten bzw. politisch erzwungenen Integration nicht fehlen dürfen, geht es hier um das besondere Chancenpotenzial sozialer Integration, das der Musik und in dieser spezifischen Weise nur ihr eigen ist.

Mit dem Begriff „Musikalische Volkskultur" wird eine weit dimensionierte und hoch entwickelte Teilkultur in der Gesamtheit einer Musikkultur bezeichnet. Es besteht ein allgemeiner Konsens darüber, dass damit nicht die gesamte „Musikkultur eines Volkes" gemeint ist, welche auch die hoch differenzierten Formen professionell ausgeübter, primär theoriebestimmter Musik umfasst – hierzu gehören z.B. die Bereiche der „Kunstmusik", die ebenfalls nur Teil einer Gesamtmusikkultur sind –, sondern der Bereich der nicht professionell, d.h. nicht beruflich ausgeführten Musik: das weite Feld des Laienmusizierens bzw. Amateurmusizierens. Er umfasst insbesondere Musik der Überlieferung, als „Volksmusik" bzw. „Traditionelle Musik" deklariert, aber auch neue Felder, Genres und Formen, etwa aus der Folk-, Pop-, Rock- und Jazzmusik, in einer Reihe von Ausprägungen als primär nicht theoriebestimmte Musik definiert. Sämtliche Begriffe haben allerdings nur eine Hilfsfunktion, da es immer schwieriger geworden ist, hochkomplexe Felder heterogenster Ausprägungen, Traditionen und Neuentwicklungen mit einem Begriff zu definieren, zumal es hier vielfache Grenzüberschreitungen nach beiden Seiten hin gibt, welche die Eindeutigkeit erheblich verunsichern, wenn nicht gar aufheben.

Im allgemeinen werden Bedeutung und Ausmaß von Manifestationen Musikalischer Volkskultur in der Öffentlichkeit unterschätzt. Dabei sind sie als Traditions-, Leistungs- und Innovationsträger in gleicher Weise bedeutsam. Viele Bereiche des öffentlichen Konzertlebens, um nur ein Beispiel zu nennen, sind ohne sie nicht denkbar, man denke nur an den Einsatz von Laienchören bei größeren Oratorienwerken. Auch hätten die professionellen Formen der Pop-,

Rock- und Jazzmusik ohne die „Basis" von Amateurgruppen erhebliche Probleme.[1] In ihrer Summe beinhaltet die Musikalische Volkskultur weite soziale Integrationsfelder verschiedenster Ausprägung.

Oberflächlich betrachtet könnte eingewandt werden, dass sich das gewählte Thema eigentlich erübrige, da schließlich jedermann weiß, dass der Umgang mit Musik per se ein kommunikativer und damit sozialer Prozess ist. Bei näherem Hinsehen wird jedoch bald erkennbar, dass es sich in Wirklichkeit um hochkomplexe Strukturen handelt, bei denen auch die Wissenschaft noch vor einer Reihe ungelöster Fragen steht.

2. Die Ganzheit des musikalischen Erlebens

Die Wirkungen der Musik resultieren, wie auch bei anderen Kunstformen, aus der Komplexion mehrschichtiger mentaler und emotionaler Faktoren. Beim musikalischen Vollzug spielen psychophysische Wirkfaktoren eine besondere Rolle, die zu totalen Erlebnisformen führen können, zur totalen Hingabe an das Medium Musik, mögen es tiefe Ergriffenheit, freudige Hochgestimmtheit, enthusiastische Leidenschaft oder andere Zustandsbefindlichkeiten sein. In Extremformen können sie zum totalen „Außer-sich-sein" führen, wie wir es z.B. bei Trancezuständen in heute noch existierenden Schamanenkulten beobachten können. Um nur eine der ungelösten Fragen herauszugreifen: Gibt es beim Musizieren – Singen-Spielen-Tanzen –, was auch kontinuierliche, gleichmäßige körperliche Anstrengung bedeutet, einen Ausstoß von Endorphinen, was Wohlbefinden, Glücksgefühle etc. hervorruft, wie wir es z.B. auch beim Langlauf beobachten können, um nur ein psychophysisches Problem anzusprechen?

Die psychophysische Ganzheit des musikalischen Erlebens und die soziale Einheit im musikalischen Vollzug, dies lehren uns die gegenwärtig noch lebenden (und bedrohten) Reste von Ureinwohner-Kulturen, haben das Musizieren des Menschen von Anfang an bestimmt. Gesang, Tanz und Instrumentenspiel bildeten eine untrennbare Einheit. Sie begleiteten das tägliche Dasein in mannigfachen Formen. Aber immer vollzog es sich im Gruppengeschehen, der Einzelne fühlte sich in der sozialen Einheit geborgen und aufgehoben. Das Problem der sozialen Integration stellte sich nicht, nur bei der sozialen Desintegration, etwa wenn ein Gruppenmitglied einer Verfehlung wegen symbolisch bestraft und ausgestoßen wurde. Nur noch vereinzelt haben sich in süd-, südost- und osteuropäischen Volkskulturen Reste dieser ganzheitlichen „Urform" des Musizierens erhalten, z.B. im Flamenco, in osteuropäischen Singtänzen. Auch beim Kleinkind können wir noch die natürliche Einheit von Singen, Spielen, Bewegen/Tanzen beobachten.

---

1   Reimers, Astrid: Laienmusizieren in Köln. Köln 1996, S. 223ff.

3. Integration durch Singen

Die psychophysische Ganzheit des musikalischen Erlebens manifestiert sich besonders deutlich beim Singen. In diesem Phänomen dürften auch die Gründe liegen, warum viele Menschen/Laienmusiker die Mitarbeit in vokalen Gruppen suchen und die Chancen einer sozialen Integration in diesen Gruppierungsformen daher besonders hoch sind. Die menschliche Stimme ist das natürlichste Instrument und Singen – gleichsam der Sprache oder als Sonderform von Sprache – als primäres Kommunikationsmedium zu bezeichnen. Die Totalität des Singvollzugs und -erlebens ist auf neurophysiologische Gegebenheiten und hier insbesondere auf die Funktion des limbischen Systems zurückzuführen. Dieses Randgebiet zwischen Großhirn und Hirnstamm beeinflusst die hormonale Steuerung und das vegetative Nervensystem. Von ihm gehen insbesondere starke emotionale Reaktionen auf Umweltreize aus. Diese emotionalen Wirkkräfte graben zugleich auch tiefe und teilweise lang anhaltende Gedächtnisspuren. Im Kindesalter gelerntes Liedgut z.B. wird oftmals bis ins hohe Alter hinein gespeichert. Beim Singen in der Gruppe, ob in der Kleingruppe oder bei der Massenveranstaltung, tritt zusätzlich ein Verstärkungseffekt von besonderer emotionaler Eindringlichkeit ein. Legt man die These des Neurologen I. Stransky (1904) zugrunde, dass sich Sprache an die Noopsyche, der verstandesmäßigen, intellektuellen Seite der menschlichen Psyche, und Musik – damit das Singen – an die Thymopsyche, die Gemütsseite wendet[2], so sind beim Singen von Liedern durch Text und Melodie beide Bereiche involviert, was ebenfalls die besondere Intensität des Erlebens begründen würde. Wir müssen hier wahrscheinlich von einem hochkomplexen Prozess interdependenter Wechselwirkungen ausgehen. Zugleich spielen die jeweiligen Ausprägungen einer vorangegangenen individuellen und zugleich vielschichtigen Sozialisation eine wichtige Rolle.

Es ist selbstverständlich, dass der Einzelne, das Individuum, die Erlebnisweisen der Musik und ihre Aktionsformen – hier das Singen, um bei dem Beispiel zu bleiben –, ihren Lustgewinn und Genuss, ihre kontemplativen Wirkungen, ihre unmittelbar spürbare Körperlichkeit (jeder von uns kennt die typischen Hautkontraktionen, die sogenannte „Gänsehaut" oder die direkt auf der Haut spürbaren Schallwellen bei sehr lauter Pop-, bzw. Rockmusik etc.) in der Gruppe sucht, d.h. in den Zustand sozialer Integriertheit versetzt, weil sie ihm nicht nur eine Steigerung und Intensivierung der Erlebnisweisen, sondern auch eine erhebliche Erweiterung seiner individuellen Möglichkeiten und Fähigkeiten verschaffen kann. Ein Lied wird z.B. durch einen mehrstimmigen Satz harmonisch bereichert. Es kann instrumental begleitet werden. Die Aussagemöglichkeiten werden verstärkt und vervielfacht. Die Stilmittel bieten eine

---

2　Vgl. Cramer, Annette: Die Stimmorgane – eine Funktionsbeschreibung, in: Erlebniswelt Musik, 2000, S. 11–16, hier S. 12.

reiche Auswahl: Sie können traditionell oder modern gestaltet sein. Es finden sich kreative Gestaltungsmöglichkeiten der vielfältigsten Art. Das instrumentale Musizieren z.B. verschafft weitere unmittelbare Zugänge zu einem Repertoire, das der Einzelne nicht realisieren kann, ob es eine Kammermusik, ein Orchesterstück, eine Musik für den Spielmannszug, eine Stubenmusik, ein Songtitel aus Rock, Pop oder Jazz oder anderes ist. Die Unmittelbarkeit des eigenen Musizierens bewirkt zugleich eine hohe Intensitätssteigerung. Der Einzelne aber ist hierbei immer auf die soziale Gruppe angewiesen.

Die zunächst von den individuellen musikalischen Erfahrensweisen und Erlebnisbedürfnissen her primär psychologisch bestimmten Motivationsfaktoren gewinnen aber durch die gesuchte Interaktion in der Gruppe eine soziale Funktion, die je nach Gruppierungsform und Zielstellung, situativem, gesellschaftlichem, politischem, weltanschaulich-religiösem Kontext sehr unterschiedlich, d.h. nach ihren jeweiligen Bezugssystemen gerichtet sein kann. Auch sind sie graduell verschieden. Soziale Integration erfolgt, unabhängig davon, ob sie zielbewusst herbeigeführt wird oder sich aus der gegebenen Situation von selbst ergibt, häufig auch spontan. Dies mögen einige Beispiele belegen.

Zur Zeit der Studentenunruhen in den 60er Jahren des vorigen Jahrhunderts führte ich an der Abteilung Bonn der Pädagogischen Hochschule Rheinland eine große öffentliche Singveranstaltung durch. Sie war als Test gedacht, die seinerzeit in der Musikpädagogik propagierte These, dass nicht mehr und erst recht nicht mehr tradiertes Liedgut gesungen werde, zu überprüfen. Die Resonanz war überwältigend, die Veranstaltung musste wiederholt werden, wie es auch in den folgenden 20 Semestern häufig die Regel war. Aus Gesprächen mit den Studierenden wurde sehr schnell deutlich, dass über das musikalische Erleben – das gemeinsame Singen – hinaus diese Veranstaltungen eine soziale Funktion wahrnahmen. In einer Zeit voller Unruhe, Spannungen und auch Störungen im Studienbetrieb nahmen diese Veranstaltungen eine ganz entscheidende Entlastungsfunktion wahr. Singen, in der großen Gruppe mehrhundertfach verstärkt, diente als Ventil aufgestauter Spannungen, auch zum Abbau von Stress und Aggressionen. Wenn man so will konnte bei den Beteiligten mit dieser Form sozialer Integration in gewisser Weise zur Bewahrung des psychosozialen Gleichgewichts in einer kritischen Zeit eine gern angenommene Hilfestellung geleistet werden. Dies mag überzogen erscheinen, aber ich werde heute noch nach über 30 Jahren auf diesen Sachverhalt hin angesprochen.

Während meines Studiums in den 50er Jahren an der Ostberliner Humboldt-Universität bildeten sich mitunter spontane Solidargemeinschaften unter den Studierenden gegen die Repressalien des SED-Regimes und ihrer Vertreter. Ein Beispiel ist mir sehr erinnerlich. Eine Zeit lang wurde der Institutschor von einem Dozenten geleitet, der als SED-Funktionär forsch und penetrant auftrat. Offener Protest der Studierenden war nicht möglich, weil sofort eine Relegation erfolgt wäre. So gab es nur indirekte Formen des Protests. Die Textzeile aus der Kantate „Geschwinde, ihr wirbelnden Winde", des Drammas per musica „Der Streit zwischen Phoebus und Pan" von Johann Sebastian Bach (BWV 201): „Geschwinde, geschwinde, ihr wirbelnden Winde, auf einmal zusammen zur Höhle hinein" wurde spontan parodiert zu „Verschwinde, verschwinde [...] mit allen zusammen zur Hölle hinein". Es gab keine Folgen. Der Vorfall kam nicht an die Öffentlichkeit. Soziale Integration erfolgte hier in der Solidargemeinschaft aus politischer Opposition, wenn auch spontan und nur punktuell.

In den 1980er Jahren gab es in der DDR eine Form sozialer Integration besonderer Art zwischen Publikum und Folk-Interpreten, wie sie sich nur unter den Bedingungen der SED-Diktatur herausbilden konnte. Innerhalb des Folk-Revivals jener Zeit wurden historische aufmüpfige und gesellschaftskritische Volkslieder besonders begeistert aufgenommen, weil sie das aussagten, was alle dachten, aber nicht aussprechen durften. Zielgerichtet nahmen die Folkgruppen diese Lieder in ihr Repertoire auf. In Anspielung auf die Reisebeschränkungen, Ausreisepolitik, Unterdrückung der Meinungsfreiheit und politische Gängelung heißt es u.a. in dem Auswandererlied aus dem 19. Jahrhundert „Ein stolzes Schiff streicht einsam durch die Wellen":

„Schauet auf, ihr Unterdrücker!
Schauet auf, ihr Volksbetrüger!
Seht eure besten Arbeitskräfte fliehn."

Oder auf das bekannte elsässische Lied vom „Hans im Schnakenloch" bezogen heißt es in einer Zusatzstrophe:

„Der Hans im Schnakenloch
kann reisen wie er will.
Wohin er will, da darf er nicht.
Wohin er darf, da will er nicht..."[3]

Das Auditorium verstand die Botschaft. Zwischen ihm und den Folksängern entstanden spontane Solidargemeinschaften, getragen von der Unzufriedenheit und Kritik am herrschenden politischen System.

Soziale Integration mit Hilfe des Singens in Gestalt offener politischer Opposition entstand z.B. bei einer Veranstaltung von jungen Schauspielern am 4. November 1989, also noch vor dem Fall der Mauer. Ohne Rücksicht auf die durchaus noch gegebene persönliche Gefährdung, d.h. Verhaftung und Verfol-

---

3 Vgl. Traut, Horst: Aufmüpfige und gesellschaftskritische Volkslieder im Folk-Revival der DDR, in: Musikalische Volkskultur und die politische Macht. Tagungsbericht Weimar 1992 der Kommission für Lied-, Musik- und Tanzforschung in der Deutschen Gesellschaft für Volkskunde e.V., hrsg. von Günther Noll. Essen 1994 (Musikalische Volkskunde – Materialien und Analysen. Schriftenreihe des Instituts für Musikalische Volkskunde der Universität zu Köln; 11), S. 56–67, hier S. 64.

gung durch den Staatssicherheitsdienst, wurden sehr verbreitete und von allen gekannte FDJ-Lieder mit ihren Originaltexten gesungen, jedoch deren Sinnaussage durch eine spezifische Interpretation in ihr Gegenteil verkehrt. Was ursprünglich auf das Feindbild des „Kapitalisten" gemünzt war, richtete sich nun gegen die eigene Staatsmacht. In der letzten Strophe des Aufbauliedes der FDJ heißt es:

„Und das Schieberpack, das uns verblieben,
das nach Freiheit jammert früh und spat,
und die Herren, die die Schieber schieben,
schieben wir per Schub aus unserem Staat.
Fort mit den Trümmern und was Neues hingebaut..."[4]

Ein soziales Integrationsfeld, getragen von der politischen Opposition, hatte sich innerhalb der Interpretengruppe selbst sowie zwischen ihnen und den begeistert zustimmenden Zuhörern aufgebaut.

Singen als Überlebensstrategie führt uns zu einem weiteren Feld sozialer Integration ganz anderer Art. In den Konzentrationslagern des NS-Regimes wurde das heimliche Singen von verbotenen Liedern zu einer bedeutsamen Hilfe zum Überleben. Singen und Musik spielten in diesen Lagern eine komplexe Rolle. Die Häftlinge wurden z.B. erniedrigt, die verhassten Nazi-Lieder zu singen. Auf Befehl der SS mussten Lagerlieder komponiert werden, etwa das berühmte „Moorsoldatenlied", in denen teilweise auch oppositionelle Passagen untergebracht wurden, die nicht oder erst später erkannt wurden und dann zum Singverbot führten:

„Was hinter uns, ist abgetan,
gewesen und verklungen.
Die Zukunft will den ganzen Mann,
ihr sei unser Lied gesungen".
(Sachsenhausenkomitee Westberlin, S. 4)[5]

In Räumen, die von der Lagerleitung wegen der Furcht vor ansteckenden Krankheiten gemieden waren, wurden bei illegalen Veranstaltungen, bei denen die Beteiligten ihr Leben riskierten, Lieder wie die „Internationale" oder „Brüder, zur Sonne, zur Freiheit" gesummt, aber auch auffallend optimistische Lieder gesungen:

4　Die Freie Deutsche Jugend stürmt Berlin. Ein FDJ-Lieder-Abend, Barbarossa Amiga EdBa 02302–2, CD, Track 3.

5　Vgl. Probst-Effah, Gisela: Das Lied im NS-Widerstand – Ein Beitrag zur Rolle der Musik in den nationalsozialistischen Konzentrationslagern, in: Musikpädagogik zwischen Traditionen und Medienzukunft, hrsg. von Christa Nauck-Börner. Laaber 1989 (Musikpädagogische Forschung, Bd. 9), S. 79–89, hier S. 82.

„Wir wollen ‚Ja' zum Leben sagen,
denn einmal kommt der Tag –
dann sind wir frei."[6]

Singen in der Gruppe diente als Schutzwall gegen das Grauen ringsum, übermächtig im Willen zum Überleben.

Ein anderes Beispiel für die sozialen Funktionen des Singens in der Gruppe im Widerstand gegen das NS-Regime zeigte sich bei den verbotenen, aber geheim weiter existierenden Jugendgruppen und kirchlichen Gruppierungen. Es war gefährlich, die verbotenen Lieder zu singen, denn die Nazis hatten sehr wohl ihre Funktion als Identitäts- und Solidaritätsträger erkannt. Daher wurden jene Jugendlichen erbarmungslos verfolgt, verhaftet und verurteilt (zum Teil auch mit Todesfolge). Trotz der latenten täglichen Bedrohung und gerade ihretwegen suchten sie die soziale Geborgenheit in der Gruppe Gleichgesinnter, auch als Hilfe, die Angst vor Entdeckung zu überwinden. Innerhalb eines Forschungsschwerpunktes des Instituts für Musikalische Volkskunde der Universität zu Köln wurden von Ernst Klusen, Wilhelm Schepping und Gisela Probst-Effah in einer Reihe von Publikationen zahlreiche Materialien zu dieser Form sozialer Integration veröffentlicht.[7]

Die Integrationswirkungen und die identitätstragende bzw. -stiftende Kraft des Singens von Liedern hatten die Vertreter der politischen Macht in Deutschland früh erkannt. Schon seit dem 19. Jahrhundert wurden daher Huldigungs-

---

6　Ebd., S. 83.

7　Klusen, Ernst: Volkslied. Fund und Erfindung. Köln 1969; Probst-Effah, wie Anm. 5; dies.: Musik in den nationalsozialistischen Konzentrationslagern, in: Kultur. Zeitschrift für Kultur und Gesellschaft, Oktober 1988, S. 6–8; Schepping, Wilhelm: „... viel tausend uns zur Seite sind, die auch verboten sind..." – Zum Anti-NS-Widerstand im Lied der Jugendbewegung, in: ad marginem. Mitteilungen des Instituts für Musikalische Volkskunde an der Universität zu Köln, 7.1971, H. 21; ders.: Das Lied als Corpus delicti in der NS-Zeit, in: Beiträge zur rheinischen Musikgeschichte, 1977, H. 118, S. 109–132; ders.: Oppositionelles Singen in der NS-Zeit, in: Hirschberg 2, 1984, S. 103–114; ders.: „Menschen seid wachsam". Widerständiges Liedgut der Jugend in der NS-Zeit, in: Museums-Pädagogisches Zentrum/Staatliche Landesbildungsstelle Südbayern, München 1993 (mit Tonkassette); ders.: Oppositionelles Singen Jugendlicher im III. Reich, in: Musikalische Volkskultur und die politische Macht, wie Anm. 3, S. 330–354; ders.: Annotation und Konnotation im oppositionellen Liedgut der NS-Zeit, in: Resistance to national socialism: Kunst und Widerstand. Forschungsergebnisse und Erfahrungsberichte, Third Nothingham-Symposium, hrsg. von Hinrich Siefken und Hildegard Vieregg. München 1995, S. 172–210; ders.: Lieder gegen den Ungeist der Zeit. Funktionen des Liedes beim „Grauen Orden" und der Widerstandsgruppe „Weiße Rose", in: Musikalische Volkskultur als soziale Chance – Laienmusik und Singtradition als sozialintegratives Feld. Tagungsbericht Hildesheim 1994 der Kommission für Lied-, Musik- und Tanzforschung in der Deutschen Gesellschaft für Volkskunde e.V., hrsg. von Günther Noll und Helga Stein. Essen 1996 (Musikalische Volkskunde – Materialien und Analysen. Schriftenreihe des Instituts für Musikalische Volkskunde der Universität zu Köln; 13), S. 188–218.

lieder für den König – später für den Kaiser und nach 1933 für Hitler – als Kinderlieder verbreitet (Beispiel: „Der König ist ein lieber Mann", nach der Mozart-Arie: „Ein Mädchen oder Weibchen" in einer vereinfachten Fassung). Ideologische Manipulation mit Hilfe des Singens wurde als wirksames Mittel vielfältig eingesetzt, in der perfidesten Form vom NS-Regime. Die Auswirkungen einer übermächtigen Propagandamaschinerie, die totale Ausrichtung des Individuums, letztlich eines ganzen Volkes, auf Opfer- und Hingabebereitschaft, Führergehorsam usw. von Kindheit an machen erklärbar, dass auf den Reichsparteitagen in Nürnberg z.B. Zehntausende von Angehörigen der Hitler-Jugend ihr zentrales Lied „Unsere Fahne flattert uns voran" in geradezu hymnischer Hingabe und frenetischer Begeisterung vor ihrem „Führer" sangen. Vermutlich hatte keiner von ihnen die tödliche Konsequenz der Schlusszeile „[...] denn die Fahne ist mehr als der Tod" begriffen, die wenige Jahre später im 2. Weltkrieg blutige Wirklichkeit werden sollte.[8]

Diese Formen der erzwungenen Integration, letztlich Teil einer Strategie zur Vernichtung des Individuums durch die politische Macht als einer selbstständig denkenden und handelnden Persönlichkeit , die in einer Masse versinkt und anonym wird, zeigen das gemeinsame Singen in diesem politischen Kontext als bedeutsame Prozesskomponente, als eines der wirksamsten Instrumente ideologischer Manipulation und Einflussnahme. Man möge nicht meinen, dass diese Zeiten vorbei seien. Ich darf nur an die Rolle der Musik bei den Neonazis erinnern.[9] Größte Wachsamkeit ist geboten.

4. Integrationsleistung beim Wiederaufbau

Welche sozial integrierende Kraft der Musikalischen Volkskultur innewohnt, zeigt sich bei der gewaltigen Wiederaufbauleistung nach dem II. Weltkrieg in Deutschland. Offenbar verfügt der Mensch über ein möglicherweise anthropogen disponiertes Bedürfnis nach einer Art „Überschussreservoir", das teilweise auch im Tierreich zu beobachten ist. Trotz primitivster äußerer Bedingungen – zu Proben und Konzerten z.B. musste zumeist das Heizmaterial selbst mitgebracht werden – hatte der Mensch über die Sicherung seiner elementaren existenziellen Bedürfnisse hinaus, d.h. Überwindung von Hunger, Kälte, Not-

---

8   Vgl. Noll, Günther: Kinderlied und Kindersingen im Missbrauch politischer Macht, in: Musikalische Volkskultur und die politische Macht, wie Anm. 3, S. 213–225; ders.: Kinderlied und Kindersingen in der NS-Zeit, in: Lieder in Politik und Alltag des Nationalsozialismus, hrsg. von Gottfried Niedhart und George Broderick. Frankfurt a.M. 1999, S. 115–131.

9   Vgl. Funk-Hennigs, Erika: Welche Rolle spielt die Musik bei den Rechtsextremisten in der Bundesrepublik Deutschland, in: Musikpädagogik zwischen Traditionen und Medienzukunft, wie Anm. 5, S. 91–117.

behausung und Arbeitssuche, das Bedürfnis nach Kultur, nach kulturellem Erleben, nach aktiver kultureller Selbsterfahrung. Notzeiten sind immer auch Zeiten erhöhter sozialer Bedürftigkeit. Die von den alliierten Besatzungsmächten 1947 im Westen wieder zugelassenen Vereine, Gruppierungen, Organisationen boten hierzu, endlich frei von Verboten, Restriktionen, Okkupation und Missbrauch durch das NS-Regime, gerade im Bereich des Laienmusizierens besondere und vielfältige Möglichkeiten.

Daher verwundert nicht weiter, dass von der Laienmusikkultur eine bedeutsame Hilfeleistung bei dem Wiederaufbau in der deutschen Nachkriegsgesellschaft erbracht werden konnte. Dies geschah in gleicher Weise zunächst frei und ungehindert in Ost und West, bis 1948/1949 das SED-Regime brutal zugriff und im Zuge der allgemeinen Stalinisierung die musikkulturellen Gruppierungen, welche schließlich noch über einen bestimmten Spielraum an Freiheit und Privatheit verfügten, der Parteidoktrin unterwarfen, mit verheerenden Konsequenzen für Inhalte, Formen, Repertoires und Strukturen.[10] Die Entwicklung vollzog sich nunmehr in den beiden 1949 neu gegründeten deutschen Staaten auf getrennten Wegen. Es entstanden zwei Musikalische Volkskulturen in Deutschland. Die totale Abschottungspolitik der SED gegenüber der Bundesrepublik Deutschland führte zum totalen Abbruch historisch gewachsener Bindungen in tradierten Organisationen, Verbänden, Gesellschaften sowie zur systematischen Zerstörung alter individueller Kontakte, Partnerschaften und Freundschaften zwischen einzelnen Gruppen, Chören oder Instrumentalensembles.

Neben dem Wiederaufbau der zerstörten Städte und Dörfer, der Arbeitsstätten und nicht zuletzt der Kulturstätten gab es ein Integrationsproblem enormen Ausmaßes. Millionen von Flüchtlingen und Heimatvertriebenen (vor allem aus Ost- und Südosteuropa und den ehemaligen Reichsgebieten im Osten) waren auf der Suche nach einer neuen existenziellen, sozialen und kulturellen Anbindung, nach einer neuen Verwurzelung, nach „Heimat". Die musikalische Selbstbetätigung in den örtlichen bzw. regionalen Gruppierungen vermittelte durch das gemeinsame Musizieren als verbindender Kraft reichliche Chancen sozialer Kontaktaufnahme zwischen Einheimischen und Zugezogenen. Personale Kommunikation (face to face) konnte sich in intensiver Weise entfalten und den oftmals mühsamen Integrationsprozess erleichtern, Misstrauen oder Vorbehalte gegenüber anderen Mentalitäten abbauen. Die Integration der Zugewanderten vollzog sich nicht konfliktfrei. Es galt auch Ängste der Einheimischen um den eigenen Ressourcenerhalt zu überwinden: Man musste zusammenrücken, teilen und hatte selber Not. Noch in der 1950 verabschiedeten „Charta der deutschen

---

10 Vgl. Vierneisel, Beatrice: „Fremde" im Land. Mecklenburg-Vorpommern 1945 bis 1953 – Integration durch Volkskultur?, in: Zeitgeschichte Regional. Mitteilungen aus Mecklenburg-Vorpommern, 5. 2001, H. 2 (Dezember), S. 37–42.

Heimatvertriebenen" sind offensichtliche Defizite ihrer gesellschaftlichen Eingliederung erkennbar. Daher wird gefordert:

„1. Gleiches Recht als Staatsbürger, nicht nur vor dem Gesetz, sondern auch in der Wirklichkeit des Alltags.
2. Gerechte und sinnvolle Verteilung der Lasten des letzten Krieges auf das ganze deutsche Volk und eine ehrliche Durchführung dieses Grundsatzes.
3. Sinnvoller Einbau aller Berufsgruppen der Heimatvertriebenen in das Leben des Deutschen Volkes.
4. Tätige Einschaltung der deutschen Heimatvertriebenen in den Wiederaufbau Europas".[11]

Auf die soziale Integration der Flüchtlinge und Vertriebenen wird später noch etwas detaillierter einzugehen sein.

Das gemeinsame Interesse an Musik und ihrer aktiven Ausübung aber war ein überraschend intensiv wirkender Kommunikator im sozialen Feld. Über das Musizieren hinaus bildeten sich natürlicherweise auch soziale Kontakte privater Art, Bekanntschaften, Freundschaften, wie es dem Vereinsleben generell zu eigen ist, so dass das Netz der sozialen Bindungen weiter geknüpft und auch entsprechende Hilfestellungen gewährt werden konnten. Dieser weit über die musikalischen Aktivitäten hinausgehende Sozialfaktor hat erst in der jüngeren Forschung Beachtung gefunden.[12]

---

11 Plato, Alexander v./Leh, Almut: „Ein unglaublicher Frühling". Erfahrene Geschichte im Nachkriegsdeutschland 1945–1948. Bonn 1997, S. 30.
12 In Auswahl: Klusen, Ernst: Das Volkslied im niederrheinischen Dorf. Studien zum Volksliedschatz der Gemeinde Hinsbeck mit besonderer Berücksichtigung der Melodien. Potsdam 1941; ders.: Das Gruppenlied als Gegenstand, in: Jahrbuch für Volksliedforschung, 12.1967, S. 21–41; ders.: Volkslied, wie Anm. 7; ders.: Das Liedgut der in der NS-Zeit verbotenen Jugendorganisationen, in: ad marginem. Mitteilungen des Instituts für Musikalische Volkskunde an der Universität zu Köln, 5.1969, XIII; ders.: Das Volkslied im niederrheinischen Dorf. Studien zum Lebensbereich des Volksliedes der Gemeinde Hinsbeck im Wandel einer Generation. Bad Godesberg 1970; ders., (unter Mitarbeit von V. Karbusicky und Wilhelm Schepping) : Zur Situation des Singens in der Bundesrepublik Deutschland, I: Der Umgang mit dem Lied. Köln 1974; ders. (Hg.): Soziale Implikation – ein Aspekt der Volksmusikforschung. Protokoll der Arbeitstagung der Kommission für Lied-, Musik- und Tanzforschung in der Deutschen Gesellschaft für Volkskunde e.V. 1974 in Neuss. Neuss 1974, S. 25–42; ders.: Das Krefelder Musikleben von seinen Anfängen bis 1870. Nachdruck der Ausgabe von 1938 (Beiträge zur rheinischen Musikgeschichte, H. 124). Köln 1979; ders.: Der Kirchenchor als sozial handelnde Gruppe, in: Musica divinas laudes [...]. Festschrift zum 100jährigen Bestehen der Kirchenmusikschule St. Gregorius-Haus Aachen, Mai 1981, hrsg. von Rudolf Hagelstange. Regensburg 1980, S. 57–69; ders.: Das Lied als Gegenstand sozialen Handelns, in: Anstöße. Berichte aus der Arbeit der Evangelischen Akademie Kurhessen-Waldeck, 31.1984; ders., Singen – Materialien zu einer Theorie. Regensburg 1989 (Perspektiven zur Musikpädagogik und Musikwissenschaft; 11); Heimann, Walter: Musikalische Interaktion. Grundzüge einer ana-

Eine besondere Chance, eine Art zusätzlicher Verstärkungseffekt sozialer Kommunikation und damit Integration, ergab und ergibt sich in der Laienmusikkultur durch ihr Wirken in der Öffentlichkeit, in Auftritten, Konzerten oder auch Ständchen bei besonderen privaten Anlässen (Geburtstagen, Hochzeiten, Jubiläen, Auszeichnungen u. dergl. mehr). Es besteht keinerlei Veranlassung, dieser zuletzt genannten Brauchform mit Geringschätzung zu begegnen. Sie nimmt wichtige Funktionen sozialer Kontaktpflege wahr.

In welcher Weise in der bundesdeutschen Nachkriegsgesellschaft Musik als sozialer Integrationsfaktor nunmehr auch *zielbewusst* eingesetzt wurde und wird, mögen zwei ausgewählte Beispiele aus Brauchformen des Rheinlandes belegen.

In einigen Dörfern des Siebengebirges in der Nähe von Bonn haben einheimische Kriegsheimkehrer einen Heischebrauch zu Pfingsten aus alten Unterlagen und Erzählungen rekonstruiert und reaktiviert. Dies geschah ausschließlich aus sozialen Motiven: Man wollte neben der materiellen Not auch die ideelle Not der Jugendlichen lindern, ihnen wieder eine Aufgabe, einen sozialen Halt geben: „Wir wollten nicht, dass mit diesem Krieg nicht nur das Volk zerstört wird, sondern auch die Bräuche, von denen das Volk lebt".[13] Der nach dem

---

lytischen Theorie des elementar-rationalen Handelns, dargestellt am Beispiel Lied und Singen (Musikalische Volkskunde – Materialien und Analysen. Schriftenreihe des Instituts für Musikalische Volkskunde an der Pädagogischen Hochschule Rheinland, Abteilung Neuss, Band IX, hrsg. von Ernst Klusen). Köln 1982; Musikalische Volkskultur als soziale Chance, wie Anm. 7; Schepping, Wilhelm: Das apokryphe geistliche Lied im 19. Jahrhundert, in: Kultureller Wandel im 19. Jahrhundert. Protokoll der Arbeitstagung der Kommission für Lied-, Musik- und Tanzforschung in der Deutschen Gesellschaft für Volkskunde 1972 in Wetzlar, hrsg. von Rolf Wilhelm Brednich. Freiburg 1972, S. 42–49; ders.: So singt die Jugend heute. Neue empirische Daten und Fakten zum usuellen Singen heutiger Jugendlicher, in: Informationen der Werkgemeinschaft Musik I, 1981, S. 3–21; ders.: Neue Felder populären Singens in der heutigen Großstadt, in: Kongreßbericht Berlin der Deutschen Gesellschaft für Volkskunde, hrsg. von Theodor Kohlmann und Hermann Bausinger. Tübingen 1985, S. 203–222; ders.: „So sie's nicht singen, so glauben sie's nicht". Zur An-thropologie und Psychologie des Singens, in: Glaube – sang- und klanglos? Dokumentation der Pädagogischen Woche 1989, hrsg. von der Hauptabteilung Schule/Hochschule des Erzbischöflichen Generalvikariats. Köln 1990, S. 170–212; ders.: Singen – ein Grundbedürfnis des Menschen?, in: Singen in Bayern. Alte und neue Singformen „überlieferter Lieder". Bericht über das 10. Seminar des Bayerischen Landesvereins für Heimatpflege e.V., hrsg. von F. Schötz, W.A. Mayer und E. Sepp. München 1991, S. 9–22; ders.: Lied- und Musikforschung, in: Brednich, Rolf Wilhelm (Hg.): Grundriß der Volkskunde. Einführung in die Forschungsfelder der europäischen Ethnologie. Berlin 2001 S. 587–616.

13 Noll, Günther: Zur Problematik der Musik in der Brauch-Reaktivierung – Aktuelle Beispiele aus dem Rheinland, in: Musik im Brauch der Gegenwart. Ergebnisse der Tagung der Kommission für Lied-, Musik- und Tanzforschung in der Deutschen Gesellschaft für Volkskunde, hrsg. von Walter Deutsch und Wilhelm Schepping. Wien 1988, S. 21–55, hier S. 51.

30jährigen Krieg eingeführte und später abgesunkene Heischebrauch mit seinen alten Liedern und Texten wurde ebenso rekonstruiert wie die Tänze und Lieder zur Krönung des Pfingstkönigspaares. Ein zweites Ziel war die bessere Integration neu hinzugezogener Bürger, überhaupt die Entwicklung einer Dorfgemeinschaft zwischen Einheimischen und „Fremden". Schließlich wurde als drittes Ziel die Unterstützung sozialer Einrichtungen wie Kindergarten und Altersheim durch die gesammelten Naturalien (Eier, Speck etc.) und Gelder verfolgt. Inzwischen hat sich daraus ein alljährliches großes Volksfest entwickelt, einschließlich eines kostenlosen Pfannkuchen-Essens für alle.[14]

Im katholischen Köln wurde nach dem Krieg der St. Martins-Brauch wieder eingeführt. Bürgervereine und Schulen sehen sich primär dafür verantwortlich. Neben der Pflege des tradierten Liedgutes und dem St. Martins-Heische-Singen der Kinder wurde und wird großer Wert darauf gelegt, dass auch muslimische Familien am Brauch-Geschehen teilnehmen und z.B. ihre Kinder wie alle anderen den „Weckmann" (ein extra groß gebackenes Süßgebäck) erhalten, ein schönes Zeichen religiöser Toleranz und sozialen Empfindens. Mit der Integration der hohen Zahl von ausländischen Bürgern, Minderheiten und Immigranten, d.h. Migranten, ist der Nachkriegsgesellschaft eine zweite große Aufgabe gestellt, die eine Reihe bisher ungelöster Probleme beinhaltet. Über die Chancen der Musikalischen Volkskultur innerhalb dieses Aufgabenfeldes wird ebenfalls noch zu sprechen sein.

5. Integrationsleistungen in der Geschichte

Dass Musizieren in Laiengruppen neben den musikalischen Zielen auch soziale Anliegen verfolgt, ist keine neue Erkenntnis, sondern eine historisch schon seit einigen Jahrhunderten belegte Tatsache. Einige Hinweise seien dazu erlaubt.

Kalandbruderschaften, schon vor der Reformation gegründete religiöse Bruderschaften, verbanden religiöse, soziale und erzieherische Aktivitäten mit ihren musikalischen Absichten. Sie waren bestimmt von hoher Anteilnahme am Geschehen des Mitbruders, wie Hochzeit, Kindheit, Tod, wobei die Bestattung in Pestzeiten höchste eigene Gefährdungen mit sich brachte. Stipendien wurden zur Ausbildung von armen Knaben als Sängernachwuchs für die Mitwirkung im Gottesdienst gestiftet. Kantoreigesellschaften, seit dem 16. Jahrhundert entstehend, ließen auch Bürgerkinder als Mitwirkende zu. Bis dahin war dies im „Chorus symphonicus" der Lateinschule nur den Kindern höherer Sozialschichten vorbehalten. Später entwickelten sich daraus die bürgerlichen Schulchöre. Diese Bruderschaften und Gesellschaften erbrachten neben ihren musikalischen Aktivitäten erhebliche Sozialleistungen, z.B. auch durch Witwen-

---

14 Ebd., S. 21–55.

und Hinterbliebenengelder, was von zentraler Bedeutung in einer Zeit ohne soziale Sicherungsnetze war. Von ihnen gingen zugleich zahlreiche Impulse für die bürgerliche Hausmusikpflege aus, ein nicht zu unterschätzender Sozialfaktor in einer streng hierarchisch geschichteten Gesellschaft.

Ähnlich starke sozialintegrative Funktionen übten die Adjuvantenvereine (Schulgehilfen) aus, die neben der Gottesdienstgestaltung auch individuelle persönliche Musikdienste, z.B. bei Hochzeit, Kindtaufe und Begräbnis, leisteten. Die Gründung bürgerlicher Musikgesellschaften – Liebhaberorchester, Musikalische Academien – die teilweise heute noch bestehen und aus denen sich später die ersten Berufsorchester herausbildeten (Leipziger Gewandhausgesellschaft 1781), in ihrer Gesamtheit die organisierten Formen des Laienmusizierens, schufen entscheidende Impulse zur Entwicklung einer bürgerlichen Musikkultur. Mit der Herausbildung des Männerchorwesens (Carl Zelter, Hans Georg Nägeli) zu Beginn des 19. Jahrhunderts begannen Bemühungen um eine musikalische Volksbildung, was schließlich zu einer ersten Massenbewegung des organisierten Laienmusizierens führte. Chorvereinigungen schlossen sich zu großen überregionalen Verbänden zusammen, die bis heute bestehen (Deutscher Sängerbund) und große Sänger- und Musikfeste veranstalteten. Zuletzt bildeten sich die Arbeitergesangvereine heraus, die sich später im „Deutschen Arbeiter-Sängerbund" zusammenschlossen (heute „Deutscher Allgemeiner Sängerbund"). Aufschlussreich sind ihre Ziele definiert, z.B. bei der 1926 gegründeten Arbeitersänger-Internationale: gegen „Völkerhass", für „Frieden" und „Menschenliebe", schon damals.

Der Laienmusikkultur muss das historische Verdienst zugestanden werden, entscheidend zur Demokratisierung der Kunst beigetragen zu haben, was als eine soziale Integrationsleistung allerersten Ranges zu werten ist. Erinnert sei z.B. an die großen Volkschorkonzerte der Arbeitergesangvereine nach dem 1. Weltkrieg, bei denen größeren Bevölkerungsgruppen Zugänge zu einer Musik geschaffen wurden, die ihnen wohl sonst verschlossen geblieben wäre.[15]

6. Statistik des Laienmusizierens

Welche gewaltige Aufbauleistung in den Bereichen der Musikalischen Volkskultur im Nachkriegsdeutschland vollbracht wurde, zeigt allein ein Blick auf die Statistik. Einige Zahlen seien herausgegriffen: Der Allgemeine Cäcilienverband (ACV), der Fachverband der katholischen Kirchenchöre, zählte 1997 11.150 Chöre mit 318.800 aktiven Mitgliedern; der Verband evangelischer Kirchenchöre Deutschlands (VeK) 1993: 11.954 Chöre mit 222.768 Mitgliedern; der

---

15 Vgl. Noll, Günther: Zur historischen Begründung des organisierten Laienmusizierens, in: Jahrbuch für musikalische Volks- und Völkerkunde, Bd. 16, 1997 S. 121–136.

Deutsche Allgemeine Sängerbund (DAS) 1993: 1480 Chöre mit 71.500 aktiven und 190.000 fördernden Mitgliedern; der Deutsche Sängerbund (DSB) 1991: 16.697 Vereine mit 685.470 Mitgliedern, mit fördernden Mitgliedern 1.804.801 [„die größte Laienchororganisation Europas, ja sogar der Erde"][16]; der Verband Deutscher Konzertchöre (VDKC) 1993: 189 Chöre mit ca. 18.000 Mitgliedern. Die Gesamtzahl der aktiven Laienmusiker im Chorwesen stieg von 31.679 Chören (1965) auf 41.456 (1993), die der Mitglieder im angegebenen Zeitraum von 1.062.934 auf 1.411.023, wobei Ost und West addiert sind. Im Ost-West-Vergleich von 1993 standen 37.189 Chöre in West 4.267 in Ost gegenüber; 1.288.645 Mitglieder (West) 122.378 Mitgliedern (Ost), wobei die Verhältnisse der Bevölkerungszahlen zu berücksichtigen wären, Nordrhein-Westfalen z.B. hatte etwa die gleiche Einwohnerzahl wie die DDR.[17] Der Aufwärtstrend bei den Mitgliederzahlen hält an. Ende der 1990er Jahre wurden im Laienchorwesen insgesamt 60.000 Chöre mit 3,2 Millionen Mitgliedern gezählt, davon 1,8 Millionen aktive Sängerinnen und Sänger.[18] Nach den Statistiken des Deutschen Musikrates gab es allerdings an den allgemeinbildenden Schulen von 1986 bis 1995 einen Rückgang von 1.300.000 musikalisch in Gruppen aktiven Kindern und Jugendlichen auf 864.000. Über die Ursachen kann keine Aussage gemacht werden, entsprechende Untersuchungen fehlen bisher.[19]

7. Traditionspflege

Ein zentrales Movens in der Laienmusikkultur bildet die *Traditionspflege*, wie sie oben schon bei den Beispielen zur Brauch-Reaktivierung angesprochen wurde. Gewachsen aus der Bindung an einen Ort, eine Region oder ein Land sowie ihrer Überlieferung verbindet sich Tradition oftmals auch mit dem „Heimat"-Begriff. Es bedarf keines weiteren Hinweises, dass sich hier individuelle Ausprägungen in spezifisch gestalteten Inhalten und Formen bei Liedern, Tänzen und Instrumentalstücken – innerhalb oder außerhalb von Bräuchen – mani-

---

16 Bach, Hans Elmar: Chorgesang im Wandel. Der Deutsche Sängerbund nach 1945, hrsg. vom Deutschen Sängerbund e.V. Köln, o.J. (1986), S. 19.

17 Vgl. Pasdzierny, Rolf: Die Arbeitsgemeinschaft Deutscher Chorverbände – Ein Bericht über ihre Ziele und Aufgaben, in: Musikalische Volkskultur als soziale Chance, wie Anm. 7, S. 439–448.

18 Vgl. Allen, Heribert: Chorwesen in Deutschland: Statistik – Entwicklung – Bedeutung. Viersen 1995; ders.: Vokales Laienmusizieren, in: Deutscher Musikrat. Musik-Almanach 1999/2000. Daten und Fakten zum Musikleben in Deutschland. Für den Deutschen Musikrat hrsg. von Andreas Eckhardt, Richard Jakoby, Eckart Rohlfs. Kassel 1999, S. 22–34, hier S. 23–24.

19 Vgl. Bomba, Andreas: Zur Situation des Laienmusizierens in der Bundesrepublik Deutschland, in: Musikforum, Referate und Informationen des Deutschen Musikrates, 25.1989, H. 71 (November), S. 4–8; Musik-Almanach 1996/97, ebd, Kassel 1997.

festieren, bezogen auf das jeweils Typische der Traditionen eines Ortes, einer Region, einer Landschaft oder auf einen bestimmten Anlass (z.B. die Rekonstruktion der Landshuter Hochzeit).

Ein typisches Beispiel ist hierbei das Dialektlied, das schon von der Sprache her seine regionale Bindung zum Ausdruck bringt. Untersuchungen zum Dialektlied im Rheinland in der Umgebung von Köln, Neuss und Bonn Ende der achtziger Jahre ergaben, dass trotz des starken Rückgangs der Dialektsprache im alltäglichen Gebrauch, als Folge des Vorurteils: „Dialektsprechen heißt sozial deklassiert sein", das Dialektlied sich weiter Verbreitung erfreut, was auch für andere Regionen des Rheinlandes, einschließlich seiner Großstädte, gilt. Besonders bei Kirmessen, Schützenfesten, Karnevalsveranstaltungen, Heimatabenden, Straßen- und Stadtteilfesten und privaten Feiern wird das Dialektlied bis heute sehr stark gepflegt, gewissermaßen als Identifikations- und damit als Integrationsträger. Die hohe Zahl der Heimatlieder, Brauchlieder, Kirmeslieder, Schützenlieder und Kinderlieder bestimmt schon vom Gattungstypus her die Traditionsgebundenheit und den direkten Bezug: zum Heimatort oder zur Heimatregion („Enn däm Land an Erf un Rhing" = „In dem Land an Erft und Rhein"); zu regionalen Besonderheiten („Die Fähr vun Zons" = „Die Fähre von Zons", einer Stadt am Rhein im Norden Kölns); zu Bräuchen, wie dem Schützenfest („Dat Schötzefäß" = „Das Schützenfest"), der Kirmes („Wenn't Kirmes is" = „Wenn Kirmes ist"), zur Kinderheische („Zink Määtes" = „Sankt Martin"), dem Karneval („Holzhemmer Junge" = „Holzheimer Jungen", linksrheinischer Ort) und zu anderem mehr.[20]

Wie stark sich das Brauchlied als Integrationsträger manifestiert, zeigt sich beim Karnevalslied in Köln. Hier hat sich ein komplexes Repertoire aus sehr alten Volksliedtraditionen, Dialektüberlieferungen, älteren Karnevalsschlagern, jährlich neu produzierten Karnevalsliedern und -schlagern herausgebildet, das als internalisiertes Brauchlied, als „Kölner Lied", das ganze Jahr über bei privaten Festen, Straßenveranstaltungen fest eingebunden ist, obwohl es von seiner Herkunft, Stilistik und Vermittlung (oral, aural, medial, durch Printmedien, zurechtgesungen) außerordentlich heterogen strukturiert ist. Die übergreifende soziale Klammer besteht in seiner Funktion als Geselligkeitslied für sämtliche Bevölkerungsschichten und Altersgruppen. Dies ist insofern ein Phänomen, wenn man nur die extrem voneinander entfernten Liedrepertoires von Jugendlichen und Senioren vergleicht. Texte und Melodien werden auswendig beherrscht und von allen gemeinsam gesungen. Dass man dieses Singen

---

20 Vgl. Wolters, Therese: Tradiertes und neues Dialektliedgut im Kreis Neuss – vorgestellt an ausgewählten Beispielen. Materialien aus einem Forschungsprojekt im Bereich der Musikalischen Volkskunde, Köln 1989 (unveröffentlichte Examensarbeit); Noll: Dialektliedpflege im Rheinland – Aktuelle Beispiele, in: Musikalische Volkskultur im Rheinland. Aktuelle Forschungsbeiträge. Bericht über die Jahrestagung 1991, hrsg. von Günther Noll. Kassel 1993 (Beiträge zur rheinischen Musikgeschichte; 149), S. 9–149.

zugleich auch als Ausdruck eines Zugehörigkeitsgefühls zur Heimatstadt ansieht
– die meisten Texte beziehen sich auf Köln und seinen Brauch unmittelbar –,
ist immer wieder zu beobachten.

Welche Stärke die Verwurzelung in musikalischen Traditionen besitzt, zeigt
sich darin, dass sie auch politische Systeme überdauern können. In Thüringen
z.B. ist nach der Wende zu beobachten, dass bei den Chören und Instrumentalensembles alte, vor der NS-Zeit und DDR-Zeit bestehende Repertoires wieder
aufgenommen und gepflegt werden. Selbst in den 1970er Jahren, als in den
Laienmusikensembles der DDR das sozialistische Repertoire außerordentlich
stark dominierte, besaß das tradierte Volkslied noch einen gewissen Schon-
raum, der häufig auch als politischer Freiraum genutzt wurde (s.o.). Unter den
1976 auf einer LP aufgenommenen Titeln verschiedener Ensembles aus dem
Kreis Staßfurt, die teilweise mit dem Titel „Ausgezeichnetes Volkskunstkollektiv der DDR" bzw. „Hervorragendes Volkskunstkollektiv" ausgezeichnet worden waren, befinden sich immerhin noch vier Volksliedbearbeitungen.[21] Dass
davon zwei aus Ostblockländern stammen, ist zwar typisch, aber für den Sachverhalt unerheblich. Zwar konnte in den achtziger Jahren eine zunehmende
Selbständigkeit der Chöre bei der Repertoireauswahl beobachtet werden, aber
die endgültige Entpolitisierung, wie sie die gegenwärtige Situation in den östlichen Bundesländern prägt, setzte erst nach der Wende ein. Die starke Tradi-
tionsbindung dokumentierte sich auch in dem seinerzeit nicht ungewöhnlichen
Verhalten der Chormitglieder: Sie wirkten z.B. in der einen Gruppe bei einer
Parteiveranstaltung und in einer anderen Gruppe in der Kirchenmusik mit (Mitteilung an den Verf. von Peter Fauser Dez. 2001). Man lebte in zwei Bewusst-
seinsebenen, um zu überleben, was DDR-typisch war.

Heimatliche Traditionspflege spielt eine große Rolle bei Migranten, d.h.
Zuwanderern, Flüchtlingen, Vertriebenen, Aussiedlern, überhaupt bei Minderheiten. Zahllose Beispiele belegen die hohe Integrationskraft musikkultureller Aktivitäten bei diesen Bevölkerungsgruppen. In Köln gründete sich schon
1925 der „Bayern- und Schuhplattlverein D'Wendlstoana Köln", hervorgegangen aus zugewanderten arbeitsuchenden Kolpinggesellen. In mehreren Gruppen ist er um die „Pflege bayerischer Sitten und Gebräuche, der bayerischen
Volkstracht, Schuhplattler und Tänze, sowie der alpenländischen Volksmusik" bemüht.[22] Er ist dem 1929 gegründeten „Verband Deutscher Heimat- und
Volkstrachtenvereine" angeschlossen, dessen gut 300 Mitgliedergruppen (!)
über das gesamte Gebiet der alten Bundesländer verteilt sind. Das Integrationsfeld ist hier zunächst nach innen, auf die eigenen Gruppenmitglieder, auf ana-
loge Gruppen gerichtet. Die Suche nach und Bildung einer eigenen kulturellen
Identität bedeutet zugleich eine Abgrenzung gegenüber den kulturellen Traditi-

---

21 Volkskunstschaffende des Kreises Staßfurt singen und musizieren, o. J. (1976), LP ETER-
    NA 815091.
22 Pressemitteilung in: Reimers, wie Anm. 1, S. 273.

onen der neuen Heimat Es werden bei den Mitgliedern strenge Kriterien einer „bayerischen Abstammung" zugrunde gelegt, wenngleich inzwischen liberaler gehandhabt, da sich der Verein bereits in der dritten Generation befindet. Andererseits öffnet er sich zugleich durch zahlreiche Auftritte vor einem breiteren Publikum. Dass hierbei gelegentlich auch neben der identitätsstiftenden Funktion Bräuche kommerzialisiert und „zu konsumierbarer Ware werden können" – bei Auftritten zu Werbezwecken etwa – führt in ein anderes Problemfeld.[23]

8. Integration von Vertriebenen am Beispiel der Sudetendeutschen in Bayern

Angesichts der gesellschaftspolitisch und historisch bedeutsamen Leistung der Laienmusikkultur bei der vorhin bereits angesprochenen Integration von Millionen Flüchtlingen und Vertriebenen in die deutsche Nachkriegsgesellschaft, seien am Beispiel der Sudetendeutschen in Bayern noch einige ergänzende Hinweise erlaubt. Dieses Bundesland hatte eine außerordentlich hohe Zahl von Vertriebenen aufzunehmen. 1953 umfasste seine Gesamtbevölkerung 9.175 388 Bürger, davon waren 1.890 449 Heimatvertriebene, das waren 20,6%.[24] Dies gründet in der geographischen Nähe zum Vertreibungsgebiet, aber auch in den historischen Bezügen zu einer gemeinsamen Kulturlandschaft seit dem 17. Jahrhundert, die weit in die südostdeutschen Siedlungsgebiete hineinreichte.[25] Die Gemeinsamkeit dieser kulturellen Traditionen spiegelt sich insbesondere in der Musik wider. Wie in den bayerischen Regionen spielte auch in den angrenzenden oder weiter entfernten deutschsprachigen Siedlungsgebieten (z.B. in Böhmen, Ungarn, Rumänien, Russland) die Pflege der eigenen traditionellen Musik eine bedeutsame Rolle. Schon sehr früh begann ein reger musikalischer Austausch. Er lässt sich bis auf die Minnesänger und Meistersinger des 12. bis 14. Jahrhunderts zurückverfolgen. Später waren es z.B. die böhmischen Wandermusikanten (seit dem 15./16. Jahrhundert), die Bergkapellen, Bergsänger aus dem Erzgebirge, Harfenmädchen u.a. Jahrhunderte hindurch war besonders Böhmen ein europäisches Exportland für Musik. Charles Burney, ein englischer Bildungsreisender, sprach vom „Konservatorium Europas" und Smetana

---

23 Vgl. ebd., S. 273–280.

24 Kotzian, Ortfried: Die kulturellen Traditionen der Vertriebenen und ihre Aufnahme in Bayern, in: Die Volksmusik der deutschen Vertriebenen und Aussiedler und ihr Einfluss auf Bayern, hrsg. und verlegt vom Bayerischen Landesverein für Heimatpflege e.V. (Volksmusik-Forschung und -Pflege in Bayern, Elftes Seminar). München 1993, S. 18.

25 Habenicht, Gottfried: Quellen zur musikalischen Volksüberlieferung der Vertriebenen in Bayern am Johannes-Künzig-Institut für ostdeutsche Volkskunde, in: Die Volksmusik der deutschen Vertriebenen und Aussiedler, 1993, ebd., S. 25.

behauptete: „Das Leben der Tschechen ist Musik". Bedeutende Komponisten, wie Johann Stamitz (1717–1757), stammten aus Böhmen.[26]

Nach dem Rückgang der Erzförderung in den böhmischen Bergregionen hatte sich im 19. Jahrhundert der Musikinstrumentenbau als neue Existenzgrundlage in zahlreichen Orten Westböhmens entwickelt. Man sprach von dem „Musikantenviertel" des Habsburger Kaiserreichs. Mit der Vertreibung nach 1945 kamen zahlreiche böhmische Musikanten und Instrumentenbauer nach Bayern und setzten dort mit neu gegründeten Gruppen (Chören, Sing- und Spielscharen, Blaskapellen usw.) sowie Instrumentenbauwerkstätten ihre alten Traditionen fort. Dass nach dem Fall des Eisernen Vorhangs 1989 die Musikanten und Musikgruppen die ersten waren, die über die nun freien Grenzen hinweg Kontakte knüpften, was inzwischen zu einem regen interkulturellen Austausch geführt hat, ist nur ein Beweis mehr für die Integrationskraft musikkultureller Traditionen über die Zeiten und politischen Systeme hinweg.[27]

Daher überrascht nicht, dass während und auch nach der Vertreibung die Musik eine zentrale Rolle spielte. In einem Bericht heißt es:

> „„Kommt, wir singen bißl', sagte die Mutter dann oft, wenn wir im dreckigen, elenden Flüchtlingslager herumsaßen und vor Heimweh ganz krank waren. Wenn wir uns dann auf unseren Stockbetten zusammenhockten und unsere Erzgebirgslieder sangen, dann flüchteten wir damit aus dem Elend, wir schirmten uns gegen Heimweh und Hunger ab. Und in solchen kleinen ‚klingenden Ecken' kamen dann mehr und mehr Leute zusammen, die mitgesungen haben: zuerst die, die vertraute Mundarten sprachen und die Lieder kannten und dann auch andere – Schlesier, Ostpreußen, viele, die andere Lieder sangen. Das Singen und die Lieder aus der Heimat übernahmen eine neue Funktion: sie boten Trost und Beruhigung und auch eine gewisse Geborgenheit."[28]

Gab es beispielsweise zunächst das Bedürfnis, im Singen „Heimat" wiederzufinden, entdeckte man sehr bald im auch in der neuen Heimat gesungenen Volkslied eine gemeinsame Singtradition, so dass sich Integration hier schnell vollziehen konnte. In neu herausgegebenen Liederbüchern findet sich daher das traditionelle Volkslied neben dem mitgebrachten Heimatlied und dem bayerischen Regionallied. Alte und neue Heimat verschmelzen im gemeinsamen Repertoire. Gleichzeitig bemühen sich die neu gegründeten Ensembles um die Pflege der musikalischen Heimattraditionen, so der „Iglauer Singkreis", die

---

26 Hartinger, Walter: Böhmische Wandermusikanten in Bayern, in: Sänger- und Musikanten-Zeitung, 44. 2001, H. 2, März/April, S. 83–89.

27 Ebd., S. 89.

28 Richter, Walli: „... ein Stück Heimat ersungen". Beobachtungen und Erfahrungen zur Volksmusikpflege in Vertriebenengruppen – Zeitabschnitte, Tendenzen, Kräfte, in: Die Volksmusik, wie Anm. 24, S. 75–77, hier S. 75.

„Südmährische Sing- und Spielschar", die „Schönhengster Spielschar", die „Spielschar sudetendeutscher Erzieher", um nur einige zu nennen.

Nach fünfzig Jahren, nunmehr in der dritten Generation, nach gelungener gesellschaftlicher, wirtschaftlicher und kultureller Integration in „freundschaftlicher Verbindung zur ansässigen Bevölkerung" steht jedoch die Bemühung um die „Rettung" von „Kultur und Volkstum der Vertreibungsgebiete" (in § 96 des Vertriebenengesetzes verankert) nicht im Widerspruch zum Integrationsprozess, sondern gründet in der allgemeinen Sorge um kulturelle Traditions- und Identifikationsverluste überhaupt. Dazu gehören neue CD-Produktionen sudetendeutscher Kulturgruppen, die sudetendeutsche Volkstänze, weihnachtliche Volkslieder aus mittel- und osteuropäischen Sprachgebieten, Egerländer Dudelsackmusik, Mundarterzählungen, sudetendeutsche Lieder etc. beinhalten.[29] Es besteht eine große Nachfrage.

Der Integrationsprozess im Bereich der Musik vollzog sich in vielfältiger Weise und in wechselseitiger Befruchtung. Nur einige typische Beispiele seien ausgewählt: In die neu gegründeten Kapellen von Heimatvertriebenen traten auch bayerische Musikanten ein. Man lernte das jeweils andere Repertoire kennen und schätzen. Böhmische und bairisch-alpenländische Volksmusiktraditionen wurden in einem Assimilierungsprozess zu einem gemeinsamen Repertoire zusammengeführt.[30] Auch wurden typische Instrumentalbesetzungen übernommen. Im Bereich der volkstümlichen und populären, wenn auch stilistisch sehr umstrittenen Musik übten die „Original Egerländer" unter Ernst Mosch und die „Original Oberkrainer" unter Slavko Avsenik einen weit reichenden Einfluss aus.[31] Wolfgang Suppan fasst die Bedeutung und Auswirkungen der Integration von Heimatvertriebenen im Bereich der Blasmusik – grundsätzlich auch über die Grenzen Bayerns hinausgehend – wie folgt zusammen:

„1. Musizieren in Blaskapellen hat sich bei der Eingliederung der Heimatvertriebenen und Umsiedler nach dem Ende des Zweiten Weltkrieges auf dem Gebiet der Bundesrepublik Deutschland als Sozialisationshilfe vorzüglich bewährt.

---

29 Vgl. Kulturbrief der Sudetendeutschen Landsmannschaft (SL): Musik – Gesang – Mundart, Tonträger sudetendeutscher Kulturgruppen, in: Mitteilungsblatt der sudetendeutschen Landsmannschaft, Folge 4, 2001.

30 Vgl. Sepp, Erich: Hermine, Polka schnell, in: Sänger- und Musikanten-Zeitung, 44. 2001, H. 2, (März/April), S. 96–101.

31 Vgl. Schötz, Franz: Nachrichten zum Einfluß der „Volkstümlichen Musik" der Oberkrainer auf das traditionelle Musizieren in Ostbayern, in: Traditions- und Vermittlungsformen Musikalischer Volkskultur in der Gegenwart. Tagungsbericht Seeon 1996 der Kommission für Lied-, Musik- und Tanzforschung in der Deutschen Gesellschaft für Volkskunde e.V., hrsg. von Günther Noll. München 1998, S. 136–154.

2. Die aus dem Osten und Südosten zurückgekehrten Neubürger haben das Blasmusikwesen in der Bundesrepublik Deutschland organisatorisch wesentlich mitgestaltet.

3. Komponisten und Musikverleger aus dem Kreis der Heimatvertriebenen und Umsiedler, musikalisch vorbildliche Ensembles: Egerländer, Böhmerwälder, Donauschwaben, haben altösterreichische blasmusikalische Musiziertraditionen im Nachkriegsdeutschland wieder bewusst gemacht und damit neu aufkommende Spielpraktiken, Besetzungsformen und Literatur entscheidend beeinflusst".[32]

Uwe Rachuth nennt in diesem Zusammenhang zwei Grundvoraussetzungen für eine erfolgreiche Integration: „1. Das Bekenntnis zur eigenen Identität trotz der notwendigen Assimilation und 2. Toleranz gegenüber vermeintlich Fremden".[33]

Das geistliche Lied der Südostdeutschen, in der großen, sechsbändigen Sammlung Konrad Scheierlings überliefert, ist inzwischen nicht nur voll in das einheimische bayerische Kirchenlied integriert, sondern wird in zahlreichen Liederbüchern, Arbeitsheften, auf Singwochen und -freizeiten weit über das Bundesgebiet verbreitet.[34] Dieses Liedgut hat vor allem seiner gefälligen Melodik und leichten Singbarkeit wegen Eingang in die Liturgie gefunden, teilweise als Kontrafakturen, d.h. die Texte dem heutigen Sprach- und Glaubensempfinden angepasst.[35]

Auf Tanz- und Unterhaltungsveranstaltungen fanden vielfach die ersten näheren Kontakte zwischen Einheimischen und Vertriebenen statt. Hier lernte man auch die verschiedenen, jeweils „anderen" Traditionen und Repertoires bei den Volkstänzen, Trachtenvereinstänzen, älteren und modernen Gesellschaftstänzen kennen. In zahlreichen Presseberichten wird sehr positiv über die „Aufnahme der Vertriebenen in die musikalische Dorfgemeinschaft" berichtet. In den Vokal- und Instrumentalensembles vollzog sich in ähnlicher Weise eine Annäherung von Vertriebenen und Einheimischen. Gemeinsame Faschingsbälle

---

32 Suppan, Wolfgang: Der Anteil ostdeutscher Musik am Neuaufbau des Blasmusikwesens in der Bundesrepublik Deutschland, in: Jahrbuch der ostdeutschen Volkskunde, 20.1970, S. 244–262, hier S. 260.

33 Rachuth, Uwe: Der Einfluß heimatvertriebener Musikanten aus dem Raum Neudek/Egerland auf das Blasmusikwesen um Augsburg, dargestellt am Beispiel Franz Pecher, in: Die Volksmusik, wie Anm. 24, S. 141–155, hier S. 151.

34 Vgl. Scheierling, Konrad: Die Liedtradition der Südostdeutschen und ihr Fortwirken in Österreich und Deutschland, in: Die Volksmusik, wie Anm. 24, S. 53–54.

35 Vgl. Schusser, Ernst/ Bruckner, Eva: Neugebrauch musikalischer Volksüberlieferungen der Deutschen Ost- und Südosteuropas in Kirchen Oberbayerns, in: Die Volksmusik, wie Anm. 24, S. 135–140.

wurden mit dem ausdrücklichen Ziel veranstaltet, „Neubürger" und „Altbürger" zusammenzuführen.[36]

Wie auch in anderen Bereichen der Musikalischen Volkskultur haben sich gegenwärtig – wie bereits erwähnt – Musikgruppen der Vertriebenen interkulturellen Aufgaben, einer neuen Dimension sozialer Annäherung, geöffnet, so nach 1989 durch Kontakte zu ausländischen Gruppen, auch deutschsprachigen Minderheiten, z.B. in Tschechien und Ungarn. Die „Südmährische Sing- und Spielschar", 1952 in Stuttgart gegründet, hatte allerdings schon vor der politischen Wende systematisch Auslandskontakte in Form von Besuch und Gegenbesuch mit Finnland, Norwegen, Österreich, Südtirol, England, Frankreich und Brasilien gepflegt. Nach der politischen Öffnung Ost- und Südosteuropas sehen sich die Vertriebenen nunmehr auch einer Mittlerrolle in ihrer neuen Heimat verpflichtet: „...in der hiesigen Bevölkerung das Verständnis für unsere osteuropäischen Nachbarn zu wecken und zu fördern".[37]

9. Integration von Migranten und interkulturelle Aktivitäten

Interkulturelle Ziele und Aufgaben stellen sich aber nicht nur im Zusammenhang mit Kontakten zu Gruppen im Ausland, sondern in zumindest gleichbedeutendem Maße bei der Integration von Millionen in der Bundesrepublik lebenden Bürgern ausländischer Herkunft. Analoges gilt auch für den ständigen Strom von Spätaussiedlern. Hierbei handelt es sich um eine der großen gesellschaftlichen Herausforderungen unserer Zeit, deren Brisanz die gegenwärtige, kontroverse Diskussion um ein neues Zuwanderungsgesetz hinreichend demonstriert. Gerade in der Musik sind die Chancen einer Verständigung mit fremden Kulturen am ehesten möglich. Die „Sprache" der Musik wird über alle nationalsprachlichen Barrieren hinweg von allen am ehesten verstanden. Sie erleichtert die Bewusstwerdung der Bedeutung musikkultureller Manifestationen anderer Völker, schafft Achtung vor ihnen, reizt zur Übernahme fremder Musikstrukturen und kann auch eigene und fremde Traditionen miteinander verschmelzen.

In den Bereichen der Musikalischen Volkskultur haben sich daher eine Reihe von Initiativen entwickelt, um mit ihren Mitteln und Möglichkeiten zur Überwindung von Ausländerfeindlichkeit und Fremdenhass, zur Integration von

---

36 Vgl. Seifert, Manfred: Erste Kontakte zwischen Einheimischen und Vertriebenen auf Tanz- und Unterhaltungsveranstaltungen. Eine Untersuchung der Jahre 1945 bis 1950 im Raum Rosenheim, in: Die Volksmusik, wie Anm. 24, S. 89–95.

37 Sepp, Ingrid: Die Volkstumsarbeit der Heimatvertriebenen und ihr Einfluß auf Bayern. Dargestellt am Wirken einzelner Persönlichkeiten, in: Die Volksmusik, wie Anm. 24, S. 55–66, hier S. 61.

Migranten in unsere Gesellschaft beizutragen. Sie sind meistens von einzelnen engagierten Gruppen oder Persönlichkeiten initiiert. Leider mangelt es häufig an öffentlicher Unterstützung durch politische Gremien. Die verantwortlichen Kulturpolitiker haben offensichtlich bisher nicht begriffen, welche gesellschaftspolitischen Chancen in diesem musikalischen Potenzial vorhanden sind. Vor einigen Jahren wurde z.B. das von dem renommierten Ethnomusikologen Max Peter Baumann geleitete Internationale Institut für vergleichende Musikstudien und Dokumentation e.V. Berlin geschlossen. Eine wichtige zentrale interkulturelle Forschungsinstitution ging damit verloren. Mit seinen Projekten, Dokumentationen und Publikationen, so mit der Reihe „Klangbilder der Welt – Musik International Berlin 1990",[38] leistete es wichtige Aufklärungsarbeit zum Verständnis fremder Musikkulturen.

Dies ist außerordentlich zu beklagen, denn Berlin bildet mit seinem hohen Migrantenanteil einen besonderen Brennpunkt. Umso mehr verdienen Bemühungen Beachtung und Förderung, die sich um Lösungen des durchaus konflikt- und spannungsreichen Aufeinandertreffens von Migranten und Einheimischen in der deutschen Hauptstadt bemühen, insbesondere nach dem Fall der Mauer, was in tiefer liegenden politischen Problemen wurzelt.[39] Dort setzte sich z.B. das von einer Bürgerinitiative gegründete internationale Jugend- und Kulturzentrum „Schlesische 27" für intensive interkulturelle Kontakte ein, um das „Verständnis zwischen Jugendlichen der unterschiedlichen lokalen Bevölkerungsgruppen zu fördern". Man wollte damit „,Brücken bauen' und einen ,neutralen' Boden schaffen, auf dem sich deutsche und nichtdeutsche Mitbürger begegnen könnten".[40]

Es besteht allerdings ein hohes Informationsdefizit. Die große Zahl von musikalisch aktiven Migrantengruppen, die ihre heimatlichen Traditionen in ähnlicher Weise pflegen, wie es die Heimatvertriebenen getan haben und tun,

---

38 Brandes, Edda/Dunkel, Maria/Lee, Schu-Chi/Brandeis, Hans: Berliner Klangbilder traditioneller Musik, in: Musikalische Volkskultur in der Stadt der Gegenwart. Tagungsbericht Köln 1988 der Kommission für Lied-, Musik- und Tanzforschung in der Deutschen Gesellschaft für Volkskunde e.V., hrsg. von Günther Noll und Wilhelm Schepping. Hannover 1990 (Musikalische Volkskunde – Materialien und Analysen. Schriftenreihe des Instituts für Musikalische Volkskunde der Universität zu Köln; 10), S. 22–37; Klangbilder der Welt. Musik International in Berlin, hrsg. vom Internationalen Institut für vergleichende Musikstudien und Dokumentation e.V. Berlin, Kommentarhefte und Musikkassetten: I: Vorderer Orient und vorderorientalische Einflüsse in Europa; II: Asien; III: Europa; IV: Afrika und Lateinamerika. Berlin 1990.

39 Vgl. Berlin, Gabriele: Akkulturation und Identität: Veränderungen im musikalischen Verhalten von Berliner Immigranten-Populationen nach dem Fall der Mauer, in: Musik kennt *keine* Grenzen. Musikalische Volkskultur im Spannungsfeld von Fremdem und Eigenem. Tagungsbericht Wien 1998 der Kommission für Lied-, Musik- und Tanzforschung in der Deutschen Gesellschaft für Volkskunde e.V., hrsg. von Gisela Probst-Effah. Essen 2001, S. 179–187.

40 Ebd., S. 180.

sind der deutschen Bevölkerung im allgemeinen wenig bekannt. Sie bleiben weitgehend unter sich, wobei möglicherweise auch gewisse Abgrenzungstendenzen eine Rolle spielen. Wie Untersuchungen in Berlin und Köln zeigen, handelt es sich nicht nur um eine quantitativ hohe Zahl von Gruppen, sondern um eine Vielfalt volksmusikalischer Traditionen auf sehr hohem Niveau.[41] Dass dessen ungeachtet Integrationsbemühungen um musikalische Migrantenkulturen in Deutschland sehr erfolgreich sein können, ist an zahlreichen Beispielen zu belegen, aus denen einige typische, streiflichtartig beleuchtet, herausgegriffen seien.

Die von Josef (Sepp) Gregor (1903–1987) 1949 in Essen gegründete „Klingende Brücke" verfolgt in ihrer nunmehr über fünfzigjährigen Geschichte in zahlreichen Singkreisen in Deutschland, Frankreich, Belgien, Österreich und den Niederlanden sowie auf deren Reisen in viele andere europäische Länder und Regionen expressis verbis interkulturelle Ziele. Zu einem sehr frühen Zeitpunkt den Gedanken einer europäischen Integration schon vorwegnehmend, waren Gregor und seine Gruppen um Völkerverständigung und Überwindung nationaler Grenzen bemüht. Sie singen das Liedgut daher nur in den Ursprachen. Gegenwärtig ist die „Klingende Brücke" mit 23 Liedstudios in Deutschland, Belgien und Frankreich äußerst aktiv.[42]

Das von Karl Adamek 1988 im Rahmen der Kultur Kooperative Ruhr gegründete Projekt „Windrose – aus allen Himmelsrichtungen" setzte sich den Abbau von Vorurteilen bei Bürgern unterschiedlicher Kulturen zum zentralen Ziel. Im Rahmen der Bundesinitiative „Forum buntes Deutschland. Aktion Courage: Nachbarn schützen Nachbarn" wurden beachtenswerte zehn Punkte „zur Funktion von Liedern und des Singens in Nachbarschaftsinitiativen gegen Fremdenangst und Fremdenfeindlichkeit" formuliert.[43] In verschiedenen Städten des Ruhrgebiets wurden neun Windrose-Gruppen gegründet, die in zahlreichen Veranstaltungen und Konzerten engagiert ihr Anliegen vertreten. Im Rahmen der Initiative wurde auch die türkisch-deutsche semiprofessionelle zweisprachige Musikgruppe „RÜZGARGÜLÜ – Windrose" gegründet, die neben ihren Konzerten auch mit einem zweisprachigen Liederbuch und einer Schallplatte an die Öffentlichkeit trat. Weiterhin entstanden im Windrose-Projekt ein kurdisches Liederbuch, ein interkulturelles Liederbuch sowie ein multikulturelles

---

41 Baumann, 1985; Brandes/Dunkel/Lee/Brandeis, 1990, wie Anm. 38, S. 22–37; Hegewald, Raimund: Ausländische Musik- und Tanzkultur im Kölner Raum, in: Musikalische Volkskultur in der Stadt der Gegenwart, wie Anm. 38, S. 74–83.

42 Engel, Gert/Ohlenschläger, Sonja: 50 Jahre *Klingende Brücke*, in: ad marginem. Mitteilungen des Instituts für Musikalische Volkskunde an der Universität zu Köln, 1998, S. 1f.

43 Adamek, Karl: Politisches Lied heute: Zur Soziologie des Singens von Arbeiterliedern. Empirischer Beitrag mit Bildern und Noten. Essen, 1987 (Schriften des Fritz-Hüser-Instituts für Deutsche und Ausländische Arbeiterliteratur der Stadt Dortmund: Reihe 2, Forschungen zur Arbeiterliteratur; 4), S. 241.

Kinderliederbuch.[44] Auf die Initiative von Karl Adamek geht ebenfalls die 1999 unter der Schirmherrschaft von Lord Yehudi Menuhin (1916–1999) in Münster gegründete Förder- und Aktionsgemeinschaft „Il Canto del Mondo e.V." (Präsident Hermann Rauhe) zurück, zu deren hochgesteckten Zielen es gehört, „das Potenzial des Singens transversale Universalsprache des Menschen werden" zu lassen sowie „Singen als Verständigungsbrücke zwischen den Völkern" einzusetzen.[45] Dem dienen eine Reihe von Projektplanungen, wobei die erste Realisierung dieser Art, der „Canto-Sommer 2000 ‚Gesänge auf den Wassern'" in Hamburg sehr erfolgreich war und eine nachhaltige Resonanz in der Presse fand. Geplant ist auch ein Modellversuch „Canto-Kindergärten".

In Köln haben sich eine Reihe von Laienmusikensembles neben ihren „normalen" musikalischen und sozialen Aufgaben (Pflege von Kommunikation, Geselligkeit, Freundschaft, Solidarität, Nachbarschaft, Seniorenhilfe, Krankenbetreuung, Jugendbetreuung, von Tradition und Brauch etc.) besondere außengerichtete Ziele gesetzt. Der 1966 gegründete „Chor 61 Cantus Mundi e.V", hervorgegangen aus der „Klingenden Brücke", pflegt insbesondere internationales Volksliedgut, für das die Mitglieder eine Vorliebe entwickelt haben. In ihren Konzerten und auf ihren Auslandsreisen singen sie „Folklore in Originalsprachen, verstanden als Brücke zu anderssprachigen Menschen".[46] Gemeinsame Konzerte auf ihren weiten Reisen nach Frankreich, Slowenien, Polen, Mexiko sowie in die Schweiz führten zu internationalen Chorfreundschaften. Dieser Chor wird auch bevorzugt zu Veranstaltungen eingeladen, die der Völkerverständigung gewidmet sind, so bei „Europa-Tagen" in und außerhalb von Köln.[47]

Auch der „Shanty-Chor Köln e.V.", 1985 aus einer Marinekameradschaft hervorgegangen, pflegt „internationale Kontakte nicht als touristische Unternehmung, sondern als gesellschaftspolitisches Anliegen".[48] In besonderer Weise bemüht sich der Chor um Seniorenbetreuung in Altersheimen. Gemeinsames Singen ist ihnen wichtiges soziales Anliegen, um Freude zu vermitteln, Alterseinsamkeit zu lindern etc.

Sehr alten Traditionen, die teilweise bis in das Jahr 1869 zurück reichen, sehen sich die Männerchöre Kölns verpflichtet. Trotz ihrer Nachwuchsprobleme, die auf eine gewisse Repertoireerstarrung zurückzuführen sind, pflegen sie viele Freundschaften zu in- und ausländischen Chören auf teilweise sehr ausgedehnten Reisen. Der „Männerchor Köln-Vogelsang 1952 e.V." hat sich der

---

44 Ebd., S. 239–263.
45 Satzung „Il Canto del Mondo e.V." Förder- und Aktionsgemeinschaft Il canto del mondo foundation – Stiftung Singen International vom 11.5.1999.
46 Reimers, wie Anm. 1, S. 64.
47 Ebd., S. 63–66.
48 Ebd., S. 69.

Völkerverständigung als „musikalischem Brückenschlag" in besonderem Maße verpflichtet.[49]

Die Reihe ließe sich fortsetzen. Erwähnt seien nur noch die Werksmusik-Ensembles, da sie besonders viele musikalische und soziale Funktionen zu erfüllen haben. Zu nennen sind ihr Einfluss auf die Arbeit, auf die Identifikation mit dem Betrieb, Bemühungen um soziale Heterogenität zur Überwindung unterschiedlicher Schichtenzugehörigkeit bei den Ensemblemitgliedern, um Homogenität im Leistungswillen als Voraussetzung für das Qualitätsniveau des Ensembles als Ganzes, um Einsatzbereitschaft für mannigfache „soziale" Auftritte außerhalb der Veranstaltungen im Werk und anderes mehr.[50]

10. Resümee

Im Rahmen dieses Vortrags war es mir nur möglich, einige Aspekte eines weit ausgedehnten Themenfeldes zu behandeln. Wichtige Bereiche mussten ausgeklammert werden, da sie nicht nur umfangreiche Themenkomplexe bilden und eigene Referate erforderten, sondern auch noch umfassender wissenschaftlich aufgearbeitet werden müssten, so die Konfliktproblematik zwischen Traditions- und Identitätsverlusten durch Anpassung und Traditions- sowie Identitätsbewahrung durch Abgrenzung.[51] Aber ich hoffe doch, anhand der ausgewählten Beispiele hinreichend belegt zu haben, welche sozialintegrativen Funktionen und Wirkungen den Bereichen der Musikalischen Volkskultur in Geschichte und Gegenwart zukamen und zukommen. Dies hat sich insbesondere beim Wiederaufbau der deutschen Nachkriegsgesellschaft nach dem II. Weltkrieg gezeigt. Ohne sie wäre diese Leistung wahrscheinlich sehr viel schwieriger und langwieriger zu vollbringen gewesen. Keinesfalls handelt es sich dabei um ein ornamentales, sondern um ein integrales Feld gesellschaftlichen Seins. Alltagskultureller Betätigung – hier im Bereich der Musik – kommt ein wesentlich höherer gesellschaftspolitischer Stellenwert zu, als man ihr im Allgemeinen zuzubilligen geneigt ist.

Dabei handelt es sich um ein Chancenpotenzial, dessen wir gegenwärtig und zukünftig dringender denn je bedürfen. Wenngleich die soziale Integration von Millionen Flüchtlingen, Vertriebenen und anderen Gruppen als gelungen anzusehen ist, stehen wir bei der Integration von Millionen Bürgern ausländischer Herkunft noch vor einer außerordentlichen Herausforderung. Ökonomische Benachteiligung, gesellschaftliche Diskriminierung, Vernachlässigung

---

49 Ebd., S. 88ff.
50 Ebd., S. 338ff.
51 Vgl. Klebe, Dorit: Wandlungsprozesse im musikalischen Brauchtum türkischer Migrantenhochzeiten, in: Musik kennt *keine* Grenzen, wie Anm. 39, S. 188–213.

der sprachlichen Förderung von Kindern, d.h. geringere Bildungschancen, hohe Jugendarbeitslosigkeit etc. bei Migranten bilden häufig ein Konfliktpotenzial, das teilweise zu Abschottungstendenzen auch in der Musik geführt hat. Aber auch andere allgemeine gesellschaftliche Probleme, wie die Zunahme von sozialer Vereinsamung, von Egozentrismus im mitmenschlichen Verhalten oder auch von Gewalt bedürfen dringender Lösungen.

Dass gerade hierbei die Laienmusikkultur eine zentrale Hilfe leisten kann, bedarf keiner erneuten Hervorhebung. Wichtig wäre aber eine stärkere Bewusstwerdung dieser Möglichkeiten in der gesellschaftlichen Öffentlichkeit, insbesondere bei den politische Verantwortung tragenden Gremien, um auch entsprechende, notwendige materielle Hilfen bereitstellen zu können. Auf diese Weise ließen sich die Möglichkeiten vervielfachen.

Auch die wissenschaftliche Forschung ist aufgerufen, ihre bisherigen Anstrengungen fortzusetzen und zu intensivieren. Dazu müssten allerdings bessere materielle Voraussetzungen durch institutionelle und staatliche Förderung geschaffen werden. Historische Forschung, wie die Geschichte der Musikalischen Volkskultur in Mecklenburg-Vorpommern, ist dabei kein wissenschaftlicher Luxus, sondern schafft erst die Voraussetzungen für die entscheidenden Erkenntnisse, deren gegenwärtige und zukünftige Entwicklungen bedürfen.

Möge es dieser Tagung gelingen, neben dem wissenschaftlichen Ertrag den Prozess der Bewusstwerdung dieses gesellschaftspolitischen „Kapitals" entscheidend zu befördern.

Christoph Schmitt

Mecklenburgs Übergang zur „Volkskunde des Neubeginns"

Regionalethnografie im Kontext der Kulturpolitik der SBZ/DDR unter besonderer Berücksichtigung des Flüchtlingsproblems[1]

Die Problematik der nachkriegsdeutschen Flüchtlinge und Vertriebenen[2] war in der Geschichtswissenschaft der DDR weitgehend ein Tabu-Thema.[3] Ähnliches gilt für die ostdeutsche Volkskunde, die den Nöten und Bewältigungsstrategien von „Umsiedlern", Heimkehrern, Trümmerfrauen und Kindern lange Zeit keine Aufmerksamkeit schenkte. Allenfalls sedimentierte sich der Nachkriegsalltag im Rahmen anders gelagerter Erkenntnisinteressen, wie in der Untersuchung von Reinhard Peesch über das Berliner Kinderspiel.[4] In den Siebzigerjahren erschienen dann in der DDR-Historiografie Arbeiten, die das Migrationsgeschehen des eigenen Terrains trotz solider Quellenpräsentation beschönigten. Dabei wurde auch Mecklenburg bedacht.[5] Die Aussiedlung deutscher Bevölkerungsteile aus dem östlichen Europa galt „entsprechend Geist und Buchstaben des Potsdamer Abkommens" als geglückt, ihre Integration wurde als mithin wesentlichste Voraussetzung „bei der Schaffung antifaschistisch-demokratischer Verhältnisse

---

1   Erweiterte Fassung des Tagungsvortrags: „Mecklenburgs Übergang zur DDR-Volkskunde. Konturen eines institutionellen Vakuums (1945-1953) zwischen Selbst- und Fremdbestimmung".

2   Meinicke verwendet synonym den Begriff der „Umgesiedelten". Flüchtlinge sind dagegen „in der Regel aus eigenem Antrieb vor der heranrückenden Front (ge)flohen"; Meinicke, Wolfgang: Probleme der Integration der Vertriebenen in der Sowjetischen Besatzungszone, in: Jahrbuch für ostdeutsche Volkskunde, 35. 1992, S. 1–31, hier S. 29, FN 2.

3   Vgl. Wille, Manfred: Die „Umsiedler"-Problematik im Spiegel der SBZ/DDR-Geschichtsschreibung, in: Wille, Manfred/Hoffmann, Johannes/Meinicke, Wolfgang (Hrsg.): Sie hatten alles verloren. Flüchtlinge und Vertriebene in der sowjetischen Besatzungszone Deutschlands. Wiesbaden 1993 (Studien der Forschungsstelle Ostmitteleuropa an der Universität Dortmund; 13), S. 3–11.

4   Peesch, Reinhard: Das Berliner Kinderspiel der Gegenwart. Berlin 1957 (Veröffentlichungen des Instituts für deutsche Volkskunde; 14).

5   Krellenberg, Hans-Ulrich: Die Eingliederung der Umsiedler in das gesellschaftliche und politische Leben in Mecklenburg 1945–1949, dargestellt an den Kreisen Parchim und Malchin. Diss. A, Universität Rostock, Fakultät für Gesellschaftswissenschaften. Rostock 1971.

und beim Übergang zur sozialistischen Revolution"[6] angesehen. Indes gefiel das Wort „Integration" ebenso westdeutschen Politikern, wenn es um die in die Bundesrepublik migrierten Kriegsflüchtlinge ging.[7] Wurde hier die Flüchtlingsforschung durch die Geschichtswissenschaft und kontinuierlich über Jahrzehnte durch die Volkskunde[8] forciert, was die SED-Propaganda mit dem Fingerzeig auf die Vertriebenenverbände als „revanchistisch" brandmarkte, konnte sich eine vergleichbare Forschung im Osten erst nach 1990 entwickeln. Bislang wurden allerdings fast nur verwaltungspolitische,[9] wirtschaftliche und soziale Verhältnisse[10] geklärt. War die befehlsvermittelte Wohnungs- und Arbeitspolitik für die Migranten auch existenziell, so lässt sich die Frage nach deren Eingliederung doch erst beantworten, wenn man die kulturellen Integrationsstufen ebenfalls durchleuchtet. Und hierfür muss man die kulturellen Archive konsultieren.

Das Tagungsthema berührt daher ein drängendes Desiderat, das zwar beklagt,[11] doch kaum je angegangen wurde. Die vorliegende Arbeit stellt sich die Frage nach dem Verhältnis zwischen der wissenschaftlichen Volkskunde im nördlichen Teil der SBZ/DDR und ihrem Gegenstand, der „Volkskultur", deren Integrationspotenzial sich die Kulturpolitik auch im Hinblick auf das Flüchtlingsproblem zunutze machte. Die Behandlung dieser Frage setzt allerdings die Klärung der ostdeutschen Volkskundeentwicklung nach 1945 voraus, was bislang nur lückenhaft geschehen ist.

---

6   Just, Regine: Zur Lösung des Umsiedlerproblems auf dem Gebiet der DDR 1945 bis Anfang der fünfziger Jahre, in: Zeitschrift für Geschichtswissenschaft 35. 1987, H. 10, S. 971–984, hier S. 984.

7   Lehmann, Albrecht: Im Fremden ungewollt zuhaus. Flüchtlinge und Vertriebene in Westdeutschland 1945–1990. München 1993, S. 7.

8   Ebd., S. 16.

9   Brunner, Detlev: Regieren auf Befehl und unter Führung „der Partei". Die Landesregierung Mecklenburg-Vorpommerns 1945–1949, in: Mecklenburgische Jahrbücher, 117. 2002, S. 249–266, hier S. 249: für Mecklenburg-Vorpommern wurde die Mechanik des Befehls- und Kontrollsystems der SMA-Landesverwaltungen jüngst von Brunner mit dem Erkenntnisziel beleuchtet, „ob ... man gewissermaßen von einer demokratischen Vorgeschichte der DDR sprechen könne"; s. auch: Die Landesregierung Mecklenburg-Vorpommern unter sowjetischer Besatzung 1945 bis 1949, Bd. 1: Die ernannte Landesverwaltung, Mai 1945 bis Dezember 1946. Eine Quellenedition, eingel. u. bearb. von Detlev Brunner. Bremen 2003 (Quellen und Studien aus den Landesarchiven Mecklenburg-Vorpommerns; 5); Inventar der Befehle der Sowjetischen Militäradministration Mecklenburg (-Vorpommern) 1945-1949. Im Auftrag des Instituts für Zeitgeschichte zusammengest. u. eingel. von Detlev Brunner. München 2003 (Texte und Materialien zur Zeitgeschichte; 12).

10   S. z. B. Rusche, Michael: Die wirtschaftliche und soziale Eingliederung der Vertriebenen in Mecklenburg-Vorpommern 1945 bis 1949. Phil. Diss. Universität Magdeburg 1996.

11   Ebd., S. 13; Meinicke, wie Anm. 2, S. 1.

Forschungsstand und Quellenlage

Auch wenn die Volkskunde nach 1945 an ihrer Basis zerstört und nach den Worten Adolf Spamers, des wohl einflussreichsten Volkskundlers der Weimarer Republik und des beginnenden Nationalsozialismus, im Zustand einer „heillos zersplitterten und mehr oder minder lahmgelegten Disziplin"[12] dahinvegetierte, so ruhte doch ihre Arbeit nicht völlig. Es gab blasse, flüchtige und widersprüchliche Strukturen, die sich dem Forscher aufgrund mangelnder Quellenlage als verworrenes Geflecht darbieten. Dennoch wäre es verfehlt, die bisherige Ausklammerung des Themas nur der mageren Befundlage zu schulden. Vielmehr hat die DDR-Volkskunde ihre eigene Institutionenwerdung einschließlich der bis 1945 hinausgreifenden Entwicklung nicht problematisiert.

Hierüber wurde erst nach 1990 verhandelt, und zwar im Rahmen von Akademiegeschichte. Denn volkskundliche Forschung fand im Osten auf höchster Ebene, der „Deutschen Akademie der Wissenschaften" (DAW), statt, die sich 1972 in „Akademie der Wissenschaften der DDR" (AdW) umbenannte und damit endgültig vom Gedanken einer gesamtdeutschen Wissenschaft wegstrebte. Volkskundliche Lehrstühle existierten dagegen außer in Berlin, dem wissenschaftspolitischen Zentrum, an den ostdeutschen Universitäten nicht. Die DAW/AdW unterhielt als Außenstellen volkskundliche Forschungseinrichtungen in Dresden und Rostock, wo am 4. Mai 1954 die Wossidlo-Forschungsstelle eröffnet wurde.

Die bisherigen Beiträge des Fachs über seine Genese in der DDR tragen daher eher den Charakter akademiegeschichtlicher Retrospektiven, die entweder aus der Außensicht entdeckungsreisender westdeutscher Fachkollegen[13] oder aus der Innensicht[14] scheidender Akademieangehöriger verfasst wurden. Dabei wurde auch den Verwebungen des Fachs mit der frühen Kulturpolitik der SBZ/DDR Aufmerksamkeit gezollt.[15] Was der Akademiegeschichte fehlt, die aufgrund nun zugänglicher Akten die Ereignisfäden bis 1945 zurückverfolgen kann, ist die Perspektive aus umgekehrter Richtung, nämlich der Satelliten Rostock, Dresden und Bautzen auf das Berliner Gravitationszentrum. Erst der Gegenblick, gewonnen durch eine Geschichtsschreibung von den Rändern,

---

12　Zit. n. Weber-Kellermann, Ingeborg: Zum Gedenken an Adolf Spamer zu seinem 100. Geburtstag am 10. April 1983, in: Hessische Blätter für Volks- und Kulturforschung NF 16. 1984, S. 197–206, hier S. 204: Spamer an Weber-Kellermann, 1.4.1946.

13　Vgl. Köstlin, Konrad: DDR-Volkskunde: die Entdeckung einer fernen Welt?, in: Zeitschrift für Volkskunde, 87. 1991, S. 225–243.

14　Vgl. Strobach, Hermann: Volkskundliche Forschung an der ehemaligen Akademie der Wissenschaften zu Berlin, in: Zeitschrift für Volkskunde, 87. 1991, S. 207–224.

15　Mohrmann, Ute: Die „Volkskunde des Neubeginns" während der fünfziger Jahre in der DDR im Kontext damaliger Kulturpolitik, in: Zeitschrift für Volkskunde, 87. 1991, S. 196–206.

kann das Spannungsverhältnis zwischen regionalvolkskundlicher Selbstbehauptung und dem Konzept des „demokratischen Zentralismus" enthüllen, hinter dem sich der Anleitungs- und Kontrollapparat der Partei verbarg, deren Hegemonialanspruch den Wissenschaftsbetrieb einschloss.

So ließ auch die Retrospektive der Berliner Gesellschaft für Ethnographie anlässlich ihres zehnjährigen Bestehens und des achtzigsten Geburtstages von Wolfgang Jacobeit, dem entschiedensten Wegbereiter einer „Volkskunde des Neubeginns", das Wirken der volkskundlichen Außenstellen unbeachtet, sieht man von dem Beitrag über den sorbischen Volkskundler Paul Nedo (1908–1984) ab.[16] Nedo leitete das 1951 eröffnete Institut für sorbische Volksforschung in Bautzen, daneben von 1952 bis 1961 die wissenschaftliche Abteilung des Zentralhauses für Laienkunst in Leipzig, aus der 1956 das Institut für Volkskunstforschung hervorging. Darüber hinaus war Nedo für das Dresdner Volkskundeinstitut verantwortlich. Er wirkte damit als Volkskundler auf eine sehr weitgefächerte Kulturpolitik und -praxis ein.

Die Erforschung der Volkskunde im sächsischen Teil der SBZ/DDR konzentriert sich bislang auf Adolf Spamer.[17] Er besaß seit 1926 an der TH Dresden eine außerordentliche Professur für deutsche Philologie und Volkskunde und wurde 1936 als ordentlicher Professor an die Universität Berlin berufen. Sein Engagement zum Aufbau der Abteilung „Volkskunde" in der „Reichsgemeinschaft für deutsche Volksforschung" wird unterschiedlich interpretiert. Gleich nach Kriegsende forcierte Spamer die volkskundliche Arbeit in der sächsischen SBZ, und schon am 22. November 1945 entstand unter ihm in Dresden ein „Institut für Volkskunst und Volksbrauch", zumal sein eigenes Archiv im Krieg verbrannt war. Am 1. Mai 1947 wurde diese Einrichtung der TH Dresden als „Institut für Volkskunde" angegliedert.[18] Über die 1946 bestätigte Mitgliedschaft Spamers in der Preußischen Akademie der Wissenschaften, welche die Nazis ihm untersagt hatten, wirkte er maßgeblich am Aufbau des späteren „Ins-

---

16 Bresan/Brězanec, Annett: Der Volkskundler Paul Nedo – ein biographischer Abriß, in: Zehn Jahre Gesellschaft für Ethnographie – Europäische Ethnologie in Berlin. Berlin 2001 (Berliner Blätter. Ethnographische und ethnologische Beiträge; 23), S. 105–124. S. auch den Personenartikel von Susanne Hose: Nedo, Paul (Pawol), in: Enzyklopädie des Märchens. Handwörterbuch zur historischen und vergleichenden Erzählforschung, hrsg. von Rolf Wilhelm Brednich, Bd. 9. Berlin 1999, Sp. 1305–1307.

17 Martin, Andreas: Adolf Spamers Wirken in Sachsen (1945–1953). Neue Erkenntnisse aus den Materialien seines Nachlasses, in: Aus dem Nachlaß Adolf Spamers, hrsg. von Andreas Martin. Dresden 1997 (Volkskunde in Sachsen; 3), S. 9–52; Mohrmann, Ute: DDR-Volkskunde in Sachsen, in: Sächsische Heimatblätter, 39. 1993, H. 3, S. 130–133; Scholze, Thomas: Adolf Spamer (1883–1953): Wissenschaftsgrundsätze, in: Geschichte der Völkerkunde und Volkskunde an der Berliner Universität. Zur Aufarbeitung des Wissenschaftserbes. Berlin 1991 (Beiträge zur Geschichte der Humboldt-Universität zu Berlin; 28), S. 53–60.

18 Martin, wie Anm. 17, S. 24.

Richard Wossidlo im Alter von 75 Jahren. Foto: Karl Eschenburg

tituts für deutsche Volkskunde" mit, dessen Keimzelle er am 27. Februar 1947 schuf.[19] 1950 erlitt er seinen ersten Schlaganfall und starb am 20. Juni 1953.

Über die Volkskunde in Mecklenburg zwischen 1945 und 1953 wurde bislang kaum etwas angemerkt, sieht man von kurzen akademiegeschichtlichen Fäden ab.[20] Weil die Rückblicke mit dem Tod ihres Begründers, des Warener Gymnasialprofessors Richard Wossidlo (1859-1939), enden, bildet die Zwischenzeit einschließlich des Krieges einen weißen Flecken. Der volkskundliche Privatgelehrte verstarb am 4. Mai, vier Monate, bevor die ersten Schüsse vor Danzig fielen.

Wegen des engen Zusammenhangs von Volkssprache und Volkskultur finden sich einige Hinweise zum vorliegenden Thema bei der Behandlung des Nie-

---

19 Scholze, Thomas: Anmerkungen zur Frühgeschichte der Volkskunde in der sowjetischen Besatzungszone bzw. der späteren DDR, in: Zehn Jahre, wie Anm. 16, S. 149–156, hier S. 149.

20 Neumann, Siegfried: Richard Wossidlo und das Wossidlo-Archiv in Rostock. Von der volkskundlichen Sammlung des Privatgelehrten zum Institut für Volkskunde in Mecklenburg-Vorpommern. Rostock 1994 (Kleine Schriften; 2), S. 29f. Neumann war seit 1957 Mitarbeiter des Wossidlo-Archivs, das er von 1988 bis 1999 leitete.

derdeutschen in der DDR. 1997 wurde an der Universität Greifswald, nachdem
hier 1992 das Fach Niederdeutsch wieder eingerichtet worden war, ein entsprechendes Kolloquium durchgeführt,[21] wobei die Veranstalterin die Rolle der Kulturpolitik in der SBZ/DDR bedachte.[22]

Die Archivalien der vorliegenden Arbeit entstammen den Akten des Kuratoriums der Wossidlo-Stiftung, die – neben dem späteren Bauernmuseum in
Schwerin – das von der Vorkriegszeit bis 1954 währende Bindeglied der Volkskunde Mecklenburgs bildet. Darüber hinaus wurde die frühe Korrespondenz der
Wossidlo-Forschungsstelle mit der Deutschen Akademie der Wissenschaften
gesichtet, und es wurden Presseartikel der Nachkriegszeit hinzugezogen. Diese
Bestände werden im Institut für Volkskunde (Wossidlo-Archiv) der Universität Rostock bewahrt, wo sie durch jüngste Erschließungsprojekte zugänglich
wurden. Im Universitätsarchiv der Hansestadt wurde die Personalakte Paul
Beckmanns eingesehen, jenem Hauptakteur, der im Untersuchungszeitraum die
volkskundlichen Fäden des Landes in den Händen hielt.

„Mecklenburgische Volkskultur"
im demografischen Umbruch 1945/46

Nach 1945 sahen sich die Flüchtlinge und Ausgewiesenen, die im neu geschaffenen Land Mecklenburg-Vorpommern sesshaft wurden, vornehmlich einer
„mecklenburgischen Volkskultur" gegenüber. Denn Mecklenburg war der bevöl-
kerungsstärkere Teil des synthetisch gebildeten Landes, der zudem in seinen
historischen Grenzen fast unverändert fortbestand.[23] Seine Bewohner stellten
insofern die „Altbevölkerung" dar, während die ansässige Bevölkerung des östlichen Landesteiles ihre territoriale Integrität und historische Identität einbüßte.
Dies schlug sich auch bald in der Etikettierung des Landes nieder: Wurde das
nördlichste Land der SBZ zunächst noch „Mecklenburg-Pommern" genannt, so
führte es ab August 1945 die Bezeichnung „Mecklenburg-Vorpommern".[24] Mit
der offiziellen Auflösung des Staates Preußen am 25. Februar 1947 wurde der
Zusatz „Vorpommern" gestrichen.[25]

---

21 Hermann-Winter, Renate (Hrsg.): Heimatsprache zwischen Ausgrenzung und ideologischer Einbindung. Niederdeutsch in der DDR. Frankfurt a.M. u.a. 1998.
22 Hermann-Winter, Renate: Norddeutsche Volkssprache unter der Arbeiter-und-Bauern-
   Macht bis 1970, in: Herrmann-Winter, wie Anm. 21, S. 15–45.
23 Hinzu kam das zur Provinz Hannover gehörende Amt Neuhaus, das nach 1990 an Niedersachsen zurückfiel.
24 Rusche, wie Anm. 10, S. 16, FN 3.
25 Historischer und geographischer Atlas von Mecklenburg und Pommern, Bd. 2: Mecklenburg und Pommern. Das Land im Rückblick, hrsg. im Auftrag der Landeszentrale für
   politische Bildung Mecklenburg-Vorpommern. Schwerin 1995, S. 96.

Um Menschen unterschiedlichster Provenienz zusammenzubringen, wurde die neue Kulturpolitik also mit einem territorial eng umgrenzten Identifikationsangebot konfrontiert, das dem einen fremd und dem anderen vertraut war. Im Gegensatz zu den Flüchtlingen, die in Westdeutschland sesshaft wurden, war die geografische und kulturelle Nähe der ostelbischen Flüchtlinge zu ihren Vertreibungsgebieten größer. Das galt besonders für die Pommern, die mit 38% die am stärksten vertretene Landsmannschaft bildeten und ihre höchste Ansiedlungsdichte im östlichen Landesteil hatten.[26]

Die Auswirkungen der kulturellen Ähnlichkeiten zwischen der Abgabe- und Aufnahmegesellschaft wurden für das Migrationsgeschehen bislang kaum beachtet.[27] Es darf wohl angenommen werden, dass alle Neuankömmlinge wegen der alten dörflichen Bindungen als Störenfriede und Eindringlinge betrachtet wurden[28] und nicht selten dem beißenden Spott der Altbauern („Habenichtse", „Flüchtlingspack", „Gesindel" etc.[29]) ausgesetzt waren. Ihre prinzipielle Benachteiligung im Dorf blieb auch während der sie begünstigenden Bodenreform bestehen. Dies änderte sich erst mit den späteren LPG-Gründungen, die weitgehend einheitliche Bedingungen für die Masse der Dorfbewohner schufen.[30]

Mecklenburg-Vorpommern ist das Bundesland mit den meisten Nachkriegsmigranten. Ursache dafür waren die Flüchtlinge östlich der Oder und Neiße, die das Land nicht nur durchzogen, sondern als „Umsiedler" sesshaft wurden. Dass sich den Einzugliedernden „Volkskultur", damit eine historische, eher an ländlichen als an städtischen Vorbildern entwickelte Kulturform aufdrängte, legt schon der Flächencharakter Mecklenburg-Vorpommerns nahe. Zudem konnten die Städte, deren Wohnraum durch den Krieg dezimiert war, vergleichsweise wenig zur Eingliederung der Fremden beitragen. Auch waren mit Lübeck und Stettin zwei nach Mecklenburg und Vorpommern hin ausstrahlende Städte von ihrem Einzugsgebiet abgeschnitten.

Jedem Mecklenburger stand etwa ein Nicht-Mecklenburger gegenüber, Eigen- und Fremdkultur hielten sich fast die Waage. Nur jeder zweite Einwohner war also Träger „mecklenburgischer Volkskultur". Ohnehin waren die Überlieferungen des „alten", vormodernen Mecklenburg längst im Verschwinden begriffen. Krieg und Nachkriegszeit hatten diese Entwicklung nur verzögert. Die Alltagskultur des Landbewohners, seine Lebens- und Arbeitsweise, sein Erzähl- und Brauchrepertoire, unterlagen bereits starken Wandlungen. Die traditionelle Volkskultur konnte sich zunehmend weniger regenerieren, sie

---

26 Rusche, wie Anm. 10, S. 96.

27 Ebd., S. 106.

28 Meinicke, Wolfgang: Die Bodenreform und die Vertriebenen in der SBZ und in den Anfangsjahren der DDR, in: Wille/Hoffmann/Meinicke, wie Anm. 3, S. 55–85.

29 Ebd., S. 72.

30 Ebd., S. 85.

war längst pflegebedürftig. Die Vereine, darunter die plattdeutschen Gilden,[31] standen nach ihrem Verbot als pflegende Instanzen nicht mehr zur Verfügung. Damit wurde Volkskultur, und zwar in ihrer landschaftsgebundenen Form, als Medium kultureller Identitätsstiftung für die nun staatlich gelenkte Pflege verfügbar.

„Volkskultur" – ein variantenreiches Konzept

Doch was verbirgt sich hinter der Vorstellung von „mecklenburgischer Volkskultur"? Was „Volkskultur" ist, lässt sich wie alle Bereiche sozialer Wirklichkeit nicht per Kausalgesetz bestimmen, sondern ist ein Ereignis, das deutend verstehbar gemacht werden muss. Die Bedeutung von Volkskultur ergibt sich aus ihrem Verwendungszusammenhang. Volkskultur ist nur beschreibbar, wenn man mit ihren Objekten die Konzepte ihrer Verwender enttarnt. So sehr man sich an den Traditionen orientieren mag, wird doch mit jedem Ereignis neu bestimmt, welche Inhalte unter „Volkskultur" subsumiert werden und wie ihre Ausdeutbarkeit beschaffen sein soll.

Volkskultur wird nicht nur von ihren Trägern, sondern auch von der volkskundlichen Wissenschaft und der Kulturpolitik verwendet. Mit Max Weber gibt es „keine schlechthin ‚objektive' wissenschaftliche Analyse des Kulturlebens".[32] Die Volkskunde kann dieses Dilemma nur überwinden, wenn sie sich bei der Feststellung empirischer Tatsachen ihren praktischen, ethischen oder weltanschauungsmäßigen Standpunkt,[33] die sog. „Wertbeziehung"[34] zu ihrem Forschungsgegenstand, bewusst macht. Sichtbar wird diese Wertbeziehung, wenn man ihre historische Wandelbarkeit verfolgt, die dem Wechsel der Ideologien geschuldet ist.

Volkskultur stellt zunächst eine *historische* Kulturform dar, deren Inhalte und Botschaften nicht mehr zeitgemäß erscheinen. In der Gegenwart werden kulturelle Bewahr- und Vermittlungsfunktionen vor allem massenmedial, also weniger durch das „Primärmedium" Mensch ausgeübt. Damit ist ein wesent-

---

31 S. dazu Schmitt, Christoph: Ut Unkel Brœsig sienen Sammelpott. Plattdeutsche Vereine als Beiträger zur Sammelarbeit Richard Wossidlos, in: Fritz Reuter – Richard Wossidlo. Mecklenburgische Volksliteratur, hrsg. im Auftrag der Fritz Reuter Gesellschaft von Christian Bunners, Ulf Bichel, Jürgen Grote. Rostock 2003 (Beiträge der Fritz Reuter Gesellschaft; 13), S. 84–101.

32 Weber, Max: Schriften zur Wissenschaftslehre, hrsg. von Michael Sukale. Stuttgart 1991, S. 49.

33 Weber, Max: Der Sinn der „Wertfreiheit" der soziologischen und ökonomischen Wissenschaften, in: ders.: Schriften zur Wissenschaftslehre, wie Anm. 32, S. 176–236, hier S. 188.

34 Ebd., S. 202.

liches Kriterium von Volkskultur, ihre „mündlich-gedächtnismäßige Überliefe-rung",[35] nicht mehr gegeben.

Es lassen sich zwei Konzepte unterscheiden, mit denen die historische Volkskultur „angewandt" bzw. „veranstaltet" wird: ein *landschaftliches* und ein *nationales*. Das landschaftliche Konzept argumentiert ethnisch-kulturell und territorial, es betont die ethnische, mehr noch die territoriale Gebundenheit von Traditionen. Dabei wird in der Regel behauptet, die betreffende Kultur sei der-gestalt nur in der jeweiligen Landschaft zu finden. Kultur verliert dadurch ihre „universale Neutralität".[36] Über diesen, durch den Raum präzisierten Mechanis-mus wird in der Volkskunde mit dem Begriff des „Folklorismus" verhandelt, der als Ausdruck von Regionalismus gesehen wird.[37]

Andererseits verbindet sich mit dem landschaftlichen Konzept von Volkskul-tur „Heimat" als Basis von Identität. Wenn man Heimat als „Ort tiefsten Ver-trauens" auffasst, zielt sie auf eine räumliche Relation.[38] Diese ist zwar nicht strikt begrenzbar, da sich der Mensch neue Orte des Vertrauens schaffen kann, immer ist Heimat aber lokalisierbar. Den spezifischsten kulturellen Code einer Landschaft bildet die Sprache. Sie ist „eigensinniger" als andere kulturelle Aus-druckssysteme. Dies gilt besonders für das niederdeutsche, von der Standard-sprache stärker als mittel- und hochdeutsche Dialekte abweichende Idiom. Für Martin Walser ist die Mundart eine „Goldreserve", die sich dem Herrschafts-anspruch der Standardsprache verweigert und im Wechsel der Moden das Blei-bende verheißt.[39]

Das nationale Konzept, dem die historische Volkskultur überdies als Folie dient, ist der germanistischen Altertumswissenschaft entsprungen. Sie nahm ihren Ausgang mit Jacob Grimm, dessen Blickwinkel bei aller Sorgfalt histo-rischer Quellenanalyse romantisch verklärt war. Hier wird Volkskultur als nati-onal einigende Kraft beschworen, die mehr Einheits- als Eigenkultur bedeutet. Bemerkenswert ist, dass der nationale Entwurf der Entstehung der sog. Land-schaftsvolkskunden vorausging, da erst im enger umgrenzten Terrain Kulturer-scheinungen verlässlich registriert werden konnten.

---

35 Vgl. Peesch, Reinhard: Der Vorgang des Tradierens, in: Deutsches Jahrbuch für Volks-kunde, 13. 1967, S. 115–117.

36 Köstlin, Konrad: Die Regionalisierung von Kultur, in: Köstlin, Konrad/Bausinger, Her-mann (Hrsg.): Heimat und Identität. Probleme regionaler Kultur. Neumünster 1980, S. 25–38, hier S. 25.

37 Zur Folklorismusdebatte s. zusammenfassend Kaschuba, Wolfgang: Einführung in die Eu-ropäische Ethnologie. München 1999, S. 173–176; Bausinger, Hermann: Volkskunde. Von der Altertumsforschung zur Kulturanalyse. Erw. Aufl. 1999, S. 195–209.

38 Bausinger, Hermann: Heimat und Identität, in: Köstlin/Bausinger, wie Anm. 36, S. 9–24, hier S. 9.

39 Köstlin, Konrad: Regionalismus – die gedeutete Moderne, in: Jahrbuch des Vereins für niederdeutsche Sprachforschung, 119. 1996, S. 121–139, hier S. 136.

Ende der Sechzigerjahre definierten westdeutsche Volkskundler ihren Untersuchungsgegenstand als *Popularkultur*. Es war dies der methodische Versuch, Volkskultur wertneutral unter Einschluss der gegenwärtigen Alltagskultur zu bestimmen. Die Forschung zielte fortan auf die Beschreibung kultureller Aneignungs- und Umschöpfungsvorgänge. Man operierte also mit einem offenen, prozessualen Kulturbegriff. Im Gegenzug verliert diese Definition die Charakteristika von Volkskultur als ethnisch, ständisch oder regional geprägter Eigenkultur,[40] da es offen bleibt, inwieweit Volkskultur in der modernen Alltagskultur noch stattfindet.[41] Zu diesem Zeitpunkt hatte die DDR-Volkskunde die Erforschung kultureller Aneignungsprozesse im Kontext der Lebensverhältnisse des „werktätigen Volkes" bereits angemahnt. Diese Richtung kursierte unter dem formelhaften Etikett der Erforschung von „Kultur und Lebensweise", die „für das richtige Erkennen und Einschätzen der Rolle der Werktätigen im Entwicklungsprozess von Nationalgeschichte und Nationalkultur" als notwendig vorausgesetzt wurde.[42]

Volkskultur als Medium der Kulturpolitik

Für die Kulturpolitik ist der empirisch-registrierende Volkskulturbegriff unbrauchbar. Ihr Begriff ist nicht prozessual, sondern possessual,[43] weil er sich vorwiegend auf fixierte Kulturinhalte stützt, die bestimmten Schichten zugeschrieben werden. Fixierte Kulturinhalte werden ihr von der historischen Volkskultur geboten, deren Erscheinungsbild sich durch Traditionen verfestigt hat. Jener Teil der Volkskultur, der sich am politischen Eigenraum festmachen lässt und ästhetischen Kategorien standhält, wird zum „Erbe" erklärt, das Unbequeme dagegen ausgeklammert. Mit dem selektierten Kulturerbe steht der Kulturpolitik eine Projektionsfläche für neue Wertziele zur Verfügung.

Visuelle Ästhetik bietet die Sachkultur, wenn sie aus festlichen Bezügen, also weniger aus dem arbeitsweltlichen Kontext stammt. Die Sachkultur war

---

40 Greverus, Ina-Maria: Kultur und Alltagswelt. Eine Einführung in Fragen der Kulturanthropologie, Sonderausgabe. Frankfurt a.M. 1987 (Institut für Kulturanthropologie und Europäische Ethnologie Frankfurt, Main: Notizen), S. 188.

41 Zur Diskussion dieser Frage s. Bausinger, Hermann: Volkskultur in der technischen Welt. Stuttgart 1961.

42 Jacobeit, Wolfgang/Mohrmann, Ute: Zum Gegenstand und zur Aufgabenstellung der Volkskunde in der DDR, in: Lětopis. Jahresschrift des Instituts für sorbische Volksforschung, Reihe C – Volkskunde, Nr. 11/12, 1968/69. Bautzen 1968 (Deutsche Akademie der Wissenschaften, Institut für sorbische Volksforschung in Bautzen), S. 94–103, hier S. 100f.

43 Korff, Gottfried: Volkskultur und Arbeiterkultur. Überlegungen am Beispiel der sozialistischen Maifesttradition, in: Geschichte und Gesellschaft, 5. 1979, H. 1, S. 83–102, hier S. 83.

der Volkskunde lange Zeit nur als Trägerin der sog. „Volkskunst" sammlungs- und forschungswürdig. Solche, durch Ästhetik aufgewerteten Kulturgüter waren vor allem Trachten oder verzierte Haus- und Arbeitsgeräte, deren brauchtümlicher Kontext miterfasst wurde. Im Vergleich zur inszenierbaren Dingkultur ist die Landschaftssprache kulturpolitisch weniger leicht handhabbar.

Volkskunde und Kulturpolitik waren über weite Strecken eng miteinander verwoben und sind es, wenn auch weniger deutlich, noch heute. Mit Nachdruck wurde das Zusammengehen von sozialwissenschaftlichem mit staatlich-politischem Forschungsinteresse von Heinrich von Treitschke und seinem Zeitgenossen Wilhelm Heinrich Riehl[44] propagiert. Im Gegensatz zu dem preußischen Historiker war dem Volksforscher und Kulturhistoriker Riehl nicht das Studium staatsrechtlicher Systeme, sondern „das Studium des Volkes ... aller Staatsweisheit Anfang".[45] Die „sociale Politik" sollte sich nicht an der Obrigkeit, sondern am „Urkundenbuch"[46] des Volkslebens orientieren, das sich Riehl noch durch Stände gegliedert dachte. Von diesen empfahl er den „ächten deutschen Bauern" als „historischen Typus des deutschen Menschenschlages",[47] der den Veränderungen trotzte und „das einzige noch vollständige Probestück der alten Stände"[48] demonstrierte.

Die Kulturpolitik des Nationalsozialismus machte sich Riehls konservative Ständelehre zunutze. Daher forcierte der Hitlerstaat die Volkskunde als angewandte Wissenschaft. „Praktische Volkstumsarbeit" wurde großgeschrieben. Wie Riehl sahen die Nazis den stärksten Ausdruck der geistigen Kraft des Volkstums im „Urberuf" des in der Scholle verwurzelten Bauern. Bei ihrem Chefideologen Alfred Rosenberg korrespondierte dies mit Großstadtfeindschaft. Denn im urbanen Milieu galt der deutsch-nordische Mensch als entwurzelt, der Asphalt trennte ihn von „Blut und Boden". Der Bauer aber galt als „wurzelstark" und damit als kulturschöpferisch.[49]

Der Wertausscheid historischer Traditionen erfolgte in der DDR mit der viel bemühten „Erbe"-Metapher. Für das „kulturelle Erbe" des Arbeiter- und Bau-

---

44 Altenbockum, Jasper von: Wilhelm Heinrich Riehl 1823-1897. Sozialwissenschaft zwischen Kulturgeschichte und Ethnographie. Köln/Weimar/Wien 1994, S. 85–91.

45 Riehl, Wilhelm Heinrich: Die Naturgeschichte des Volkes als Grundlage einer deutschen Social-Politik, Bd. 2: Die bürgerliche Gesellschaft. 2. Aufl. Stuttgart/Tübingen 1854, S. 30.

46 Ebd.

47 Ebd., S. 43.

48 Ebd., S. 101. Indem Riehl aber den Zweck der volkskundlichen Wissenschaft – wenn auch im Gegensatz zur „Wertfreiheit" – kundtat, schied sich im methodischen Teil seines Werkes die Wertsphäre ab, sodass er zu einem bedeutsamen Vordenker des Fachs wurde.

49 Zum Verhältnis von Nationalsozialismus und Volkskunde in Mecklenburg s. Schmitt, Christoph: Verführte Wissenschaft? Die mecklenburgische Volkskunde in der Zeit des Nationalsozialismus unter besonderer Berücksichtigung der Sagenedition Richard Wossidlos, in: Schürmann, Monika/Rösler, Reinhard (Hrsg.): Literatur und Literaturpolitik im Dritten Reich. Der Doberaner Dichtertag 1936-1943. Rostock 2003, S. 173–209.

ernstaats war die Weimarer Klassik normativ.[50] Was dem Sozialismus darüber hinaus an historischen Traditionen gefiel, wurde als „Erbeaneignung" für die „Werktätigen" freigegeben und fortan zum „humanistischen Kulturerbe" deklariert. Andererseits galten Zeugnisse vergangener Arbeitsmoral, Gespensterfurcht und Hexenglauben als historische Dokumente, die nicht in das kulturelle Erbe eingingen.[51] Damit war dieser Kulturbegriff, so sehr er sich an die „Vielen" richtete, ebenfalls possessual.

Die Kehrseite folkloristischer Identitätsstiftung liegt in ihrer Rückwärtsgewandtheit. Dient historische Volkskultur als Medium zeitgenössischer Botschaften, liegt der „Zwang" dieses Mediums in der Ästhetik einer rückständigen oder gar verschwundenen Welt. Der Blick haftet an der Vergangenheit, ist aber in die Gegenwart zu richten. Jegliche Gegenwartssemantik ist an das Prokrustesbett historischer Formen gebunden, was zu einem Spannungsverhältnis führt.

Galt das Treiben der Heimatvereine als „reaktionär", so die Folkloreaneignung der DDR als „progressiv". Folkloreaneignung wurde als Basis des „künstlerischen Volksschaffens" propagiert. Daher wurde auch deutlich zwischen „Tradition" als lebendig vorhandener oder verschwundener Überlieferung und „Erbe" unterschieden, dessen „Aneignung" als „Methode künstlerischen Schaffens" gesehen wurde.[52]

Welcher Entwurf von Volkskultur ist nun gemeint, wenn nach ihrer integrativen Funktion für „Fremde" im nordöstlichen Nachkriegsdeutschland gefragt wird? Wurde Volkskultur nur in ihrer *historischen* Form propagiert oder zu einer *gegenwartsnahen* Kulturform weiterentwickelt? Forcierte man sie in Form des landschaftlichen oder des nationalen Konzeptes? War das erstere nicht unerlässlich, da es den für „Heimat" notwendigen (noch überschaubaren) Raumbezug bot? Musste aber der *landschaftliche* Entwurf den Umsiedlern nicht unannehmbar erscheinen, da diese ihr Herkunftsland unfreiwillig verlassen hatten? Entsprach dieser Entwurf nicht zu sehr den Werten der bürgerlichen Heimatbewegung? Leistete er nicht dem Partikularismus Vorschub und widersprach kollektiver Identitätsbildung? – Dagegen bot das *nationale* Konzept, die Verbreitung einer „Volkskultur der Deutschen", für die Zuzügler den Vorteil von Einheitskultur bzw. von Solidargemeinschaft, deren Mitglieder ohne Ansehen ihrer

---

50 Vgl. Schlenker, Wolfram: Das „Kulturelle Erbe" in der DDR. Gesellschaftliche Entwicklung und Kulturpolitik 1945-1965. Stuttgart 1977.

51 Bentzien, Ulrich: Nachwort, in: ders. (Hrsg.): Geschichten, Riemels un Lüüd'snack. Mecklenburgische Volksüberlieferungen, gesammelt von Richard Wossidlo. Rostock 1978, S. 281.

52 Stellung und Funktion des künstlerischen Volksschaffens in der entwickelten sozialistischen Gesellschaft, in: Akademie für Weiterbildung beim Ministerium für Kultur (Hrsg.): Einführung in die marxistisch-leninistische Kulturtheorie, Lehrbriefmaterial für die Aus- und Weiterbildung, Abschnitt III: Grundfragen, Haupttendenzen und Hauptbereiche der sozialistischen Kulturentwicklung. O. O. o. J., S. 6f.

ethnischen Abstammung oder gesellschaftlichen Position zusammenleben. War dieser Entwurf aber für eine antifaschistische Kulturpolitik geeignet, da der Hitler-Staat die Nationalkultur ganz im Gegenteil rassistisch überhöht hatte? – War „Volkskultur" *demokratisch*, weil sie die eher gewöhnlichen, doch deshalb nicht minderen Kulturschöpfungen des *populus* im Sinne des „gemeinen Volkes"[53] einbezog? Handelte es sich also um die Kultur jener größeren Teilmenge des *demos*, die quantitativ betrachtet von den Vielen und darum sozial gesehen von den unteren Schichten getragen wird?[54] Und wie waren dazu die Traditionen der *Arbeiterklasse* zu positionieren, der die parteibestimmte Kulturpolitik programmatisch verpflichtet war? Auf welche Weise wurde kurzum Volkskultur als Impuls zur Integration der Umsiedler wie der übrigen Bevölkerung genutzt?

Fest steht, dass die Kulturpolitik nach 1945 mit der Einstellung der Bevölkerung zu „ihrer" Kultur konfrontiert wurde, die landschaftlich geprägt war. „Mecklenburgische Volkskultur" war so gesehen ein Faktum, dem sich die Kulturpolitik stellen musste. Für einen solch gearteten politischen Folklorismus aber brauchte man die landschaftlichen „Schatzkammern" der Volkskultur und ihre „Wächter". Diese hatte bislang die zuletzt vom Hitlerstaat geförderte Volkskunde geliefert. Auch die neue Kulturpolitik bedurfte der Kompetenz der volkskundlichen Wissenschaft,[55] um den Schlüssel zu den Archiven und Museen der Volkskultur zu erhalten.

Es fragt sich daher, wie das Verhältnis der Kulturpolitik zur wissenschaftlichen Volkskunde in der Phase der „antifaschistisch-demokratischen" Umwälzung bis 1954 beschaffen war, bis zu jenem Jahr, in dem sich die Volkskunde und die niederdeutsche Philologie samt ihres großlandschaftlichen Mundartwörterbuchs neu institutionalisierten. Wie gestaltete sich das Verhältnis zwischen der analytischen und der angewandten Volkskunde? In welchem Ausmaß wurden Volkskundler in die Rolle von „Anwendern" gedrängt? Die Beantwortung dieser Fragen setzt Kenntnisse der Volkskunde Mecklenburgs in der Weimarer Republik und im Dritten Reich voraus, deren Entwicklung daher knapp skizziert werden soll. Gab es einen antifaschistischen Bruch mit der Vorkriegsvolkskunde oder lässt sich die hier zu behandelnde Zwischenzeit von 1945 bis 1953 als schleichenden, jedenfalls kontinuierlichen Übergang zur „Volkskunde des Neubeginns" betrachten? Und welche Rolle spielte dabei das Umsiedler-Problem?

---

53 Vgl. Scharfe, Martin: Menschenwerk. Erkundungen über Kultur. Köln/Weimar 2002, S. 5.

54 So die Definition von Volkskultur als Popularkultur bei Bausinger, Hermann: Kritik der Tradition. Anmerkungen zur Situation der Volkskunde, in: Zeitschrift für Volkskunde, 65. 1969, S. 232–250, hier S. 243.

55 Vierneisel, Beatrice: „Fremde" im Land. Mecklenburg-Vorpommern 1945 bis 1953 – Integration durch Volkskultur?, in: Zeitgeschichte Regional. Mitteilungen aus Mecklenburg-Vorpommern, 5. 2001, H. 2 (Dezember), S. 37–42, hier S. 39.

Volkskunde und Heimatbewegung in Mecklenburg bis 1933

Vor dem Zweiten Weltkrieg wurde die wissenschaftliche Volkskunde an drei verschiedenen Stätten Mecklenburgs betrieben: In Waren, dem Lebens- und Arbeitsort Richard Wossidlos, wo er sich in einer Villa einen privat organisierten Forschungsbetrieb aufgebaut hatte; im Schweriner Schloss, wo am 10. Oktober 1936 seine Sammlung zur materiellen Volkskultur als „Mecklenburgisches Bauernmuseum ‚Wossidlo-Sammlung‘" in 20 Räumen exponiert wurde,[56] und an der Universität Rostock, wo Hermann Teuchert (1880-1972) seit 1920 das neu eingerichtete Ordinariat für niederdeutsche und niederländische Sprache und Literatur besetzt hielt und das „Mecklenburgische Wörterbuch" verfasste.[57] Dabei handelt es sich um eines der damals in mehreren Reichsgebieten entstehenden großlandschaftlichen Mundartwörterbücher, dessen Quellengrundlage zu etwa vier Fünfteln von Richard Wossidlo stammt.

An das Niederdeutsche Seminar Teucherts wurde die volkskundliche Landesstelle für Mecklenburg angebunden. Solche Landesstellen entstanden Ende der Zwanzigerjahre in vielen Ländern und Provinzen des Reiches, so auch an der Universität Greifswald unter Lutz Mackensen. Die volkskundlichen Landesstellen dienten als Basis für landschaftliche Sammelunternehmen, die teils zentralen Projekten, wie dem „Deutschen Volksliedarchiv" in Freiburg oder dem „Atlas der deutschen Volkskunde"[58] in Berlin zuarbeiteten.

Wenn Teuchert auch gelegentlich volkskundliche Lehrveranstaltungen anbot, war er doch Sprachforscher, wiewohl der niederdeutsche Lehrstuhl in seiner (für ein Extraordinariat) angedachten Venia ebenso volkskundlich sein sollte. Schon bald nach Gründung des Heimatbundes Mecklenburg hatte die Philosophische Fakultät beim Land eine „ausserordentliche Professur für plattdeutsche Volkskunde, Sprache und Literatur" beantragt,[59] die von vornherein auf Wossidlo gemünzt war, dem die Universität 1906 für seine „Mecklenburgischen

---

56 Lübeck, Karla-Kristine: Sammlungen mit Tradition. Zur Geschichte der volkskundlichen Sammlungsbestände in Schwerin, hrsg. von den Museen der Landeshauptstadt Schwerin. Schwerin 2003 (Mueßer Blätter; 4), S. 11.

57 Vgl. Gundlach, Jürgen: Das Mecklenburgische Wörterbuch. Vollendung eines großlandschaftlichen Dialektwörterbuchs, in: Stier und Greif. Blätter zur Kultur- und Landesgeschichte in Mecklenburg-Vorpommern, 5. 1995, S. 36–42, hier S. 40; 1992 wurde der Hauptteil des Lexikons beendet.

58 Vgl. Schmitt, Christoph: Die „Landesstelle des Atlas der deutschen Volkskunde" in Mecklenburg (1929-1945). Projektgeschichte und Quellenwert einer Massenbefragung, in: Stier und Greif. Blätter zur Kultur- und Landesgeschichte in Mecklenburg-Vorpommern, 10. 2000, S. 131–140.

59 Universitätsarchiv Rostock (UAR), Philosophische Fakultät, Akte 166: Lehrstuhl für niederdeutsche Sprache 1907-1920, Missive 32: Philosophische Fakultät an das Ministerium, 12.1.1908.

Richard Wossidlo vor seiner nach Sachgruppen geordneten Zettelsammlung in Waren.
Foto: Karl Eschenburg

Volksüberlieferungen"[60] die Ehrendoktorwürde verliehen hatte. Diese Professur sollte „auf weitere Kreise wirken", „nicht bloss akademisch, sondern volkstümlich" sein.[61] Das erst 1919 verwirklichte Angebot für eine Universitätslaufbahn kam für Wossidlo, dem ab 1908 der Titel eines Gymnasialprofessors verliehen worden war, zu spät.

So bildete Waren, der Wohn- und Arbeitsort Wossidlos, bis Mai 1939 weiterhin das Zentrum volkskundlichen Schaffens. Hier befand sich seine berühmte „Zettelsammlung", die insgesamt ca. 1,5 Millionen Aufzeichnungen aus etwa 3.000 Orten Mecklenburgs zu allen Bereichen der Volkskultur und Volkssprache bietet, von den Gattungen der Volkserzählung über Brauch und Glaube, Nahrung und Kleidung, Haus und Hof bis hin zum Naturleben. Zugleich war Wossidlo Bezugspunkt pflegerischer Bemühungen, besonders der plattdeutschen Vereine. Volkskundliche Arbeit war in Mecklenburg schon bald nach der Jahrhundertwende in der Öffentlichkeit mit dem Namen Richard Wossidlos verbunden. Mit seinen etwa fünftausend Erzählerinnen und Erzählern, die er

---

60　Wossidlo, Richard: Mecklenburgische Volksüberlieferungen, Bd. 1: Rätsel. Wismar 1897; Bd. 2: Die Tiere im Munde des Volkes, 1. Teil, Wismar 1899; Bd. 3: Kinderwartung und Kinderzucht, Wismar 1906.

61　So die Ansicht des Germanisten Wolfgang Golther (1863-1945) in der Voraussprache; Missive 32, wie Anm. 59.

Darsteller der Aufführung von Wossidlos „Buern-Hochtiet" in Parchim, 1926 (mit Wossidlo, siehe 2. Reihe von oben, 4.v.l.)

„im Feld" aufsuchte, war er persönlich bekannt und korrespondierte mit über tausend „Beiträgern", die sich vorwiegend aus Volksschullehrern rekrutierten, in ihrem lokalen Umfeld Volkskultur aufzeichneten und die Erträge an Wossidlo einsandten. Er sprach in der Volkshochschule und im noch jungen, heimatbewegten Rundfunk,[62] schrieb Beiträge in den Zeitungen oder edierte in populärer Heftchenform. Mit großem Erfolg hatte er zudem Volkskultur auf die Bühne gebracht. Sein nach heimischen Überlieferungen zusammengestellter, 1900 uraufgeführter „Winterabend in einem mecklenburgischen Bauernhause"[63] wurde über sechshundert Mal von Laiengruppen gespielt und zählte ebenso zu den Höhepunkten des plattdeutschen Vereinslebens[64] wie seine 1925 uraufge-

---

62 Schmitt, Christoph: Mecklenburg im Hörfunk der Weimarer Republik. Richard Wossidlo und die Nordische Rundfunk AG, in: Stier und Greif. Blätter zur Kultur- und Landesgeschichte in Mecklenburg-Vorpommern, 8. 1998, S. 76–83; ders.: Volkskundler im frühen Rundfunk. Zur Regionalisierung des Hörfunks im „Niederdeutschen Sendebezirk" (1924-1932), in: Leben – Erzählen. Beiträge zur Erzähl- und Biographieforschung. Festschrift für Albrecht Lehmann, hrsg. von Thomas Hengartner und Brigitta Schmidt-Lauber. Berlin/Hamburg 2004, S. 429–460.

63 Wossidlo, Richard: Ein Winterabend in einem mecklenburgischen Bauernhause. Nach mecklenburgischen Volksüberlieferungen zusammengest. Wismar 1901, s. dazu Göttsch, Silke: Lebensbild oder Panoptikum? Zur zeitgenössischen Rezeption des Theaterstücks „Winterabend in einem mecklenburgischen Bauernhaus" von Richard Wossidlo, in: Kieler Blätter, 30. 1998, S. 49–60.

64 Dahl, Dietrich: Niederdeutsche Bühne Rostock e.V., in: Stier und Greif. Blätter zur Kultur- und Landesgeschichte in Mecklenburg-Vorpommern, 10. 2000, S. 141–147, hier S. 141.

Grotvadderdanz. Holzschnitt
von Wolfgang Bergenroth. Foto
nach einer Postkarte von 1927

führte Bauernhochzeit („Von Hochtiden").[65] Schließlich reiften die Heimatfeste und Dorftage heran, für deren Festzüge Wossidlo gleichfalls Regie führte und damit mecklenburgische Volkskultur auf die Straßen brachte. Der Warener Privatgelehrte fühlte sich besonders nach dem Ersten Weltkrieg berufen, an das „alte", noch „gesunde" heimische Volkstum zu erinnern, es sinnstiftend wiederzubeleben. Die Popularisierung von Sammelerträgen stand daher in der Weimarer Republik hoch im Kurs.

Durch dieses vielfältige Netzwerk wissenschaftlicher und „angewandter" volkskundlicher Arbeit,[66] die im Privatgelehrtentum eher zueinander findet als in universitärer Etablierung, wurde Wossidlo als Wächter von Volkskultur neben Fritz Reuter als ihr Gestalter zur bedeutsamsten Symbolfigur des Landes. So ging der Volkskundler geradezu beispiellos durch Bezeichnungen wie „Volksprofessor",[67] „Perfesser Voßlo"[68] oder „de oll Voßlo"[69] in den alltäglichen Sprachgebrauch ein.

---

65 Wossidlo, Richard: Von Hochtiden. Wolgast 1924; s. dazu Müns, Heike (Hrsg.): Richard Wossidlo: Von Hochtiden. Buern-Hochtiet. Volksstück in sechs Biller. Rostock 1991, S. 131–156.

66 Schmitt, Christoph: Netzwerke volkskundlicher Kommunikation in Mecklenburg bis 1939. Zur Rekontextualisierung von Wissenschaft im „Medienverbund", in: Simon, Michael/Kania-Schütz, Monika (Hrsg.): Zur Geschichte der Volkskunde. Personen – Programme – Positionen. Dresden 2002 (Volkskunde in Sachsen; 13/14), S. 203–222.

67 Bunners, M.: Erinnerungen an den mecklenburgischen Volksprofessor Richard Wossidlo, in: Mecklenburgische Kirchenzeitung, 2.12.1996; Neumann, Siegfried: Richard Wossidlo, der Volksprofessor, in: Stier und Greif. Blätter zur Kultur- und Landesgeschichte in Mecklenburg-Vorpommern, 6. 1996, S. 20–25, hier S. 21.

68 Borchert, Jürgen: Klappersteine. Feuilletons. Halle/S. 1977, S. 54f.

69 Griese, Friedrich: „Der alte Voßlo", in: Merian, 11. 1958, H. 9, S. 49–51.

Die mecklenburgische Volkskunde
in der Zeit des Nationalsozialismus

Da die erwachende kulturelle Massenarbeit der SBZ ihre Sinnstiftung daraus bezog, antifaschistisch zu sein, musste sich ihr Kulturschaffen am anderen Ende dessen bewegen, was der Faschismus beschert hatte. Wie sah daher, grob skizziert, die volkskundliche Arbeit der Nazis in Mecklenburg aus? Der Hitler-Staat hatte die Volkskunde nicht nur wie andere Disziplinen gleichgeschaltet, sondern benutzte sie als Kerngebiet jeglicher Erziehungs- und Schulungsarbeit. So entstanden Abkommen mit zahlreichen Nazi-Organisationen, wie der Deutschen Arbeitsfront, der NS-Frauenschaft, der NS-Studentenschaft, dem NS-Dozentenbund oder dem NS-Lehrerbund, der eine Unterabteilung für „Volkstumspädagogik" einrichtete.

Die Volkskunde Mecklenburgs kristallisierte sich um die Zentralgestalt Wossidlos, der als betagter Privatmann und Sympathieträger der Bevölkerung nicht einfach gleichzuschalten war. 1937 wurde zwar in Mecklenburg eine dem Amt Rosenberg nahestehende „Arbeitsgemeinschaft für mecklenburgische Volkskunde" gegründet.[70] Ohne das Netzwerk des damals 78-jährigen Wossidlo konnte sie jedoch bis zu dessen Tod und den sich anschließenden Krieg keine rechte Wirkung entfalten.

Nun können hier nicht die vielfältigen Verflechtungen und Widersprüche nazistischer Arbeit, in die das „Amt Rosenberg" und Himmlers „Ahnenerbe", die sog. „braune" und „schwarze Volkskunde", verwoben waren, dargestellt werden. Fraglos wurden Wossidlos Projekte von den Nazis finanziell gefördert, sein Bauernmuseum, das Editionsprojekt seiner Sagensammlung und das von Teuchert verantwortete Wörterbuchunternehmen. Auch war Gauleiter Friedrich Hildebrandt (1898-1948), der als Land- und Eisenbahnarbeiter aus einfachen Verhältnissen kam, der volkskundlichen Arbeit in seinem Gau sehr zugeneigt. Wossidlo trat dennoch der NSDAP nicht bei. Seine Projekte ragten bis in die Zeit vor dem Ersten Weltkrieg. Auch seine Sachgütersammlung hatte Wossidlo zwecks musealer Präsentation schon 1912 dem Land verkauft. Nur wurden die Projekte zur niederdeutschen Volkskunde und Volkssprache von den Nazis weiterfinanziert oder konnten – wie im Fall des Bauernmuseums – erst mit ihnen umgesetzt werden.

Vaterländischer Gesinnung im Gefolge Jacob Grimms, sah sich Wossidlo zwar durch „Bergung des Erbguts"[71] am kulturellen Aufbau beteiligt; die hierfür zusammengetragenen „Bausteine"[72] betrafen jedoch das „kleine Vaterland",

---

70 Schmitt, wie Anm. 49, S. 196.
71 Wossidlo, Richard: Über die Technik des Sammelns volkstümlicher Überlieferungen, in: Zeitschrift des Vereins für Volkskunde, 16. 1906, S. 1–24, hier S. 24.
72 Ebd.

„Uns' plattdütsch Heimat". Logo des Nachrichtenblatts des Plattdeutschen Landesverbandes Mecklenburg

„uns' plattdütsch Heimat".[73] Den Sinnbezug lieferte die Arbeit in der Region, wogegen das „grood dütsch Vaderland"[74] nicht ankam.

Bei der Herausgabe des auf acht Bände geplanten Sagenwerkes, von dem Wossidlo nur noch das Erscheinen des ersten Bandes[75] erlebte, erfuhr er dann, dass seine Auffassung von einem „stolzen Denkmal deutschen Volkstums"[76] nicht mit den Vorstellungen der Nazis übereinstimmte, da er auf Anweisung des „Ahnenerbes" die Ausdeutung slawischer Stoffe unterlassen sollte.[77]

Als Wossidlo 1939 starb, fehlte der volkskundlichen Arbeit im Lande das Haupt. Sein Leichnam wurde nach Ribnitz überführt. Sein „geistiger" Nachlass, darunter seine Zettelsammlung und Bibliothek, wurde gegen seine testamentarische Verfügung zunächst nicht nach Rostock, sondern in die Gauschule nach Schwerin überführt, wo eine systematische Bearbeitung allerdings nicht mehr stattfand.[78] Inmitten des Krieges gab Paul Beckmann Wossidlos Sammlung zum Seemannsleben heraus,[79] die ein Bestseller wurde. Im vom Kuratorium der „Wossidlo-Stiftung" unterzeichneten Vorwort dient sich das Werk zeitbedingt den Seestreitkräften an. Für die Frontsoldaten brachte das Kuratorium die klein-

---

73 Mit „Uns' plattdütsch Heimat" war das Ende 1925 herausgegebene Nachrichtenblatt des Plattdeutschen Landesverbandes für Mecklenburg betitelt.

74 Schmitt, wie Anm. 31, S. 92f.

75 Wossidlo, Richard: Mecklenburgische Sagen. Ein Volksbuch, Bd. 1. Rostock 1939; der zweite, im Manuskript fertiggestellte Band, wurde posthum noch im selben Jahr von der Wossidlo-Stiftung verlegt.

76 Wossidlo, wie Anm. 71.

77 Schmitt, wie Anm. 49, S. 190–198.

78 Leopoldi, Hans Heinrich: Richard Wossidlo. Der mecklenburgische ‚Volksprofessor', in: Volkskunst. Monatsschrift für das künstlerische Laienschaffen, 2. 1953, S. 12–13, hier S. 13.

79 Wossidlo, Richard: „Reise, Quartier, in Gottesnaam!". Das Seemannsleben auf den alten Segelschiffen im Munde alter Fahrensleute, hrsg. von Paul Beckmann, Bd. 1: Rostock 1940, Bd. 2: Rostock 1943.

formatige Heftchenreihe „Wi Mäkelbörger" heraus, in der zwei Anthologien mit Wossidlos Sammelgut erschienen sind.[80]

Die „Wossidlo-Stiftung" als Bindeglied zwischen der Vor- und Nachkriegszeit und ihr Akteur Paul Beckmann

Das Kuratorium der Wossidlo-Stiftung war noch bis 1945 tätig. Es zahlte aus Staatsmitteln das Gehalt für eine Hilfskraft, die Miete für einen Arbeitsraum und diverse Sachmittel.[81] Die „Wossidlo-Stiftung", die das institutionelle Bindeglied zwischen der Vor- und Nachkriegsvolkskunde bildet, wurde am 26. Januar 1929, dem 70. Geburtstag ihres Namensgebers, ins Leben gerufen.[82] Die Arbeit in dieser Institution, in der sich die Nachkriegsvolkskunde Mecklenburgs bündelte, wurde von dem Rostocker Studienrat Dr. Paul Beckmann (1888-1962) bestimmt.

Paul Robert Hans Beckmann war Sohn eines Rostocker Kapitäns. Er studierte Germanistik, Französisch und Erdkunde an den Universitäten Rostock, Berlin und Paris und absolvierte 1910 die Prüfung für das Lehramt an höheren Schulen. 1913 wurde er als Oberlehrer an der Realschule in Rostock angestellt. In dieser Stellung verblieb er bis 1945. Im Jahre 1918 promovierte er in Rostock mit der Arbeit „Die Rostocker Mundart auf historischer Grundlage".[83] 1923 hielt Beckmann die Festrede zur ersten Verleihung des John-Brinckman-Preises, den Wossidlo erhielt, womit die Zeit seiner „wunderbaren Zusammenarbeit"[84] mit dem Warener Privatgelehrten begann. Zugleich war Beckmann vielseitig in der plattdeutschen Pflege engagiert. Seit 1922 arbeitete er in einer Arbeitsgruppe der Plattdeutschen Gilde zu Rostock.[85] Dort kooperierte er mit dem Rostocker Lehrer Johannes Gosselck (1881-1948), der seit 1923 den Plattdeutschen Landesverband Mecklenburg leitete. Gosselck war ebenfalls enger

---

80 Wossidlo, Richard: Spaß mööt sien! Feldbloomen ut Richard Wossidlo sienen Wischgooren, tosamsöcht un to 'n Struutz bunnen för uns' Kriegssoldaten in'n Updrag von dat Kuratorium von de Wossidlo-Stiftung. Rostock 1940 (Wi Mäkelbörger; 1); ders.: Radels un Lüüdsnack. Eenen frischen Struutz Feldbloomen ut Richard Wossidlo sienen Wischgooren, tosamsöcht [...] von C. F. Maaß. Rostock 1941 (Wi Mäkelbörger; 2).

81 Wossidlo-Archiv (WA), Kuratorium: Kuratorium an die Landesverwaltung, Abt. Wissenschaft, Erziehung und Volksbildung, vom 27.2.1945.

82 WA, Kuratorium, Staatliche Genehmigung der Wossidlo-Stiftung in Rostock, 4 K. 1264: Das Stiftungsgeschäft wurde am 3.5.1930 vom Mecklenburg-Schwerinschen Justizministerium genehmigt.

83 UAR, Personalakte (PA) Paul Beckmann, Bl. 15: selbstverfasster Lebenslauf.

84 Stöbe, Siegfried: Unser Portrait: Dr. Paul Beckmann, in: Ostsee-Zeitung, 17.8.1954.

85 WA, Korrespondenz mit dem Plattdeutschen Landesverband: Gosselck an Wossidlo, 26.4.1922; s. auch Dahl, wie Anm. 64 und Beckmann, Paul: Plattdeutsches Theater in Mecklenburg, in: Mecklenburgische Monatshefte, 9. 1933, S. 203–205.

Richard Wossidlo und Paul Beckmann, um 1937

Mitarbeiter Wossidlos, arbeitete zeitweilig für das Mecklenburgische Wörter-buch und gab mecklenburgische Volkslieder[86] und Flurnamen[87] heraus. So war Beckmann mit dem Netzwerk volkskundlicher Forschung und Pflege bestens vertraut. Darüber hinaus war er ein typischer „Volksbildner", schon seit seiner Studentenzeit arbeitete er für die Volkshochschule.[88]

Die Stiftung diente „der wissenschaftlichen Bearbeitung und der Herausgabe des vom Professor Dr. h.c. Richard Wossidlo gesammelten volkskundlichen Materials und in Fortsetzung dieser Arbeiten der Erforschung des mecklenbur-gischen Volkstums überhaupt".[89] Dem Mecklenburg-Schwerinschen Minis-terium für Kunst wurde im Kuratorium, das von fünf auf sieben Mitglieder erweiterbar war, die Besetzung einer Stelle angeboten.[90] Das Stiftungsvermögen betrug anfänglich 7.000 Reichsmark und sollte durch die Verwertung von Urhe-berrechten, wie zur Aufführung des „Winterabends", ergänzt werden.

Vertraglich war geregelt, dass nach Wossidlos Tod sein gesamter „geisti-ger" Nachlass an die Stiftung fiel.[91] Neben seiner Fachbibliothek war davon

---

86 Gosselck, Johannes/Siems, Friedrich (Hrsg.): Volkslieder aus beiden Mecklenburg mit Bildern und Weisen. Rostock 1933 (Landschaftliche Volkslieder; 20).

87 Neumann, Walter/Gosselck, Johannes: Unsere mecklenburgischen Flurnamen. Wismar 1938 (Beiträge zur Heimatkunde; 10).

88 UAR, PA Beckmann, wie Anm. 83.

89 WA, Kuratorium: Satzung der Wossidlo-Stiftung, § 2.

90 Ebd., § 4.

91 Ebd.: Vertrag zwischen Herrn Professor Dr. h. c. Richard Wossidlo in Waren und der „Wossidlo-Stiftung" zu Rostock vom 3. und 6.1.1931.

seine Zettelsammlung betroffen, die zur Hälfte aus überwiegend mundartlich verfassten Feldforschungsnotizen und literarischen Exzerpten besteht. Diese bis heute größte Auskunftei zur Volkskultur des Landes musste das Begehren der Kulturpolitik wecken. Da die Stiftung nicht in direkter Schusslinie der nazistischen Befehlshierarchie stand, wurde sie nach 1945 nicht mit einem Verbot belegt. Nicht verausgabte Sachmittel in Höhe von 9.000 Reichsmark waren der Landesregierung noch im April 1945 zu treuen Händen überwiesen worden,[92] sodass die Stiftung praktisch mittellos war.

Volkskundliche Arbeit in den ersten Nachkriegsjahren

Am 1. Oktober 1945 wurde der allgemeine Unterricht an den Schulen wieder aufgenommen, verbunden mit einer strengen Entnazifizierung unter den Lehrern.[93] Da noch im März 1945 85% der Lehrerschaft Parteigenossen waren,[94] verlor die Volkskunde ihre schulische Basis, die Heimatkunde, und damit die lokalen Knüpfpunkte ihres sammelnden und teils schreibenden Netzwerks. Auch waren Lehrer vielfach in den Heimatvereinen leitend tätig, die 1945 gleichfalls verabschiedet wurden. Jetzt unterrichteten dagegen oft Flüchtlinge.

Im Januar 1946 musste Wossidlos Bauernsammlung binnen Dreitagesfrist aus dem Schloss geräumt werden. Dabei kam es zu großen Verlusten, vor allem, weil ein Teil des Bestandes im Freien lagerte.[95] Aus Mangel an Kleidungsstücken war die Trachtensammlung begehrt, die fast völlig verloren ging. Über den Verbleib der Zettelsammlung und der Fachbibliothek herrschte angeblich lange Zeit Unklarheit.[96]

Viele Mitarbeiter Richard Wossidlos waren durch den Krieg auseinander getrieben worden, vergleichsweise wenige führten die volkskundliche Arbeit eigenständig fort. Zu den Letzteren zählen etwa Dr. Hans Wilhelm Barnewitz (1885-1968) und Richard Suhr (1892-1959). Beide waren beliebte Pädagogen, Barnewitz war seit 1920 am Realgymnasium in Bützow[97] und Suhr seit 1919 am Realprogymnasium (seit 1938/39 Oberschule für Jungen) in Ribnitz tätig. Beide hatten anlässlich der Siebenhundertjahrfeiern ihrer Städte 1929 bzw.

92　Ebd.: Vermögenserklärung von Beckmann vom 17.2.1953. Das Stiftungsvermögen betrug zu dieser Zeit nurmehr 262 DM.

93　Melis, Damian van: Entnazifizierung in Mecklenburg-Vorpommern. Herrschaft und Verwaltung 1945-1948. München 1999 (Studien zur Zeitgeschichte; 56).

94　Landesregierung, wie Anm. 9, S. 22, FN 61.

95　Lübeck, wie Anm. 56, S. 40.

96　Beckmann, Paul: Die Wossidlo-Forschungsstelle zu Rostock, in: Rostocker Greif, 1958 (Oktober), S. 15–18, hier S. 15.

97　WA, Barnewitz: Wolfgang Schmidtbauer: Hans Wilhelm Barnewitz – Urmecklenburger, Lehrer, Heimatforscher. Unveröff. Ms. (ca. 1993), S. 3.

Aufführung des „Winterabends" in Ribnitz mit Richard Suhr (3.v.l.), 1931

1933 heimatkundliche Ausstellungen eingerichtet. Und beide hatten als Leiter plattdeutscher Vereine gewirkt: Barnewitz, Mitglied der CDU und am Aufbau des Kulturbundes in Bützow engagiert,[98] zog auch die Fäden des „Plattdütschen Heimatvereins för Bützow un Ümgegend" und Suhr die des „Plattdütschen Vereins för Ribnitz un Ümgegend". Suhr, der seit 1931 für Wossidlo sammelte, engagierte sich sehr im plattdeutschen Laienspiel, führte Regie und war sogar als Mitspieler tätig. Mit großem Erfolg führte Suhr die Stücke von Elisabeth Schröder, der Tochter des bekannten plattdeutschen Lyrikers Helmut Schröder (1842-1909), auf, darunter die häufig gespielte „Austköst", mit der das Erntebrauchtum, dem Aufführungsstil Wossidlos ähnlich, inszeniert wurde.[99] 1954 eröffnete er das von ihm begründete Heimatmuseum in Ribnitz-Damgarten, aus dem später das „Deutsche Bernsteinmuseum" hervorgehen sollte.

Die Leitfigur jener engeren volkskundlichen Riege, Johannes Gosselck, verstarb am 6. Oktober 1948. Um den Warener Studienrat Dr. Karl Gratopp, der Wossidlo 1935 stundenweise assistiert und im selben Jahr eine Wossidlo-Biografie herausgebracht hatte,[100] wurde es still,[101] obgleich dieser noch bis 1973 lebte. Dass Barnewitz gleich nach dem Krieg eine volkskundliche Arbeitsge-

---

98 Ebd.

99 Erichson, Hans: Richard Suhr (1892-1959), in: ders: (Hrsg.): Dei Ribnitzer Mückensprütters un anner Vertellers. Ribnitz-Damgarten 2002, S. 161–166, hier S. 164.

100 Gratopp, Karl: Richard Wossidlo. Wesen und Werk. Neumünster 1935.

101 Angeblich war Gratopp in das Visier russischer Offiziere geraten, Gespräch des Verf. mit Werner Pietzner am 22.12.1999; Pietzner (gest. 2003) war von 1953 bis 1973 Lehrer an der EOS Richard-Wossidlo in Waren.

Richard Suhr bei der Eröffnung des
Heimatmuseums in Ribnitz-Damgarten,
1954

meinschaft mit Schülern gründete,[102] war wohl eher die Ausnahme. So ruhte die Verantwortung zur Weiterführung der Volkskunde mehr oder weniger in den Händen von Paul Beckmann.

Beckmann war kein Mitglied der NSDAP und stand ihr nicht nahe, auch wenn er seit 1938 wie die meisten seiner Kollegen in den NS-Lehrerbund eintrat. Er gehört vielmehr zu den Befürwortern der Weimarer Republik, wie seine von 1920 bis 1933 währende Mitgliedschaft im Vorstand der Ortsgruppe Rostock der DDP (Deutsch-Demokratische Partei, ab 1930 Deutsche Staatspartei) zeigt.[103] Gleich bei Kriegsende stellte sich Beckmann, der „vollständig ausgebombt[!]" und von Polen bei einer Dienstreise ausgeplündert worden war, der städtischen Schulverwaltung zur Verfügung, die ihn bis Oktober 1945 in seiner alten Stellung behielt.[104]

Am 16. November 1945 bat Paul Beckmann im Auftrag der Wossidlo-Stiftung Stadtrat Günter Matern vom Kultur- und Volksbildungsamt der Stadt Rostock, bei der Landesverwaltung um Rückführung des Schriftenmaterials und der Bibliothek Wossidlos nach Rostock zu ersuchen. Das Ansinnen wurde zügig von Ministerialdirektor Hans Manthey,[105] dem Leiter der Schweriner

---

102 WA, Barnewitz: Schmidtbauer, wie Anm. 97, S. 5.

103 UAR, PA Beckmann, wie Anm. 83.

104 WA, Kuratorium: Beckmann an die Landesverwaltung, Abt. Kultur, Unterricht und Volksbildung, 8.10.1945.

105 1933 Mitglied der SPD, ab 1945 der KPD. Ab August 1945 hatte die Abteilung Volksbildung der Landesregierung überhaupt erst angefangen, auf kulturellem Gebiet planmäßige

Volksbildungsverwaltung, beantwortet, der Präsident habe „gegen die Rückführung des Schriftenmaterials und der Bibliothek des Herrn Prof. Wossidlo keine Einwendungen".[106] Manthey plädierte in der Entnazifizierung, besonders der Lehrer, für einen gemäßigten Standpunkt,[107] was die positive Einstellung zur Volkskunde begünstigt haben mag.

Anscheinend herrschte zunächst Verwirrung im Schweriner Ministerium, da nach Auskunft Beckmanns „sich trotz allen Suchens der Verbleib zunächst nicht feststellen (ließ)".[108] Tatsächlich muss schon im Verlauf des Jahres 1946 die „Wossidlosche Zettelsammlung" nach Rostock überführt worden sein, denn das Landeshauptarchiv wies das Kuratorium darauf hin, dass man „noch ca. 100 Kästen mit Zetteln" an einer Stelle des „damals sehr gefüllten Magazinkellers" übersehen habe.[109]

Die Zettelmassen befanden sich wohl in den Räumen des Niederdeutschen Seminars bzw. der Arbeitsstelle des Mecklenburgischen Wörterbuchs. Im Krieg hatten dessen weitere Drucklegung, nicht jedoch die Arbeiten am Manuskript, geruht. Unter Hermann Teuchert wurde die Arbeitsstelle in der SBZ fortgeführt. 1947 konnte er schon deren Mitfinanzierung durch die Deutsche Akademie der Wissenschaften erwirken.[110] Der Sinn des Wörterbuchs wurde mehrfach angezweifelt. So warf 1951 der Sekretär der SED-Landesleitung, Karl Mewis, in seinem Vortrag über „Kampf gegen den Formalismus in der Kunst und Literatur für eine fortschrittliche deutsche Kultur" seiner Landesregierung vor, dass mit dem Wörterbuch riesige Summen hinausgeworfen würden.[111] An der Universität Greifswald nahm Hans-Friedrich Rosenfeld die Arbeiten am Pommerschen Wörterbuch gleich nach 1945 wieder auf. Gleichwohl blieb als Untersuchungszeitraum die Provinz Pommern in ihren Grenzen von 1936 maßgeblich. Als Gewährsleute für den Raum östlich der Oder wurden daher Flüchtlinge aus Hinterpommern befragt.[112]

Aktivitäten zu entwickeln. Es fehlte noch Kontrollapparat und Kaderabteilung, wie aus dem Befehl Nr. 28 der Landes-SMA vom 11.2.1946 hervorgeht, vgl. Landesregierung, wie Anm. 9, S. 438.

106 WA, Kuratorium: Landesverwaltung, Abt. Kultur und Volksbildung, an das Kultur- und Volksbildungsamt der Stadt Rostock, 24.11.1945; die Stadt informierte Beckmann umgehend: ebd., 1.12.1945.

107 Landesregierung, wie Anm. 9, S. 27.

108 Beckmann, Paul: Das Lebenswerk Richard Wossidlos, in: Zeitschrift für Volkskunde, 56. 1960, S. 1–11, hier S. 10.

109 WA, Kuratorium: Mecklenburgisches Geheimes und Haupt-Archiv an das Kuratorium der Wossidlo-Stiftung, adressiert an die Universität Rostock, 14.10.1946.

110 Gundlach, Jürgen: Niederdeutsch an der Deutschen Akademie der Wissenschaften zu Berlin. Erfahrungen einer Außenstelle, in: Hermann-Winter, wie Anm. 21, S. 109–124, hier S. 110.

111 Gundlach, wie Anm. 57, S. 36.

112 1948 wurde die sich fortan „Niederdeutsches Wörterbuch" nennende Arbeitsstelle von der Berliner Akademie übernommen, 1969 im Zuge der Akademiereform aufgegeben. Das Mecklenburgische Wörterbuch wechselte hingegen zur Sächsischen Akademie der Wissen-

Am 1. Januar 1946 wurde Paul Beckmann im Alter von 57 Jahren als haupt-
amtlicher Dozent an das Pädagogische Institut Rostock berufen; in diesem Jahr
wurde er auch CDU-Mitglied.[113] Für das Sommersemester wurde er mit Vor-
lesungen über Neuere deutsche Literatur an der Universität beauftragt.[114] Eine
Entlastung von der Lehrerausbildung wurde ihm nicht gewährt, zumal diese
nach dem SMAD-Befehl Nr. 162 vordringlich war.[115] Vom Herbst 1946 an lehrte
Beckmann Erdkunde an der Vorstudienabteilung der Universität Rostock.[116]

Im Herbst 1946 bat Günter Matern den Präsidenten des Landes, „baldmög-
lichst seine Zustimmung zu einer Neubildung des Kuratoriums der Wossidlo-
Stiftung zu erteilen", für dessen Zusammensetzung er Vorschläge machte.[117]
Auch die Stiftung wurde also von der Kulturpolitik – zumindest formaliter
– gelenkt. Matern schlug sich zwar selbst als Vertreter des Kulturbundes vor,
gleichzeitig aber Paul Beckmann zum geschäftsführenden Direktor, der bisher
das Kuratorium stellvertretend organisiert hatte. Insofern haben Beckmann und
Matern ein gemeinsames Interesse verfolgt, und zwar die „Heimatpflege", für
die der Kulturbund eine eigene Kommission eingesetzt hatte. Für die Kommission „Heimatpflege" waren zahlreiche örtliche Arbeitsgemeinschaften tätig, von
denen allein zwischen 1945 und 1948 dreizehn entstanden sind.[118] Für Schwerin
war in dieser Kommission der Archivar Hans Heinrich Leopoldi (1917-1978)
tätig.[119] Leopoldi, ab 1949 Direktor des Stadtarchivs Schwerin, war stark in der
plattdeutschen Kulturarbeit engagiert.[120]

Der im Sommer 1945 zunächst in Berlin, dann in den übrigen Ländern und
Provinzen der SBZ gegründete Kulturbund war nicht nur eine Heimstatt für
Künstler und Intellektuelle, die für den Neuaufbau gewonnen werden sollten.

---

schaften über. Fortgesetzt wurde das Pommersche Wörterbuch erst 1992; vgl. Herrmann-
Winter, Renate: Geschichte, Geschicke und Ansehen pommerscher Dialektwörterbücher.
Vom Gebrauchs- zum Dokumentationswörterbuch, in: Stier und Greif. Blätter zur Kultur-
und Landesgeschichte in Mecklenburg-Vorpommern, 3. 1993, S. 27–31, hier S. 30.

113 UAR, PA Beckmann, wie Anm. 83, Personalbogen v. 22.6.1954.

114 Ebd., Bl. 15, Lebenslauf.

115 WA, Kuratorium: Beckmann an den Rektor der Universität Rostock, 31.1.1946.

116 UAR, PA Beckmann, wie Anm. 83.

117 WA, Kuratorium: Kultur und Volksbildungsamt der Stadt Rostock (i. A. Stadtrat Matern)
an Paul Beckmann, 4.10.1946.

118 Hermann-Winter, wie Anm. 22, S. 17. Der Auffassung von Köstlin, wie Anm. 13, S. 238,
der Kulturbund habe vor Gründung der Folklorezentren mit „Heimat" nichts im Sinn gehabt, muss daher für dessen frühe Jahre widersprochen werden.

119 Köpp, Ulrike: Heimat DDR. Im Kulturbund zur demokratischen Erneuerung Deutschlands,
in: Krause, Martina/Neuland-Kitzerow, Dagmar/Noack, Karoline (Hrsg.): Ethnografisches
Arbeiten in Berlin. Wissenschaftsgeschichtliche Annäherungen. Berlin 2003 (Berliner Blätter. Ethnographische und ethnologische Beiträge; 31), S. 97–107, hier S. 97.

120 Leopoldi war Mitglied der Leitung des Niederdeutschen Arbeitskreises und des Deutschen
Schriftstellerverbandes, Vorsitzender der Bezirkskommission Niederdeutsch und Mitglied
des Vereins für niederdeutsche Sprachforschung; vgl. den Beitrag von Jens-Uwe Rost.

Vielmehr fanden sich auch Heimat- und Wanderfreunde, Naturschützer oder Volkstanzgruppen ein.[121] Da er als eine der wenigen Organisationen von der Besatzungsmacht zugelassen war, bot er in seiner Anfangszeit all jenen ein öffentliches Sammelbecken, die an das kulturelle Leben der Vorkriegszeit anzuknüpfen und womöglich das alte Vereinsleben wiederzubeleben suchten.[122] Gewiss mit dieser Absicht wurde Beckmann im Kulturbund tätig, zumal zunächst Illusionen über das Maß der dortigen Meinungsfreiheit bestanden.[123]

Auch im Kuratorium wurde das Flüchtlingsproblem thematisiert, wie eine Sitzung am 9. Dezember 1946 zeigt, zu der Paul Beckmann in das Haus der Kultur (Schillerplatz 10) einlud, um die „heutige Lage im Mecklenburger Volkstum" zu besprechen.[124] Kernbereich der Heimatpflege war nach wie vor die plattdeutsche Sprache. Sie verdiente nach den Leitsätzen der Kulturbund-Kommission die „sorgfältigste Pflege".[125] Dabei war in Mecklenburg die Landschaftssprache auch nach 1945 noch lebendig. Die Einheimischen sprachen weiterhin plattdeutsch untereinander und mit den Migranten, sodass sich besonders jüngere Flüchtlinge samt ihrer Kinder den Dialekt der Ankunftsgesellschaft bis zu einem gewissen Grad aneignen mussten. Zwar sollte das Niederdeutsche für die heimatkundliche Arbeit mit Rücksicht auf die „Umsiedler" nicht allein bestimmend sein, andererseits jedoch den Zuzüglern allmählich nahegebracht werden.[126] Damit forderte der Kulturbund mehr oder weniger deutlich, dass sich die Migranten der heimischen Kultur anzupassen hätten. Tatsächlich wurden viele von ihnen „erfolgreich mundartlich assimiliert".[127]

Zum neuen Stellvertreter des Kuratoriums wurde Ministerialdirektor Dr. Erich Ferdinand Nicolaus Schlesinger (1880-1956) ernannt, der von 1929 bis 1932 das Amt des Innen- und Justizministers begleitet hatte, von den Nazis gemaßregelt worden war[128] und zur Zeit der Berufung ins Kuratorium als Kurator der Universität Rostock wirkte. Später, von 1952 bis 1956, war er Rektor der Universität. Als Vertreter der Landesverwaltung wurde Regierungsrat Richard Glawe entsandt, als Vertreter der Stadt Rostock Kreisschulrat Emil

---

121 Köpp, wie Anm. 119.

122 Ebd.

123 Rösler, Reinhard: Autoren, Debatten, Institutionen. Literarisches Leben in Mecklenburg-Vorpommern 1945-1952. Hamburg 2003 (Mecklenburger Profile; 5), S. 99.

124 WA, Kuratorium: Einladung des Kuratoriums, 20.11.1946.

125 Landeskirchliches Archiv der Evangelisch-Lutherischen Landeskirche, Schwerin, Generalia 1477: Leitsätze der AG „Heimatpflege" des Kulturbundes, Juli 1948.

126 Ebd.

127 Bentzien, Ulrich/Neumann, Siegfried (Hrsg.): Mecklenburgische Volkskunde. Rostock 1988, S. 103; Neumann ist selbst dafür ein Beispiel, s. Neumann, Siegfried: Fremdes und Eigenes im Kontrast. Zu Kommunikation zwischen Einheimischen und Flüchtlingen in Mecklenburg-Vorpommern nach dem Zweiten Weltkrieg, in: Augsburger Volkskundliche Nachrichten, 9. 2003, H. 2, S. 7-23, hier S. 12f.; zum Sprachverhalten von Flüchtlingskindern, die ihren Herkunftsdialekt freiwillig ablegten, s. Lehmann, wie Anm. 7, S. 71–75.

128 Landesregierung, wie Anm. 9, S. 26.

Neels und als Verlegerfachmann Peter E. Erichson vom Hinstorff-Verlag, der 1925 die „Mecklenburgischen Monatshefte" begründet hatte und nun den kriegszerstörten Verlag wieder aufbaute. Das Kuratorium war nun mit Mitgliedern aus gesellschaftlich relevanten Funktionsbereichen neu besetzt: Landesverwaltung, Kulturbund bzw. Stadtverwaltung, Schule, Universität und das Verlagswesen waren vertreten.

Am 25. Oktober 1946 beschloss das neue Kuratorium, bei der Landesverwaltung für das laufende Quartal 3.000 RM und für 1947 12.000 RM zu beantragen, eine angesichts der herrschenden Not hohe Summe. Der Betrag von 12.000 RM entsprach der Summe, die das Kuratorium am 22. April 1942 vom Land zur Vorbereitung und Drucklegung von Wossidlo-Werken erhalten hatte.[129] Der Antrag wurde von Regierungsrat Glawe verfasst,[130] der den Präsidenten der Landesverwaltung bat, die Mittel für 1946 aus der Zentralverwaltung für Volksbildung in Berlin zu beantragen. Das Geld sollte zur „Aufstellung des gesamten Nachlasses des Professors Wossidlo, für Zahlung einer Miete, für die erforderlichen Räume, für Besoldung einer Hilfskraft und für die Vorbereitungen zur Herausgabe eines neuen Werkes" benutzt werden.

Richard Glawe hatte in den Dreißigerjahren am Aufbau des Bauernmuseums „Wossidlo-Sammlung" mitgewirkt. Schon im Herbst 1945 bemühte sich Glawe vergeblich, das unter hohen Verlusten geräumte Bauernmuseum wieder einzurichten. Erst mit der veränderten Konzeption eines „Volksmuseums", das die Bauernlegung und die Umrisse der Bodenreform berücksichtigen sollte,[131] war eine volkskundliche Ausstellung durchsetzbar, die unter dieser Prämisse bereits am 10. Dezember 1946 eröffnet wurde.

Dabei wurde die Bodenreform mit einer eigenen Abteilung bedacht. Es wäre genauer zu untersuchen, wie in dieser Ausstellung das Problem der Umsiedler behandelt wurde. Ihr Anteil am Erhalt einer Neubauernstelle lag um diese Zeit in Mecklenburg-Vorpommern im Vergleich zu den anderen Ländern und Provinzen der SBZ besonders hoch.[132] Weitere Abteilungen waren die Ur- und Frühgeschichte, die mit Wossidlos Sachkultur veranschaulichte ländliche sowie die städtische Kultur.[133]

Glawes Antrag für die Wossidlo-Stiftung war hingegen kein Erfolg beschieden. Beckmann sah sich zudem in beruflicher Hinsicht getäuscht, da er seine volkskundliche Forschertätigkeit[134] und sein vielseitiges Engagement nicht

---

129 WA, Kuratorium: Kuratorium an die Landesverwaltung, Abt. Wissenschaft, Erziehung und Volksbildung, 27.2.1945, Aktenzeichen des Landes: G. Nr. 4 K. 775.
130 Ebd.: Glawe an die Landesverwaltung, Abt. Kultur- und Volksbildung, 2.11.1946.
131 Lübeck, wie Anm. 56, S. 19.
132 Meinicke, wie Anm. 28, S. 63.
133 Lübeck, wie Anm. 56, S. 19.
134 WA, Kuratorium: Beckmann an den Rektor der Universität Rostock, 27.9.1945, „geschrieben im Bett".

gewürdigt sah. Als Geschäftsführer der Wossidlo-Stiftung, als Dozent an der Volkshochschule und an der Volksbibliothekarschule sowie als Mitglied des Vorstandes des Kulturbundes der Wirkungsgruppe Rostock war er tatsächlich weitgefächert in die „volksbildnerische Arbeit" eingespannt.[135] Den Dozententitel durfte er nicht mehr führen. Empört war er über seine Herabstufung beim Erhalt von Lebensmittelkarten, da er eine vierköpfige Familie zu ernähren hatte. So warf er der Verwaltung einen „glatten Bruch" ihm gegebener Versprechungen vor und fügte hinzu:

> „Wir bemühen uns, die jungen Leute zur Achtung des heutigen Staates zu erziehen. Das wird einem aber bitter sauer gemacht, wenn von eben diesem Staat unsere Arbeit so wenig anerkannt wird, daß man über uns gemachte Versprechen einfach zur Tagesordnung übergeht." [136]

Solch unerschrockene Beschwerden wurden zunehmend gefährlicher, spätestens mit der seit Sommer 1948 einsetzenden Stalinisierung der Politik, mit der die SED begann, sich in alle Lebensbereiche einzuschalten. Am 26. Januar 1949 gab es ein Wossidlo-Jubiläum, das Beckmann nutzte, um „Vorschläge zur Begründung eines Institutes für Mecklenburgische Volkskunde" zu unterbreiten:

> „Der 90. Geburtstag Wossidlos gibt Veranlassung, darauf hinzuweisen, dass die ungeheuren Schätze der Wossidloschen Sammlungen seit dem Mai 1945 völlig unbenutzbar sind, da sie ungeordnet aufs ungünstigste an mehreren verschiedenen Orten untergebracht sind. Herr Minister Grünberg hat dankenswerter Weise verfügt, daß das gesamte Material gemäß dem Wunsche des Forschers nach Rostock überführt wird, damit es dort als Forschungsinstitut den Studierenden zur Verfügung steht. Es fehlt aber an Geld zum Transport, zum Mieten von Räumen und zur Neuordnung."[137]

Die „Dringlichkeit der Aufgabe" begründete Beckmann mit dem Flüchtlingsproblem: „Das alte mecklenburgische Volkstum ist an einem wichtigen Abschnitt angelangt. Die große Zahl der Zugewanderten, denen wir einen sicheren Wohnsitz gewähren wollen, bringt mancherlei Volks- und Brauchtum mit. Daraus wird ein neues Volkstum erwachsen müssen, dessen Grundstock das mecklenburgische sein muß, schon deswegen, weil die Zahl der Einheimischen zahlenmäßig die jedes anderen Stammes weit überwiegt. Es gibt nun weder für

---

135 UAR, PA Beckmann: Beckmann an den Direktor (der Vorstudienschule?), 7.3.1947.
136 Ebd.
137 WA, Kuratorium: „Vorschläge zur Begründung eines Institutes für Mecklenburgische Volkskunde"; undat. Typoskript, unterzeichnet von Beckmann, wahrscheinlich Gedenkrede.

Lehrer, noch für Volksbibliothekare eine Möglichkeit, einen Überblick über das Vorhandene zu gewinnen. Dazu soll die Wossidlo-Sammlung verhelfen."

Im Oktober 1949, dem Gründungsmonat der DDR, richtete das Kuratorium an den Verwaltungsdirektor der Landesuniversität Rostock die Bitte, zur Unterbringung und Bearbeitung der Wossidlo-Sammlung Räume zur Verfügung zu stellen. Denn sie sei die „größte volkskundliche Sammlung Deutschlands und im Augenblick an so vielen Stellen untergebracht, daß eine Bearbeitung unmöglich" sei. Eine solche sei auch nur in Zusammenarbeit mit der Universität möglich.[138]

Beckmann berief sich ausdrücklich darauf, dass er im Einverständnis mit der Kommission „Heimatpflege" des Kulturbundes handle. Zu dieser Zeit wohnte er bereits in der Thomas-Mann-Straße 6, der späteren Unterkunft der Wossidlo-Forschungsstelle. Im Oktober 1949 wurde er „zurückversetzt", nachdem er zwischen 1944 und 1947 dreimal mit seiner Familie umgezogen war[139] und arbeitete bis zu seiner Pensionierung im Mai 1952 als Fachlehrer an der Borwinschule sowie an der Großen Stadtschule. Im Herbst 1951 erkrankte er schwer und ging vorzeitig in den Ruhestand.

Anfang 1952 berief die Mecklenburgische Landesregierung, Referat Kunstangelegenheiten, auf Anregung der Deutschen Akademie der Wissenschaften (DAW) ein neues Kuratorium der Wossidlo-Stiftung.[140] Wolfgang Steinitz, der an der Berliner Universität schon mehrere Ämter begleitet und somit an Einfluss gewonnen hatte,[141] wurde Mitglied des Kuratoriums. Im Juli 1952 beschloss der Ministerrat der DDR eine umfassende Gebietsreform, die am 25. Juli die Auflösung des Landes bewirkte, dessen administrative Einheit sieben Jahre lang bestanden hatte. Es wurde verwaltungsmäßig in die „Drei Nordbezirke" Rostock, Schwerin und Neubrandenburg aufgeteilt. Ende des Monats, am 31. Juli, wandte sich Leopoldi an den Rat des Bezirks Rostock:

> „Durch die Bildung von drei mecklenburgischen Bezirken gehört die Forschungsstelle, die nach der Meinung von Nationalpreisträger Professor Dr. Wolfgang Steinitz, Dekan der Philosophischen Fakultät der Humboldt-Universität, Berlin, zu einem Institut für Volkskunde erweitert werden müsse, jetzt zum Bezirk Rostock, und es ist nötig, daß der Rat des Bezirkes Rostock einen Vertreter für das Wossidlo-Kuratorium benennt, der sich entscheidend für eine sachgemäße Unterbringung der Forschungsstelle einsetzt und daß die monat-

---

138 Ebd.: Beckmann im Auftrag des Kuratoriums der Wossidlo-Stiftung an den Verwaltungsdirektor der Universität, 14.10.1949.
139 UAR, PA Beckmann, wie Anm. 83.
140 WA, Kuratorium: Leopoldi an den Rat des Bezirks Rostock, 31.7.1952.
141 Nötzoldt, Peter: Wolfgang Steinitz – Wissenschaftler und Wissenschaftsorganisator an der Deutschen Akademie der Wissenschaften zu Berlin, in: Zehn Jahre, wie Anm. 16, S. 125-148, hier S. 128; Leo, Annette: Leben als Balance-Akt. Wolfgang Steinitz. Kommunist, Jude, Wissenschaftler. Berlin 2005.

Paul Beckmann (2.v.r.) mit dem Abiturjahrgang 1951 der Borwin-Schule in Rostock

liche Entschädigung an Herrn Dr. Paul Beckmann, Rostock, weitergezahlt [...] wird."[142]

Nach Meinung Ingeborg Müllers, die seit 1953 im Wossidlo-Archiv arbeitete, sei Beckmann besorgt gewesen, dass mit der Gebietsreform das Archiv in die praktische Verfügungsgewalt des Bezirksrats hätte fallen können.[143] Beckmann hätte sich zuerst an Steinitz gewandt. Als Begründung führte Leopoldi bislang unbeachtete Qualitäten der Volkskultur an, nicht mehr das Flüchtlingsproblem, das 1950 staatlicherseits als nicht mehr vorhanden erklärt worden war; dem entsprach auch das neue Programm von Steinitz:

„Die Arbeit der Forschungsstelle, die bis jetzt einen so guten Verlauf genommen hat, ist ein ausgesprochener Schwerpunkt [in der Kulturarbeit des neuen Bezirks, A.d.V.]. In den Märchen, Schwänken, Sagen usw. sind die Stoffe über die Opposition der Bevölkerung gegen Unterdrückung, soziale Not und imperialistischen Krieg enthalten. Die Öffentlichkeit wußte bisher nichts von ihnen, da die Wissenschaft sie bis dato nicht beachtet hatte. Es muß jetzt daran gegangen werden, die Wissenschaft der Volkskunde mit neuen fortschrittlichen Gedanken zu befruchten, und das soll geschehen durch die Herausgabe von volkskundlichem Material und durch Veröffentlichungen, die die konkrete

---

142 WA, Kuratorium: Leopoldi an den Rat des Bezirks Rostock, 31.7.1952.
143 In einem Gespräch mit dem Verf., Januar 2002.

Bedeutung dieses Materials für unsere Kultur und unsere Wissenschaft aufzeigen.“ [144]

Im ersten Bericht des Kuratoriums für die DAW betont Beckmann das Ansteigen heimatkundlicher Bestrebungen.[145] So hätten mit dem Sekretariat der Ortsgruppe des Kulturbundes wiederholt Besprechungen wegen heimatkundlicher Veranstaltungen stattgefunden. Auch hätten sich zahlreiche Lehrer in Fragen des heimatkundlichen Unterrichts beraten lassen.

Im Oktober 1952 meldete sich Hans Wilhelm Barnewitz, um die wiedererwachte volkskundliche Arbeit zu bekräftigen:

„Ein Segen, daß die volkskundliche Sammlung in der Hauptsache den Krieg überstanden hat! Hoffentlich kommt nun die Arbeit wieder in Gang! Ich selbst stehe gern zur Verfügung; aber das Sammeln wird durch Aufhören meiner Schultätigkeit ziemlich am Ende sein. Mitgebrachtes Volkstum von Flüchtlingen, hauptsächlich Sagen, hätte ich vor drei Jahren im Zusammenhang mit meinen letzten Einsendungen noch vorlegen können. Aber für Sonderarbeit ist unsere Jugend jetzt zu stark in Anspruch genommen. Dazu kommen noch besondere Schwierigkeiten durch Unterbringung von Klassen und Internaten; Bützow ist jetzt ja wieder Kreisstadt geworden! (...) Guten Erfolg wünsche ich Ihnen. Nun fehlt nur noch eine heimatkundliche Zeitschrift.“ [146]

Der Beschluss zur Übernahme der Rostocker Forschungsstelle wurde in Berlin am 1. Januar 1953 gefasst. Beckmann hatte nach seiner Pensionierung die Verwaltung der volkskundlichen Sammlungen Wossidlos zunächst „ehrenamtlich“ übernommen, für welche Arbeit er nun von der Akademie auf Basis eines Werkvertrages entlohnt wurde.[147] Im Juli 1953 wurde er zum Mitglied der Deutschen Akademie der Wissenschaften ernannt.[148]

„Demokratisch-oppositioneller“ Gehalt von Volkskultur. Wolfgang Steinitz und die „Volkskunde des Neubeginns“

Die Begründung einer spezifischen DDR-Volkskunde auf Akademie-Niveau ist vor allem mit der Person des Völkerkundlers, Sprachwissenschaftlers und Finno-Ugristen Wolfgang Steinitz verbunden. Steinitz war seit 1927 KPD-Mit-

---

144 WA, Kuratorium, wie Anm. 142.
145 Ebd.: „Bericht für den Monat September 1952“ (undatiert).
146 Ebd.: Barnewitz an das Kuratorium, 28.10.1952.
147 UAR, PA Beckmann, wie Anm. 83.
148 Ebd.

Dr. Hans Wilhelm Barnewitz

glied und wurde 1933 als Assistent des Ungarischen Instituts der Berliner Universität entlassen. 1934 emigrierte er zunächst nach Finnland und von dort nach Leningrad, wo er eine Professur für finnisch-ugrische Sprache erhielt, musste dann aber aufgrund stalinistischer Repressionen 1937 das Land verlassen, von wo aus es ihn nach Schweden verschlug.[149] Als Ende Januar 1946 die Berliner Universität wiedereröffnet wurde, setzte die Zentralverwaltung für Volksbildung Steinitz noch im selben Jahr als Professor ein. Im Juli 1946 konstituierte sich die Preußische Akademie der Wissenschaften neu als Deutsche Akademie der Wissenschaften zu Berlin. Steinitz übernahm 1951 von Adolf Spamer die Leitung der volkskundlichen Kommission. Am 22. August 1953 ging aus der Kommission das Institut für deutsche Volkskunde hervor, dessen Leitung Steinitz übernahm.[150]

Der Germanist Hans Naumann hatte in den Zwanzigerjahren die Lehre vom gesunkenen Kulturgut vorgestellt.[151] Danach war Volkskultur das Ergebnis eines Absinkprozesses von der Hoch- bzw. Individualkultur, die zerzählt, zerspielt, zersungen usw. wurde, was Naumann an Bewegungen von der schriftlichen zur mündlichen Kultur demonstriert hatte. Naumann wurde daher in der

---

149 Nötzoldt, wie Anm. 141, S. 126f.
150 Scholze, wie Anm. 19.
151 Naumann, Hans: Primitive Gemeinschaftskultur. Beiträge zur Volkskunde und Mythologie. Jena 1921.

DDR als Vulgärsoziologe und offener Wegbereiter des Nazismus betrachtet, der eine überhebliche, volksfeindliche Herrenmenschtheorie entwickelt habe, was schon sein Vorläufer Spamer kritisiert habe.[152] Steinitz führte gegen Naumanns Kulturtheorie Lenins Charakterisierung der nationalen Kultur ins Feld. Sie war ebenfalls zweigleisig, insofern sie der herrschenden bürgerlichen Kultur die der „werktätigen und ausgebeuteten Masse" gegenüberstellte, „deren Lebensbedingungen unvermeidlich eine demokratische und sozialistische Gesinnung erzeugen" würden.[153] Die DDR-Volkskunde setzte der Theorie des gesunkenen Kulturguts also die Theorie der Volkskultur als einer „zweiten Kultur" gegenüber.[154]

Wie vertrug sich aber die Überhöhung der „Volkskunst" mit der Arbeiterbewegung? Nach Steinitz gab es noch keine entwickelte Folklore der Arbeiterbewegung, also keine Traditionen von Arbeitermärchen, Arbeitervolkstrachten, Arbeitervolksliedern etc. Hierfür musste die historische Volkskunst dienen. Sie wurde als Teil des humanistischen, nationalen Erbes betrachtet. Bedingung war ihr sozialkritisch-demokratisches Potenzial nach der Auffassung Lenins. So rückte Steinitz die sozioökonomische Seite der historischen Volkskultur, die bürgerliche Volkskundler mit ihrem Interesse an mythologischen, anthropologischen und kulturgeschichtlichen Zusammenhängen bislang vernachlässigt hatten, in das Zentrum seines Wissenschaftsprogramms. Genauer war es die sozialkritische Stoßrichtung der Volkskultur. Prototypisch gab Steinitz 1954 Band 1 seiner „Deutschen Volkslieder demokratischen Charakters aus sechs Jahrhunderten" heraus. Damit konnte dem „russischen künstlerischen Volksschaffen" auch ein deutsches gegenübergestellt werden.

Steinitz förderte die Zusammenarbeit zwischen Ost und West, lehnte jedoch „die sogenannte Volkskunde der sogenannten Heimatvertriebenen" ab. Sie würden die Umsiedler „zum Revisionismus, das heißt zur Rückeroberung ihrer ehemaligen Heimatgebiete, zum Krieg gegen Polen und die Tschechoslowakei aufhetzen", während diese in der DDR „als völlig gleichberechtigte Mitbürger in das geordnete soziale und Wirtschaftsleben eingegliedert" seien.[155] Zu diesem Zeitpunkt hatte sich für die offizielle DDR-Volkskunde das Integrationsproblem also längst erledigt.

Bei allem Einsatz von Steinitz war die „Volkskunde des Neubeginns" ohne die damalige Laienkunstbewegung nicht denkbar, denn die Impulse zur Wie-

---

152 Steinitz, Wolfgang: Die volkskundliche Arbeit in der DDR, Vortrag. Leipzig 1955 (Kleine Beiträge zur Volkskunstforschung, hrsg. vom Zentralhaus für Laienkunst; 1), S. 18.

153 Ebd., S. 41f.

154 Mohrmann, Ute: Volkskunde in der DDR während der fünfziger und sechziger Jahre, in: Jacobeit, Wolfgang/Lixfeld, Hannjost/Bockhorn, Olaf (Hrsg.): Völkische Wissenschaft. Gestalten und Tendenzen der deutschen und österreichischen Volkskunde in der ersten Hälfte des 20. Jahrhunderts, in Zusammenarbeit mit James R. Dow. Wien/Köln/Weimar 1994, S. 375–394, hier S. 379.

155 Steinitz, wie Anm. 152, S. 45.

deraufrichtung der Volkskunde kamen weniger aus der Wissenschaft selbst, als aus der kulturellen Praxis.[156] Die Traditionen der Laienkunst reichten von der agrarromantischen Heimatbewegung und der faschistischen Volkstumspflege bis zur linken Arbeiterkulturbewegung. Ein deutscher Weg zum Sozialismus – also über die Traditionen der eigenen Arbeiterbewegung – war schon Ende der Vierzigerjahre verdrängt worden.[157] Wie in der gesamten Kulturarbeit richtete sich auch die Volkskunst auf dem Höhepunkt des Stalinismus 1952/53 nach den Vorbildern in der UdSSR und den Volksrepubliken. Die Laienkunst übernahm zunehmend sowjetische Stoffe mit agraren Traditionen und ging mehr und mehr in öffentliche Vorführungen folkloristischen Charakters, in den Bereich der Repräsentation, über. Zur Schau gestellt wurden Erzeugnisse der „Volkskunst", wie Trachten und schmuckhafte Requisiten. Dies geschah vermehrt seit den III. Weltfestspielen der Jugend in Berlin, die im August 1951 stattfanden. Zunehmend wurde der Begriff „Laienkunst" durch „Volkskunst" ersetzt.[158] Das Zentralhaus für Laienkunst in Leipzig verstand letztere als „Einheit von bildnerischem Schaffen und Folklore einschließlich des Volkstanzes".[159] Die Konzeption der Volkskunstausstellung von 1952 in Berlin, für die Bestände aus 66 Museen der DDR zusammengetragen wurden, zeigte dann, dass alle Bereiche der Volkskultur gemeint waren, Volkskunst also auf das kulturelle Produktionsvermögen des „Volkes" gemünzt war. „Volkskunst" wurde nun überhöht, geradezu heroisiert. Sie galt als Ausdruck der Potenzen des Volkes, als Grundlage künstlerischen Schaffens schlechthin. Steinitz hatte die Volkskunstausstellung allerdings als „prächtige Schau", der die sozialkritische Dimension noch fehle, kritisiert.[160] Die Aufgabe der Volkskunde sah man darin, fachkundig über die ethnische Fülle der „Volkskunst" und ihre Traditionen zu beraten, das Material zu sichten und kulturgeschichtlich einzuordnen. Solche Aufgaben wurden mit dem Zentralhaus für Laienkunst in Leipzig verbunden, dem wiederum die neuen Volkskunstkabinette in den Bezirken und Kreisen unterstanden.

In Rostock wurde das Bezirkskabinett für Laienkunst am 27. September 1952 eröffnet,[161] woraufhin die Zusammenarbeit des Bezirksrates mit der Volkskunde vertieft wurde. So heben die Arbeitsberichte der „Wossidlo-Forschungsstelle für Niederdeutsche Volkskunde" oder „für Mecklenburgische Volkskunde", wie sich die Einrichtung 1953, vor ihrer offiziellen Eröffnung, noch nannte, die „Zusammenarbeit mit Organisationen des täglichen Lebens" hervor.

---

156 Mohrmann, wie Anm. 15, S. 197.

157 Mohrmann, wie Anm. 154, S. 377.

158 Weinhold, Rudolf: Vierzig Jahre Volkskunstforschung im Spannungsfeld zwischen Wissenschaft und Folklorepraxis, in: Jahrbuch für Volkskunde, 15. 1992, S. 51–66, hier S. 58.

159 Ebd.

160 Steinitz, wie Anm. 152, S. 26.

161 WA, Kuratorium: Rat des Bezirkes Rostock, Abt. Kunst und kulturelle Massenarbeit, an Beckmann, 23.9.1952.

Prospekt zur Ausstellung „Deutsche
Volkskunst" in Berlin 1952

Im August wurden „43 Anfragen wegen Erntefeiern beantwortet",[162] und für
den September heißt es: „Zusammenarbeit mit Kunst und kultureller Massenarbeit war wie immer recht eng".[163] Ende 1953 wurde Beckmann dann vom
Rat der Stadt Rostock als Mitglied der Fachkommission für Forschung ernannt,
um beratend an der „Weiterentwicklung der Volkskunst" mitzuwirken.[164] Damit
wurde zugleich eine Schaltstelle zu den Volkskunstkabinetten der Bezirke
Schwerin und Neubrandenburg geschaffen. Das Zentralhaus für Laienkunst war
zunächst an einer für die Volkskunstkabinette geeigneten Bibliografie zur meck-

---

162 WA, Kuratorium: Bericht über die Tätigkeit der Wossidlo-Forschungsstelle für August,
    15.9.1953.
163 Ebd. für September, 12.10.1953.
164 WA, Kuratorium: Rat der Stadt Rostock, Abt. Kunst und kultureller Massenarbeit, an
    Beckmann, 30.12.1953.

lenburgischen Volkskunde interessiert.[165] Über Richard Wossidlo erschien eine Würdigung in der Zeitschrift „Volkskunst".[166] Auch mehrten sich die Anzeichen dafür, dass die Volkskunde stundenweise in das Unterrichtsprogramm der Universitäten aufgenommen werden sollte.[167]

Nach dem Aufstand vom 17. Juni 1953 wurde die verhasste Staatliche Kommission für Kunstangelegenheiten aufgelöst und das neue Ministerium für Kultur unter dem national gesinnten Dichter und Schriftsteller Johannes R. Becher gegründet. Das verhieß auch der Volkskunst bessere Zeiten.

Gründung der Wossidlo-Forschungsstelle
und Wiederbelebung der Wossidlo-Pflege

Wie wirkte sich nun das Steinitz-Programm auf die Rostocker Wossidlo-Arbeitsstelle aus? Diese war noch immer nicht eröffnet, da es in der Nachkriegszeit an Räumen mangelte. Das Raumproblem war so evident, dass sich Paul Beckmann an die stellvertretende Vorsitzende und Abgeordnete der Volkskammer, Anne Kleinke, wandte und ihr mitteilte, Wolfgang Steinitz wolle, „wenn nicht innerhalb eines Monats eine positive Entscheidung gefallen sei, die Sammlung nach Berlin holen", die „dort eine würdige Ausstellung finden würde", ja Steinitz würde sich gegebenenfalls an den stellvertretenden Ministerpräsidenten Walter Ulbricht wenden.[168] Auch die Ostsee-Zeitung, das Organ der SED, nahm sich des Raumproblems in einem längeren Artikel über die Arbeit der Forschungsstelle an.[169] Anfang 1954 wurden ihr dann endlich in der Thomas-Mann-Straße 6, dem Wohnort Beckmanns, drei Räume (15 qm, 17 qm und 25 qm) zugewiesen.[170]

Zum Einweihungstag bestimmte man mit dem 4. Mai zugleich den 15. Todestag Richard Wossidlos. Der erste Arbeitsplan war noch ganz im Sinne der

---

165 WA, Korrespondenz der Forschungsstelle: Nedo, Zentralhaus für Laienkunst, an Beckmann, 9.10.1953.

166 Leopoldi, wie Anm. 78.

167 WA, Korrespondenz der Forschungsstelle: Teuchert an Beckmann, 20.12.1953. Mitte 1954 wurde die Volkskunde als wahlweise obligatorisches Lehrfach bestätigt, ebd.: Staatssekretariat für Hochschulwesen, Abt. Philologische und Theologische Fakultäten an den Fachrichtungsleiter für Germanistik der Universität Rostock (Hermann Teuchert), 3.6.1954. Sie sollte also ergänzend zu bestehenden Studiengängen vermittelt werden. Im WS 1954/55 bot Beckmann den Lehrauftrag: „Das Erzählgut des deutschen Volkes" an.

168 Ebd.: Beckmann an Anne Kleinke, 20.5.1953.

169 Dr. Paul Beckmann und die Arbeit der „Wossidlo-Forschungsstelle" der Deutschen Akademie, in: Ostsee-Zeitung, 2.10.1953.

170 WA, Korrespondenz der Forschungsstelle: Rat der Stadt Rostock, Abt. Wohnraumlenkung, an das „Wossidlo-Institut", 28.1.1954.

Aufgabenbestimmung der Wossidlo-Stiftung. Bis zum Ende des Jahres sollten die von Wossidlo gesammelten Sagen über Rethra, das slawische Heiligtum der Lutizen, herausgegeben werden. Bis 1956 sollten die 1939 erschienenen und inzwischen vergriffenen Sagenbände Wossidlos, deren Vorworte Spuren des Naziregimes aufweisen, umgearbeitet und neu herausgegeben werden.

Dr. Hans Erdmann wurde gebeten, für das Zentralhaus für Laienkunst in Leipzig ein mecklenburgisches Volksliederbuch herauszugeben, und Karl Baumgarten, sich der Hausforschung zu widmen; gleichzeitig sollte die Ordnung des Archivs weiter laufen. Beide im Schuldienst tätigen Lehrer sollten für diesen Zweck beurlaubt werden.[171] Die volkskundliche Bibliothek Wossidlos wurde erst 1957 nach zähem Ringen mit dem Mecklenburgischen Landesmuseum Schwerin nach Rostock überführt, weil sie in dessen Buchbestände schon eingearbeitet worden war.

Als eigenen Schwerpunkt sah die Forschungsstelle auch weiterhin „Wirkung in die Breite" vor:

> „Schon bisher hat die Forschungsstelle die Volkstums- und Volkskunstbestre-
> bungen der Industrie-Ensembles, LPGs u.s.w. unterstützt und für die Gestal-
> tung von volkstümlichen Festen Anregung gegeben. Auf das engste arbei-
> ten wir zusammen mit der Abteilung Kunst und Massenorganisation und den
> Volkskunstkabinetten der Bezirke."[172]

Bemerkenswert ist, dass Beckmann auf diese Weise „Kader für die volkskund-liche Sammelarbeit" gewinnen wollte. Dass so etwas möglich sei, habe die Zusammenarbeit mit dem Kulturbund und der Rostocker Volksbücherei bewiesen. Über die Presse sandte die Forschungsstelle nun volkskundliche Fragen aus, wie: „Wo erzählt man Sagen von goldener Wiege, goldenen Tieren, goldenen Göttern?", „Wo tanzte man die ‚Schwedische Quadrille'?" oder „Gibt es noch Märchenerzähler?",[173] die noch ganz im Sinne der Vorkriegsvolkskunde gestellt waren und bei der Leserschaft ein „überraschend großes Echo"[174] fanden. Beckmann wurde zudem in den „Zentralen Fachausschuß Volkskunde" gewählt, der sich am 27. November 1954 in Berlin konstituierte. In diesem Gremium wirkten neben Vertretern des Instituts für deutsche Volkskunde Mitarbeiter des Zentralhauses für Volkskunst und des Kulturbundes mit.[175]

---

171 Ebd.: Protokoll der Arbeitsbesprechung in der Wossidlo-Forschungsstelle Rostock am 4.5.1954.

172 Ebd.: Arbeitsbericht der Wossidlo-Forschungsstelle, Rostock, für das 1. Vierteljahr 1954.

173 „Die kleinste Notiz kann wichtig sein. Die Wossidlo-Forschungsstelle in Rostock ruft zur Mitarbeit auf", in: Norddeutsche Zeitung, 29.6.1954.

174 „Unsere Leser treiben Volkskunde", in: Norddeutsche Neueste Nachrichten, 18.9.1954.

175 WA, Korrespondenz der Forschungsstelle: Beschluss-Protokoll über die Sitzung des Zentralen Fachausschusses Volkskunde vom 27.11.1954 in Berlin.

Ingeborg Müller, Paul Beckmann und Gertrud Hoffmeister vor Wossidlos Zettelsammlung

Beckmann mahnte die Fortsetzung der volkskundlichen Sammelarbeit an, zumal 40% neue Bewohner ins Land gekommen und große Teile der einheimischen Bevölkerung abgewandert seien. Zwar hätten Beobachtungen von Wossidlo, Folkers und Staack ergeben, dass frühere Siedlungen keinen Zuwachs an volkskundlichem Gut ergeben hätten, aber in den früheren Fällen seien nur junge Siedler ins Land gekommen, die Alten, die „Hüter der Tradition", seien zurückgeblieben. Das sei diesmal völlig anders, sodass es scheine, als würde das mecklenburgische Volkstum neue Züge gewinnen, was am deutlichsten beim Kinderspiel in Erscheinung trete.[176]

Die Ergebnisse des Rethra-Projekts konnte Beckmann nur noch 1959 in Form eines längeren Aufsatzes im „Deutschen Jahrbuch für Volkskunde" veröffentlichen, das dem 100. Geburtstag von Wossidlo gewidmet war.[177] Der Abdruck war ein Tribut an den Jubilar und den Wossidlo-treuen Beckmann, der sich mit dieser Arbeit verabschiedete. Er gab die Leitung an Karl Baumgarten ab, der auf dem Gebiet der ideologisch weniger verfänglichen Hausforschung tätig war. Inzwischen hatte sich die Sagenauffassung der DDR-Volkskunde im Sinne von

---

176 Ebd.: Beckmann: Die Wossidlo-Forschungsstelle in der Deutschen Akademie der Wissenschaften zu Berlin. Undatiertes Typoskript, S. 4f.
177 Beckmann, Paul: Die Rethra-Sagen in Mecklenburg, in: Deutsches Jahrbuch für Volkskunde, 5. 1959, S. 44–73.

Steinitz gewandelt, was der Jahrbuchband auch deutlich markiert. Denn er wird mit einem Beitrag von Gisela Schneidewind über die Frevelsagen um den mecklenburgischen Gutsherrn Haberland eingeleitet, der von seinen Untertanen, die er malträtiert hatte, 1839 ermordet wurde. 1960, passend zum 150. Geburtstag von Fritz Reuter,[178] gab die Verfasserin aus dem Wossidlo-Fundus „antifeudale Sagen" unter dem programmatischen Titel „Herr und Knecht" heraus.[179] Nachdem Schneidewind das sozialkritische Sagenmaterial Wossidlos gattungsübergreifend herausgefiltert hatte, galt dessen nach Subgenres (wie Toten- und Gespenstersagen, Erlösungs- und Schatzsagen, Sagen von allerlei Frevel, Untergangs- und Glockensagen) eingeteiltes Sagenprojekt als überholt.[180]

Das Sammelwerk Wossidlos konnte nun offiziell in die Nähe der sozialkritischen Dichtkunst Reuters gerückt werden, die sich in ihrer schärfsten Form in „Kein Hüsung", Reuters beliebtestem Werk, niedergeschlagen hat. Reuter hatte den Stoff für das zwischen 1856 und 1857 niedergeschriebene Versepos, dessen Held Johann Schütt erst frei wird, nachdem der Knecht seinen Herrn erschlagen hat, dem Sagenkreis vom hartherzigen Gutsbesitzer entnommen. Reuter wurde wegen seiner Sozialkritik und Verwicklung in die Revolution von 1848, durch die er fast sieben Jahre in Festungshaft verbüßte, von der SBZ früh vereinnahmt, wie besonders das Jubiläum von 1948 zeigt, womit das Niederdeutsche aufgewertet wurde.[181] Von der existenziellen Bedrohung, „kein Hüsung" zu besitzen, mussten sich besonders die Flüchtlinge angesprochen fühlen.[182] 1954 kam das Werk nach einem Drehbuch von Ehm Welk in hochdeutscher Fassung in die Kinos.[183] Die Lösung der emotionalen Spannung, die das Tendenzwerk beim Zuschauer erzeugte, hatte die Bodenreform versprochen.[184]

---

178 Schneidewind, Gisela: Die Volkserzählung bei Fritz Reuter, in: Fritz Reuter. Eine Festschrift zum 150. Geburtstag, hrsg. vom Fritz-Reuter-Komitee der DDR. Rostock 1960, S. 156–190.

179 Schneidewind, Gisela (Hrsg.): Herr und Knecht. Antifeudale Sagen aus Mecklenburg. Aus der Sammlung Richard Wossidlos. Berlin 1960 (Veröffentlichungen des Instituts für deutsche Volkskunde; 22); s. auch Schneidewind, Gisela: Der Sagenkreis um den mecklenburgischen Gutsherrn Georg Haberland, in: Deutsches Jahrbuch für Volkskunde, 5. 1959, S. 8–43.

180 Nur kleingedruckt wird eingangs vermerkt, dass das Buch Wossidlos Mecklenburgische Sagen, Bd. 1 und 2, fortsetzt.

181 Hermann-Winter, wie Anm. 22, S. 15.

182 Krause, Christiane: Kein Hüsung – Flüchtlinge und Vertriebene in Rostock, Sommer 1945, in: Stier und Greif. Blätter zur Kultur- und Landesgeschichte in Mecklenburg-Vorpommern, 2. 1992, S. 29–33.

183 Schmitt, Christoph: Fritz Reuters „Kein Hüsung" als filmischer Text. Zur DEFA-Verfilmung des niederdeutschen Versepos nach dem Drehbuch Ehm Welks, in: Rösler, Reinhard/Schürmann, Monika (Hrsg.): „... damit ich nicht noch mehr als Idylliker abgestempelt werde." Ehm Welk im literarischen Leben Mecklenburg-Vorpommerns nach 1945. Rostock 1998, S. 143–169.

184 Welk, Ehm: „Kein Hüsung" als Film, in: Norddeutscher Leuchtturm (Wochenendbeilage der „Norddeutschen Zeitung"), 24./25.1.1953.

Dagegen war Wossidlos Stellenwert Anfang der Fünfzigerjahre erst neu zu bestimmen. „Wer war Richard Wossidlo?", fragte denn Paul Beckmann in einem bekannten Heimatkalender, da das Band zwischen Wossidlo und dem Mecklenburger „gelockert, wenn nicht zerrissen" sei.[185] Im Hinblick auf die Erbeaneignung fügte er hinzu:

> „Was hätte Wossidlo seine wissenschaftliche Sorgsamkeit genutzt, wenn er nicht von Liebe für das werktätige Volk ergriffen gewesen wäre! Neun Zehntel seiner Gewährsleute entstammen dem Arbeiterstande. Der einfache Mann fühlte sich durch die Liebe Wossidlos zu seiner inneren Welt geehrt und vergalt dies dem Forscher durch hingebende Treue."[186]

Auch waren Wossidlos Schriften nach 1945 vergriffen, weshalb man sich kein genaues Bild von ihm machen konnte. So waren in Ribnitz, dessen Wossidlo-Oberschule die Patenschaft für das Grab des Volkskundlers übernommen hatte, „gewisse Bevölkerungskreise ... empört über die Verwahrlosung (seines) Grabes" und hätten beinahe „Berliner Zeitungen für diesen Beweis von Gleichgültigkeit und Nichtachtung eines großen Mannes interessieren wollen".[187] In Waren wurde der Namensgründer der dortigen Richard-Wossidlo-Oberschule im ersten, 1954 erschienenen Heft der Schülerzeitung mit keinem Wort erwähnt.[188] Das änderte sich erst im folgenden Jahr,[189] womit die Wossidlo-Pflege an der Oberschule wieder einsetzte und dort recht intensiv betrieben wurde.

Erst jetzt erinnerte sich die Kulturpolitik des Landes an Richard Wossidlo, die Ikone der Vorkriegszeit. Auffallend ist, dass er im öffentlichen Diskurs fast ausschließlich als Sammler und weniger als Forscher gewürdigt wurde. Mit Wossidlo verehrte man den „Schatzgräber" und damit die vom Sozialismus wie zuvor von der Heimatbewegung und dem Dritten Reich überhöhte Volkskultur. Wossidlo wurde Teil ihrer Symbolwelt, mit der die alteingesessene Bevölkerung ein Stück weit ihre womöglich verlorene niederdeutsche Identität wiedererlangte. Wer sich als Migrant solcher Symbolwelt nicht verschloss, beschleunigte den Prozess seiner Integration.

---

185 Beckmann, Paul: Wer war Richard Wossidlo?, in: Uns' Kalenner. Mecklenburgischer Volkskalender auf das Jahr 1953, S. 41–42, hier S. 41.

186 Ebd.; das Zitat findet sich auch in: Erbe und Verpflichtung. Progressive Traditionen mecklenburgischer Literaturentwicklung, hrsg. von der Wissenschaftlichen Allgemeinbibliothek des Bezirkes Schwerin. Schwerin 1975, S. 51.

187 WA, Korrespondenz der Forschungsstelle: Forschungsstelle für Niederdeutsche Volkskunde an Richard Suhr, 21.11.1953.

188 Die Brücke. Zeitung der Richard-Wossidlo-Oberschule für Eltern und Schüler vom 12.10.1954.

189 Köhler: Das Werk Richard Wossidlos, in: Die Brücke, 7.5.1955.

Bei den Bräuchen war eine durch Sozialkritik bestimmte Auswahl weniger leicht möglich. Zur Durchsetzung der Jugendweihe, die später zum Inbegriff sozialistischen Lebenslaufbrauchs wurde, konnte sich das Ministerium für Kultur erst 1954 entschließen, davor war sie aus bündnispolitischen Erwägungen untersagt.[190] Besonders schwierig gestaltete sich die Behandlung des in der Nazizeit belasteten Erntefestes, das in den Fünfzigerjahren noch in fast jedem Dorf gefeiert wurde. Da ein Eingriff in den Brauchablauf kaum möglich war, gab der Verband der gegenseitigen Bauernhilfe (VdgB) 1951 eine Anleitung zur Durchführung von Erntefesten heraus, die vornehmlich staats- und agrarpolitische Slogans für Spruchbänder vorsah.[191] Etwa seit Mitte der Sechzigerjahre gingen die Dorferntefeste in sog. „Kooperationserntefeste"[192] über, wodurch regionale Eigenheiten zunehmend verschwanden. Da der Klassenfeind abgeschafft war, wurde der Erntekranz nicht mehr dem Gutsherrn, sondern dem LPG-Vorsitzenden überreicht.[193]

Doch empfand die Bevölkerung die Zurückdrängung regionaler Spezifika zunehmend als Mangel. Das mag auch für die Migranten zutreffen, die sich längst in ihr Schicksal eingefunden und an der Volkskultur Mecklenburgs partizipiert hatten, erst recht, wenn davon die Herkunftskultur, wie bei den Pommern, nicht unähnlich war. So kam es in der DDR zur Gründung der Folklorezentren. Das „Mecklenburgische Folklorezentrum für die drei Nordbezirke" fand 1978 seinen Sitz in Rostock, Wand an Wand mit dem dortigen Wossidlo-Archiv.[194]

Die Favorisierung des nun primär landschaftlichen Konzepts von Volkskultur war zugleich Ausdruck der im Alltag zunehmend sichtbar werdenden Krise des Sozialismus. Es leitete in seiner musealisierten Form den Blick in die „heile" Vergangenheit, um den Vertrauensschwund der Bevölkerung zu kompensieren.

---

190 Mohrmann, Ute: Festhalten am Brauch. Jugendweihe vor und nach der „Wende", in: Kaschuba, Wolfgang/Scholze, Thomas/Scholze-Irrlitz, Leonore (Hrsg.): Alltagskultur im Umbruch. Festschrift für Wolfgang Jacobeit zum 75. Geburtstag. Weimar/Köln/Wien 1996 (Alltag & Kultur; 1), S. 197–213, hier S. 206.

191 Erntefest 1951, hrsg. vom Verband der gegenseitigen Bauernhilfe (VdgB). Berlin 1951.

192 Brandt, Christel: Erntefeste im sozialistischen Dorf (Bezirk Schwerin), in: Erntebrauchtum einst und jetzt, hrsg. vom Mecklenburgischen Folklorezentrum für die drei Nordbezirke. Rostock 1984, S. 14.

193 Schmitt, Christoph: Tradition als Medium regionaler Identität. Formen des Brauchfolklorismus in Mecklenburg, in: Pagni, Andrea/Leitzke-Ungerer, Eva (Hrsg.): Europäische Regionalkulturen. Frankfurt a.M. 2002 (Rostocker Romanistische Arbeiten; 6), S. 165–192.

194 Vgl. Erforschung, Aneignung und Weiterentwicklung folkloristischer Traditionen – theoretische und praktische Aspekte der Folkloreforschung in den drei Nordbezirken, Kolloquium am 26. Mai 1979, hrsg. vom Mecklenburgischen Folklorezentrum für die drei Nordbezirke beim Bezirkskabinett für Kulturarbeit Rostock. Rostock 1979.

Zusammenfassung

Die Demonstration regionalbezogener Volkskultur dient der Aufwertung des eigenen Raumes. Sie wird in Krisen, wie extremen Migrationsbewegungen, von denen Mecklenburg und Vorpommern mehrfach heimgesucht wurden, deutlich forciert.

Die agrarromantische Heimatbewegung, in deren Zentrum in Mecklenburg Richard Wossidlo stand, suchte mit der Pflege und Wiederbelebung von Volkskultur neben größeren Abwanderungen der Binnenmigration in die Stadt entgegenzuwirken. In der SBZ/DDR diente Volkskultur wiederum als Integrationsimpuls. Diesmal waren es Kriegsflüchtlinge, die vom kulturellen Wert ihres künftigen Lebensortes überzeugt werden mussten, da die Rückkehr in das Herkunftsland verschlossen war.

Die ungewollt bindungsfreien und besitzlosen „Umsiedler" mussten aus Sicht der Staatsführung prädestiniert sein, sich am willigsten mit dem „sozialistischen Vaterland", dessen Bodenreform jedem „Hüsung" gewähren sollte, zu identifizieren. Die Schlüsselkategorien hierfür waren Erbe und Tradition sowie Geschichte und Heimat, mit dem Widerspruch, dass die Traditionen des Herkunftslandes der Flüchtlinge tabuisiert waren.

In der frühen SBZ waren mit dem Verbot der Vereine und der Massenentlassung der Lehrerschaft die pflegerischen Instanzen der Volkskultur erloschen. So wandte sich die Bevölkerung aus sich heraus, verstärkt durch die Sinnkrise, die der zerstörte Hitler-Staat hinterließ, lokalen und regionalen Traditionen zu. Dabei wurde die kommunikative Form des plattdeutschen Laienspiels präferiert, das sich weiterhin des niederdeutschen dramatischen Erbes annahm.

Für diese Jahre kultureller Selbstbetätigung schuf der Kulturbund ein Sammelbecken, bevor die offizielle Kulturpolitik in gesteuerten Bahnen verlief. Daneben erstarkte spätestens seit 1949 ein zentral gelenkter politischer Folklorismus, der in Form der „Volkskunstbewegung" das autonome Laienspiel ablöste. Dabei war „Volkskunst" primär historisch gewendet und diente als Ersatz für die kaum entwickelte Arbeiterkultur, woraus Widersprüche entstanden. Ebenso wurden Widersprüche durch die parallele Anwendung des landschaftlichen und nationalen Konzepts von Volkskultur provoziert.

Der Rostocker Studienrat Paul Beckmann, der das Wirken der Nachkriegsvolkskunde Mecklenburgs bestimmte, war von Anbeginn für den Bereich „Heimatpflege" des Kulturbundes tätig. Sein Kampf für den Aufbau der Volkskunde fand erst Resonanz, nachdem die offizielle Kulturpolitik die historische Volkskultur als Erbe für die Gegenwart, mithin auch als Mittel ihrer Integrationspolitik für die Flüchtlinge, entdeckt hatte. Wissenschaftsstrategisch argumentierte Beckmann mit kulturpolitischen Argumenten, darunter auch dem Flüchtlingsproblem.

Die Volkskunde wurde fortan in die Rolle einer Bewahrerin der historischen Volkskultur gedrängt. Zugleich diente sie dem künstlerischen Laienschaffen, das sich in „Volkskunstensembles" organisierte, als Auskunftei. Für diese Aufgabe bot im nördlichen Teil der jungen DDR das volkskundliche Archiv Richard Wossidlos beste Voraussetzungen, zumal es nur den mecklenburgischen, also nicht den – politisch negierten – pommerschen Raum abdeckte.

Wegen seiner Breite, Dichte und vergleichsweise hohen Authentizität war dieses Archiv zudem geeignet, Volkskultur unter das neue Paradigma von Sozialkritik zu stellen, das Steinitz mit gesamtdeutschem Anliegen verfolgte. Doch musste die zuvor erfolgte Aufwertung der Volkskultur zur produktiven „Volkskunst" hinzutreten, die das künstlerische Laienschaffen für die Gegenwart, auch der Umgesiedelten, fruchtbar machen sollte.

Da sich der Weg des künstlerischen Laienschaffens in der Folgezeit als nicht gangbar erwies und die Ensemblearbeit professionalisiert wurde, verminderte sich der Beraterbedarf der Forschungsstelle, der erst mit der Bildung der Folklorezentren Ende der Siebzigerjahre wieder anstieg.

Die Aufgabe der Volkskunde, an der Bewältigung einer einschneidenden interkulturellen Bewegung mitzuwirken, hatte sich bald erledigt, da die „Umsiedler" als integriert galten. So stellte sich die Volkskunde der „Drei Nordbezirke" auch später nicht die Aufgabe, das kulturelle Gewebe der durchmischten Bevölkerung, seine Kollisionen und Resistenzen, im Rahmen einer Gegenwartsvolkskunde zu untersuchen.

Beatrice Vierneisel

Von der bürgerlichen Vereinskultur zur kulturellen Massenarbeit im Norden der SBZ/DDR

Die neuen Herrscher, die sowjetische Besatzungsmacht und die deutschen Kommunisten, trafen 1945 in den ländlichen Gebieten Mecklenburgs und Vorpommerns auf einen vor allem von ihnen oft beschriebenen niedrigen Bildungsstandard und teilweise noch feudale Abhängigkeiten. Städtisches Leben beschränkte sich auf wenige Orte, eine nennenswerte Großindustrie waren nur die Werften, die in größerem Umfang erst im „Dritten Reich" als Kriegsindustrie an der Küste entstanden waren. Nur Rostock zählte 1939 mehr als 100.000 Einwohner, in den anderen kreisfreien Städte Greifswald, Güstrow, Stralsund, Wismar und Schwerin lebten zwischen 30.000 und 65.000 Einwohner; deren Zahl hatte sich nach dem Krieg durch die Vertriebenen und Flüchtlinge wesentlich erhöht, nicht zu vergleichen allerdings mit der Bevölkerungszunahme auf dem Land.[1]

Kulturell dominierend war die niederdeutsche Sprache und Kultur und Schriftsteller von Rang schrieben plattdeutsch. Die „Heimatpflege" gehörte zu den prägenden Elementen der Kulturlandschaft und die in zahlreichen Vereinen gelebte Volkskultur hat auf dem Land keine Unterbrechung durch Nationalsozialismus und Krieg gefunden. Seit dem 17. Jahrhundert hatte es in den beiden großherzoglichen Mecklenburg – Schwerin und Strelitz – zudem eine beachtliche städtische Theater- und Musikkultur gegeben[2] und den Malern galt der Norden seit dem 19. Jahrhundert wegen seiner Naturschönheit als Rückzugsgebiet aus den Kunstfehden in den Großstädten, hier konnten sie ihre vorwiegend akademische Landschaftsmalerei pflegen.

Im Folgenden soll es um die kulturelle Praxis gehen, deren Ort in den ersten Jahren vornehmlich die beiden Organisationen waren, die bald nach Kriegsende neu bzw. wieder gegründet wurden: der *Kulturbund zur demokratischen Erneuerung Deutschlands* und die *Deutsche Volksbühne*. Sie werden unter den folgenden Gesichtspunkten betrachtet:
– Welche Rolle spielten sie im neuen System und welches waren die Funktionen, die ihnen von der sowjetischen Militärmacht und den deutschen Behörden zugewiesen wurden; welche Personen und Personengruppen hatten das Sagen in den neuen Kulturverhältnissen; wie spiegeln sich die Verän-

---

1 BA, DO 2/67, Bl. 118: Aufstellung der Einwohnerzahlen vom Januar 1947; vgl. Einleitung in diesem Band.
2 Vgl. 125 Jahre Mecklenburgisches Staatstheater Schwerin. Festschrift, Redaktion Ingeborg Schaarschmidt. Schwerin 1960.

derungen der Jahre bis 1953 in den Personen und den Aktionen; welche Bedingungen lassen auf eine Beteiligung der Umsiedler in der Kultur der „neuen Heimat" schließen.

Der Kulturbund

Willi Bredel, der Hamburger Arbeiterschriftsteller, Spanienkämpfer und Moskaurückkehrer, war in Mecklenburg-Vorpommern der Mittelpunkt des Kulturlebens. Er gehörte mit Becher und anderen frühen Gründern und Mitgliedern des Kulturbundes zu den Kommunisten, die eine „Kulturvolksfront" mit „bürgerlichen Bündnispartnern suchten, um den eigenen Apparat in Schach und eine vorsichtige Distanz zu Moskau zu halten"[3] versuchten. Das nationalkonservative Kulturkonzept Bechers vertrat auch er, er wehrte sich gegen Zensureingriffe der deutschen Landesverwaltung[4] und wollte nur mit den deutschlandfreundlichen Kulturoffizieren der SMA-Mecklenburg zu tun haben. Noch im Mai 1948 bestand er auf der Eigenverantwortlichkeit und Überparteilichkeit des Kulturbundes.[5] Er gründete die KB-Zeitschriften „Demokratische Erneuerung" (1945–47), „Heute und Morgen" (1947–54), die gut in die literarische Landschaft passten, die „Dramaturgischen Blätter" für die Theater des Landes sowie als Hausmacht den Schweriner Petermännken-Verlag. Doch mit einer gewissen Erleichterung wird er 1949 mit seinem Wechsel nach Berlin die eher engen kulturellen Verhältnisse im Land zurück gelassen haben.

Als der mecklenburgische Kulturbund am 26. August 1945 feierlich in der kaum zerstörten Landeshauptstadt Schwerin mit einem „Tag der Kultur" gegründet wurde, bestand das Festprogramm aus einer Predigt des Landespastors Schwartze im Dom, der Eröffnung des Landesmuseums durch Vizepräsident Gottfried Grünberg, in dem u.a. Werke von „bisher verbotenen und unterdrückten Künstlern"[6] gezeigt wurden. Auf einer Jugendkundgebung in der Schauburg mit Willi Bredel wurde der sowjetische Dokumentarfilm „Berlin" gezeigt, der in gegeneinandergeschnittenen Szenen die propagandistische Deutsche Wochenschau der Nazis, das Grauen des Krieges und die Befreiung durch die sowjetischen Soldaten zeigte.[7] Auf der eigentlichen Gründungskundgebung im Staatstheater sprachen der Theologe Ernst Lohmeyer (Jg. 1890), Rektor der

---

3   Schivelbusch, Wolfgang: Vor dem Vorhand. Das geistige Berlin 1945–1948. München 1995, S. 165.
4   LHA Schwerin, MfVB, 166, Bl. 103f: Bredel an Grünberg, 11.11.46.
5   Ebd., Bl. 79ff.
6   Volkszeitung (KPD), 28.8.1945.
7   Ebd.; Berliner Zeitung, 25.3.2005: der sowjetische Regisseur Juli Raisman hatte mit 38 Kameraleuten den Vormarsch der sowjetischen Soldaten begleitet.

Universität Greifswald,[8] der Domprediger und Stellvertretende KB-Landes-
vorsitzende Karl Kleinschmidt sowie der Neustrelitzer Schriftsteller Alexander
Graf Stenbock-Fermor (Jg. 1902); Musik von Bach und Beethoven vollendete die Feier. Der Tag fand seinen Abschluss im Theater mit Schillers Drama
„Kabale und Liebe", das, vergleichbar dem „Berlin"-Film, auch hier die guten
und die bösen Mächte gegeneinander kämpfen sah; so jedenfalls wird Adam
Scharrer in der Volkszeitung (KPD) zitiert. Die Bevölkerung hatte laut Presse
mit großem Zuspruch teilgenommen.[9]

Nimmt man noch die Mitglieder des Gründungsvorstands hinzu, so zeigt
sich ein sehr disparater Querschnitt durch die damalige Gesellschaft, wie sie
nicht nur in Mecklenburg-Vorpommern den Kulturbund prägte, denn es galt,
die gesamte bürgerliche Intelligenz für die neue Gesellschaft zu gewinnen.
Die kaum vergleichbaren Schriftsteller Willi Bredel (Jg. 1901), Ehm Welk (Jg.
1884) und Adam Scharrer (Jg. 1889); die Religiösen Sozialisten und teilweise
ns-verstrickten Pastoren Heinrich Schwartze, Karl Kleinschmidt (Jg. 1902)
und Aurel von Jüchen (Jg 1902)[10]; Edgar Bennert (Jg. 1890), zwölf Jahre KZ,
jetzt Ministerialbeamter in der ersten Kulturverwaltung und 1949 Intendant des
Schweriner Landestheaters;[11] Erich Venzmer (Jg. 1893), ehemals Maler in der
Künstlerkolonie Schwaan,[12] jetzt ebenfalls hoher Regierungsbeamter in der Kulturverwaltung und nach 1948 Direktor des Schweriner Landesmuseums; Hanns
Anselm Perten (Jg. 1917), von Bredel aus Hamburg geholt und seit 1946 Inten-
dant und Regisseur am Rostocker Stadttheater[13]. Zu den Aktivisten der ersten
Stunde gehörten außerdem noch die Theaterleute Johannes Semper (Jg. 1892),
Lucie Höflich (Jg. 1883) und Josef von Santen, die Universitätsprofessoren
Heinrich Mitteis (Jg. 1889, seit 1936 Rechtshistoriker in Rostock)[14] und Gün-
ther Rienäcker (Jg. 1904, seit 1942 Chemieprofessor in Rostock); die Kunsthis-
torikerin des Landesmuseums, Dr. Margarete Riemschneider (Jg. 1899), Pastor
Bruno Theek (Jg. 1891), aus dem KZ Dachau zurück und jetzt Bürgermeister

---

8　Lohmeyer, seit 1935 Theologe in Greifswald, war 1945 Rektor, bevor die Universität wie-
　der geschlossen wurde. Am Abend der erneuten Öffnung und geplanten Ernennung zum
　Rektor wurde er von der SMAM verhaftet und am 19.9.1946 hingerichtet.

9　Volkszeitung (KPD), 28.8.1945.

10　Kaiser, Jochen-Christoph: Die evangelischen Landeskirchen in der SBZ und die Bodenre-
　form 1945/46, in: Großbölting, Thomas/Thamer, Hans-Ulrich (Hrsg.): Die Errichtung der
　Diktatur. Transformationsprozesse in der Sowjetischen Besatzungszone und in der frühen
　DDR. Münster 2003, S. 89–109, hier S. 103.

11　Kühle, Barbara und Heinz Neumann: Edgar Bennert. Künstler Kämpfer Kommunist. Eine
　Chronik seines Lebens. Hrsg. vom Rat des Bezirkes und Kulturbund, Schwerin 1985.

12　Jürß, Lisa: Künstlerkolonie Schwaan. Galerie in der Alten Wassermühle. Werkkatalog. Fi-
　scherhude 2002.

13　Pietschmann, Michael: Hanns Anselm Perten. Leben und Wirken eines Theatermannes im
　Spiegel der DDR-Kulturgeschichte. Diss. Rostock 2003.

14　Mitteis wechselte 1946 nach Berlin und erhielt 1947 einen Ruf nach München.

Tagung des Kulturbundes Juni 1946: Pastor Karl Kleinschmidt, Geschäftsführer Otto Oehmcke, Schriftsteller Adam Scharrer, Regierungsrat Gustav Siemon, Schauspieler Ado von Achenbach, Schriftsteller Dr. h.c. Willi Bredel und Dr. Richard Fritze (v.l.n.r.)

in Ludwigslust, Dr. Reinhold Lobedanz (Jg. 1880), vor 1933 Deutsche Demokratische Partei (DDP), jetzt CDU, der seit 1920 in der mecklenburgischen Landesverwaltung als Verwaltungsjurist aufgestiegen war, mit kurzer Unterbrechung nach dem Mai 1945.[15] Sozialdemokraten waren Kleinschmidt, Theek und Rienäcker.

Schon Ende des Jahres 1945 gab es weitere „Wirkungsgruppen" in Rostock, Warnemünde, Bad Doberan, Kühlungsborn, Wismar, Stralsund, Greifswald, Neustrelitz, Ludwigslust, Dömitz, Grevesmühlen, Teterow, Güstrow, Bützow, Parchim, Stavenhagen.[16] Die Mitglieder waren ähnlich wie in Schwerin zusammengesetzt.[17] Glaubt man den statistischen Angaben, so waren in der Folgezeit die Steigerungen bei den Ortsgruppen und den Mitgliederzahlen rasant,[18] trotz

---

15 Krieck, Manfred/Leopoldi, Helga: Chronik des Kulturbundes in der Stadt Schwerin – ein Beitrag zur Geschichte des Kulturbundes in Mecklenburg, Teil I: 1945–1947. Schwerin 1985 (Veröffentlichungen des Stadtarchivs Schwerin, NF 22), S. 7f.

16 SAdK, Willi-Bredel-Archiv, Sign. 1150, unpag., Bericht v. 13.2.1945, ungez.

17 Vgl. SAPMO-BA, DY 27/2711, unpag.: Aufstellung einer Berufskartei 1948.

18 Die vielen statistischen Aufstellungen, die in den ersten Jahren gemacht und nach Berlin in die Zentrale geschickt wurden, lassen vermuten, dass es hier eher um political correctness als um korrekte Angaben zu Mitgliederzahlen und deren Zusammensetzung ging, außerdem waren sog. Kollektivmitgliedschaften z.B. von Betrieben nichts Ungewöhnliches.

der schwierigen Verhältnisse, wie sie die Greifswalder Journalistin Annemarie Langen-Koffler, Leiterin des KB-Bezirks Mecklenburg-Ost, als „schöne Last" beschreibt:

> „Vergessen, daß die Fahrt nach Schwerin in ungeheizten Zügen, oft ohne Fenster, einmal sogar ohne Türen, mindestens sieben Stunden dauerte, also vierzehn Stunden hin und zurück, vergessen die Fahrten über Land mit einem uralten Chevrolet, der nur die Richtung änderte, wenn man mindestens das halbe Lenkrad herumgedreht hatte, vergessen die ungepflasterten Wege, in die man bis zu den Knöcheln einsank, wenn es länger geregnet hatte. [...] Zu der Zeit, als wir anfingen, im Land Mecklenburg ,Kultur zu machen', kamen wir in viele Dörfer, deren Namen wir zuvor nie gehört hatten und in denen es weder elektrisches Licht, geschweige denn eine Wasserleitung gab."[19]

Ein Bericht vom Dezember 1945 resümierte über den Kulturbund mit seinen nun 3.500 Mitgliedern:

> „Diese Mitglieder rekrutieren sich größtenteils aus Intellektuellen, aus Geistes- und Kulturschaffenden und ein bedeutender Prozentsatz dieser Mitglieder sind Frauen. Der Kulturbund in Mecklenburg-Vorpommern hat sich in die grosse Volksbewegung der Bodenreform eingeschaltet, hat auf seiner ersten Mitgliederversammlung in Schwerin ein Referat von Rechtsanwalt Scharenberg über die Ritterschaften in Mecklenburg und den demokratischen Kampf in Mecklenburg um die Bodenreform gebracht, ausserdem in seinem Mitteilungsblatt ,Demokratische Erneuerung' Artikel über die Bodenreform veröffentlicht von Intellektuellen und hat in Rostock, Neustrelitz und anderen Städten Vorträge von Intellektuellen über die Bodenreform vor einem intellektuellen Publikum durchgeführt."[20]

Das kann als Bredels Kritik an der Arbeit des Kulturbundes gelesen werden, in dem Personal und Programm an frühere Vereinstätigkeit anschloss und wo die „bessere Gesellschaft" unter sich war.[21] So schrieb mahnend wenige Tage darauf der spätere Vorsitzende des Schweriner Landesverbandes der Volksbühne, Erich Stiemke (Jg. 1898):

---

19 Langen-Koffler, Annemarie: Das erste Mal an einem Rednerpult, in: .... einer neuen Zeit Beginn. Erinnerungen an die Anfänge unserer Kulturrevolution 1945–1949, hrsg. vom Institut für Marxismus-Leninismus (IML) und vom Kulturbund. Berlin, Weimar 1980, S. 295–299, hier S. 296f.
20 SAdK, Willi-Bredel-Archiv, Sign. 1150, unpag.
21 SAPMO-BA, DY 27/895: vgl. dort die Veranstaltungen in Schwerin seit 1945.

„Der Kulturtag in Schwerin [dem Gründungstag] war ein Anfang. Die Vorkämpfer sprachen zum Volk. Warum aber sprach nicht das Volk zu seinen Vorkämpfern? Wo waren die Vertreter aus den Betrieben, aus Handel und Handwerk, der Eisenbahn, der Post, den Organisationen des Volkes. Saßen sie nur stumm in den Reihen der Zuhörer? Gemeinsam wollen wir die Kultur erneuern, aber gemeinsam sollten wir das auch verkünden."[22]

Die Rechtsform des Landesverbandes festzulegen zog sich hin, erst im Dezember 1947 soll er „als Verein in das Vereinsregister Schwerin eingetragen worden" sein und die Ortsgruppen werden aufgefordert, auf der Grundlage der vorhandenen Satzungen sich ebenfalls in das „jeweils zuständige Vereinsregister" eintragen zu lassen.[23] Das „Haus der Kultur", ein ehemaliges Bankgebäude, das die Schweriner Stadtverwaltung bereits im September 1945 zur Verfügung stellte,[24] wurde dann zum Ort von kulturellen und geselligen Veranstaltungen und Treffen, auch mit den sowjetischen Kulturoffizieren, ja sogar zur „Heimat". So die spätere Puppenspielerin Inge Borde-Klein: das „schöne Gebäude am Pfaffenteich. Das war fast meine zweite Heimat. Die FDJ mit." Und die Schriftstellerin Hanna-Maria Kraze (d.i. Hanna-Heide K.): „In den Kulturbund ging ich gerne [...]. Dort war ich auch kein Fremdling, ich hatte das Gefühl, im Kulturbund war ich zu Hause. [...] Im Kulturbund waren auch alle mehr oder weniger Fremde, nicht Schweriner."[25] Beide Frauen waren junge Evakuierte und die privilegierte Versorgung im Kulturhaus hat zur guten Stimmung beigetragen. Noch im Jahr 1945 hatten auch Rostock, Stralsund und Greifswald Kulturhäuser des Kulturbundes.

22 Volkszeitung (KPD), Nr. 28, 2.9.45. Stiemke war 1945 als Antifa-Schüler aus der sowjetischen Kriegsgefangenschaft zurückgekehrt, wurde 1947 Vorsitzender Im Landesverband DVB, 1948–51 Regierungsrat im Volksbildungsministerium und ging 1951 nach Brandenburg.
23 SAPMO-BA, DY 27/236, Rundschreiben Nr. 6/47 v. 12.12.1947; SAdK, Willi-Bredel-Archiv, Sign. 1151. – 1947 war der Kontrollratsbeschluss der Alliierten über das Vereinsverbot aufgehoben worden und die Länder in der SBZ handhaben die Zulassungen neuer Gruppen vorläufig unterschiedlich, bis 1949 neue Verordnungen herausgegeben wurden. Vgl. Schivelbusch, wie Anm. 3, S. 155f.: in der Auseinandersetzung um das Verbot des Kulturbundes in den Berliner Westsektoren ging es auch um die Frage, ob der KB eine politische Organisation oder ein Verein sei.
24 Volkszeitung (KPD), 9.9.1945: die Adresse war Arsenal-, später Wilhelm-Pieck-Straße.
25 Vgl. Zwischen Hoffnung und Verzweiflung. Protokolle von Zeitzeugen aus Schwerin 1945–1952. Erarb. und zusammengest. von Jürgen Borchardt und Brigitte Konieczny, hrsg. vom Kulturamt der Landeshauptstadt Schwerin und der Zukunftswerkstatt Schwerin e.V. Schwerin 1995, S. 44, 185.

Exkurs

Der Verein war in der Phase der Emanzipation eines eigenständigen nationalliberalen Bürgertums als Instrument gesellschaftlicher Verpflichtung, als Träger kultureller Aktivitäten (Museums-, Kunst- und Theatervereine usw.) und als Ort für Geselligkeit entstanden. Dieses Bürgertum definierte sich über Bildung und Besitz und war städtisch orientiert. Im letzten Drittel des 19. Jahrhunderts hatte sich daraus ein Bildungs- und Wirtschaftsbürgertum entwickelt, das weitgehend affirmativ und nationalistisch auf die wilhelminische Herrschaft gerichtet war; ihre privaten Vereine wurden zu vorpolitischen Orten gesellschaftlichen Aufstiegs, mit den entsprechenden Aus- und Abgrenzungsmethoden ihrer Eliten. Damals, Ende des 19. Jahrhunderts, erhielten die Begriffe „Kulturindustrie" bzw. „Massenkultur" ihre negativen Zuschreibungen.

Hermetisch verweigerte sich diese Schicht, ästhetisch und ideologisch rückwärtsgewandt, der heraufkommenden Moderne, die in der Folge ein „eigenständiges Subsystem" bildete, so Wolfgang J. Mommsen:

> „Dieses Subsystem emanzipierte sich zunehmend von den ideologischen Prämissen des bürgerlichen Denkens und propagierte mit immer größerem Nachdruck das Prinzip der Autonomie der Kunst und der Literatur gegenüber den politischen und gesellschaftlichen Mächten."[26]

Die „extreme Fragmentierung"[27], so Mommsen, setzte sich in der Weimarer Republik fort. Die Avantgarde verschrieb sich einem „radikalen Individualismus" und sah sich „als Schüler Nietzsches, der die Zerstörung der materialistischen Gegenwartskultur als Bedingung künftiger kultureller Entfaltung gefordert hatte".[28] Diesem radikalen Individualismus hatte der Kommunismus den Kampf angesagt. Damit waren Probleme vorherbestimmt, denn Künstler dieser Moderne verstanden sich auch als Avantgarde beim Aufbau der neuen Gesellschaft in der SBZ/DDR.

Die Vereine haben sich, typisch für Deutschland, als Organisationsform vielfältiger Betätigung erhalten und durch die zunehmende Differenzierung der sozialen Schichten nach dem ersten Weltkrieg „sonderte sich das Vereinswesen [...] mehr und mehr nach Arbeitervereinen, bürgerlich-mittelständischen Vereinsgruppen und den wenigen, meist sehr privaten Oberschichtenvereinen. Dies

---

26 Mommsen, Wolfgang J.: Bürgerliche Kultur und politische Ordnung. Künstler, Schriftsteller und Intellektuelle in der deutschen Geschichte 1830–1933. Frankfurt/M. 2000, S. 27f.
27 Ebd., S. 72, 260; Mommsen stellte außerdem das Prädikat „bürgerlich" für die Mittelschichten in Frage, denn mit dem Verlust der Einheit von Bildung und Besitz sei auch die Kategorie eines städtischen Bürgertums verloren gegangen.
28 Ebd., S. 73.

war dann die Zeit der Vereinsschismen, der bürgerlichen und proletarischen Parallelgründungen."[29]

Die aufstiegsorientierten Mittelschichten – Beamte und Angestellte in mittleren und hohen Positionen, selbständige Handwerker und Kaufleute – organisierten in Vereinen nun hauptsächlich ihre Freizeitaktivitäten, wozu kulturelle Betätigung als eine von vielen Möglichkeiten zählte .

Dies galt auch für Mecklenburg und Vorpommern, in erster Linie für die ehemals großherzoglichen Residenzstädte Schwerin, Neustrelitz, Ludwigslust und Güstrow. Hanna-Maria Kraze sprach von den Schweriner „Alteingesessenen, die immer noch im Kaiser- oder im Dritten Reich lebten, nicht als Nazis meine ich, sondern in dieser Gesellschaftsordnung, in dieser großherzoglichen Hierarchie."[30]

Die Zusammensetzung des Landesvorstands änderte sich nicht wesentlich, als im August 1946 das „Landesleitungsaktiv" mit 53 Personen gewählt wurde, nur dass neben weiteren Professoren und Doktoren – einschließlich Dr. Willi Bredels, der im Herbst 1945 die Ehrendoktorwürde der Universität Rostock erhalten hatte – sowie Kunstschaffenden auch noch mehr Vertreter von Parteien (SED, CDU, LDP), gesellschaftlichen Organisationen (FDJ, FDGB, DFD) und leitende Mitarbeiter der mecklenburgischen Landesverwaltung hinzugekommen waren.[31] Noch war es aber der Anspruch, einen Querschnitt der Gesellschaft im Kulturbund vertreten zu sehen.

Eine recht differenzierte Aufschlüsselung der rund 10.000 (!) Mitglieder des Landesverbandes im Januar 1946 zeigt den deutlichen Anteil der Mittelschicht aus Ärzten (194), Ingenieuren (58), Theologen (40), Juristen (79), Lehrern und Schulräten (1096), Beamten (318), Kaufleuten (290) und Handwerkern (1149). Angestellte und Lehrlinge waren 2498 Personen und alle Kunstschaffenden zusammengenommen (Schriftsteller, Tänzer, Sänger, Musiker, Schauspieler und bildende Künstler) zählten 765 Personen.[32] In fünf Kategorien wurden die Mitglieder prozentual erfasst: Bildende Künste [und Architekten] 1,6%, Musik, Theater, Film 5,4%, Wissenschaft 4,4%, Journalisten und Schriftsteller 0,7%, Angestellte und „Sonstige" 78,0% und Pädagogen 9,9%.[33] Der Anteil der Frauen unter den Mitgliedern betrug 51,8%, darunter waren auch 1385 Hausfrauen.[34]

---

29 Stichwort „Arbeiterkultur", bearbeitet von Klaus Tenfelde und Theodor Pirker, in: Handbuch zur deutsch-deutschen Wirklichkeit. Bundesrepublik Deutschland/Deutsche Demokratische Republik im Kulturvergleich, hrsg. von Wolfgang R. Langenbucher, Ralf Rytlewski und Bernd Weyergraf. Stuttgart 1988, S. 45–53, hier S. 49.
30 Zwischen Hoffnung, wie Anm. 25, S. 184.
31 Demokratische Erneuerung, 1946, H. 6.
32 SAPMO-BA, DY 27/898, unpag., Statistische Aufstellung v. 18.6.1948.
33 Ebd.
34 Ebd.

Zur Wirkungsgruppe Schwerin allein gehörte 1947 ein Drittel der Kulturbundmitglieder.[35] So verzeichnete ihr Vorsitzender Ehm Welk im August 1947 5449 Mitglieder, deutlich über die Hälfte davon Frauen (2987), die „Arbeiter" waren mit 433 Mitgliedern gut repräsentiert.[36] Die akademischen Berufe – Ärzte, Ingenieure, Juristen, Theologen, Höhere Verwaltungsbeamte, Lehrer und „sonstige" Akademiker – machten 13,6% (740) aus, darunter allein 12 Theologen und 90 Ärzte.[37] 376 Kaufleute und selbständige Handwerker zählten ebenso dazu. 665 Schweriner gaben künstlerische Berufe an (12,2%), zusammen kamen die Akademiker und Künstler auf ein Viertel des Mitgliederbestandes. Das Gros allerdings bildeten wieder die Angestellten mit mehr als einem Drittel (1974, d.i. 36,2%).[38]

Ein Jahr später, noch im Juni 1948, zeigt eine Übersicht über den gesamten mecklenburgischen Kulturbund vergleichbare Zahlen.[39] Der Schwerpunkte in der personellen Zusammensetzung der Wirkungsgruppen lag in Mecklenburg deutlich im bürgerlichen und mittelständischen Bereich. An anderer Stelle heißt es, der „beträchtlichste Teil der Mitglieder in Mecklenburg" habe schon Weimarer Zeit und Nationalsozialismus erlebt,[40] was hieß, dass das Kulturleben der Stadt von einer gewissen Kontinuität geprägt war. Kritik am „Niveau" gab es für den gesamten Landesverband wie für einzelne Ortsverbände.[41] Aus Güstrow[42] berichtete die Theaterkritikerin Dr. Edith Harff-Krull, dass der Kulturbund dort zwar Mittelpunkt des kulturellen Lebens sei, es fehle aber die „werktätige Bevölkerung, die oft gerade das Niveau fürchtet und den Kulturbund zu einem Intellektuellen-Klub erklärt, der unter sich bleiben wolle". Das Problem sei noch ungelöst, „wie man heute Niveau mit Volkstümlichkeit ver-

---

35 Ebd., SAPMO-BA, DY 27/898, unpag.: Die bisherige Arbeit des Kulturbundes, 16.6.1948: nennt zum 1.1.1947 die Zahl von 17.232 Mitgliedern.

36 SAPMO-BArch, DY 27/895, unpag.: Wirkungsgruppe Schwerin, 30.8.47. Nach einer anderen Angabe sollen es im Januar d.J. schon mal 6000 Mitglieder in Schwerin gewesen sein, in: DY 27/900, unpag.

37 SAPMO-BArch, DY 27/895, unpag.: undatierte, frühere Liste mit Angaben zu 141 Schweriner Ärzten.

38 Ebd. – Vgl. auch diese Statistiken mit der Statistik der SED-Mitgliedschaft in SAPMO-BArch, DY 30/IV 2/5/1378, 1401, 4942, Bestand Parteiorgane.

39 SAPMO-BArch, DY 27/895, unpag.: Statistik, Schwerin, 16.6.48: In 125 Wirkungsgruppen waren 27.609 Mitglieder, davon wiederum über die Hälfte Frauen, wovon jetzt fast 4.000 unter der Rubrik „Hausfrauen" gefasst waren und rund 10% Jugendliche. Ärzte, Ingenieure, Theologen und Juristen zählten rund 1.300, Lehrer und Schulräte machten zusammen rund 3.550 Personen aus, als Schriftsteller, bildende Künstler, Tänzer, Sänger, Musiker und Schauspieler bezeichneten sich rund 2.350 Mitglieder, die Angestellten einschließlich der Lehrlinge kamen auf 7.223 Personen, Handwerker und Kaufleute allein zählten 3.281, Arbeiter 959 und Bauern 382 Personen.

40 SAPMO-BArch, DY 27/2712, unpag.: hier auch weitere Zahlen vom Jan. 1948.

41 SAPMO-BArch, DY 27/2711, unpag.

42 Ebd.: dort wurden 1948 als Mitglieder 9 bildende Künstler, 6 Schriftsteller, 50 Lehrer und 1 Theaterkapellmeister angegeben.

binden soll".[43] Frau von Treuenfels gab auf der 1. Landesdelegiertenkonferenz im Oktober 1947 eine „ausgezeichnete Charakteristik" der Wirkungsgruppe Kühlungsborn und meinte, „daß die betagten Mitglieder, die in der Mehrzahl seien, jede moderne Kunst ablehnten und eindeutig das Edle und Schöne der Vergangenheit verlangten. Der gute Mittelstand habe mehr das Bedürfnis nach Unterhaltung und leichter Kost und lehne vor allem jede politische Beeinflussung ab."[44]

Vom Problem des fehlenden Niveaus sprach auch der Sekretär der KB-Bundesleitung Heinz Willmann und kleidete es in eine Erfahrung, die er in Greifswald gemacht hatte:

„Der Kuriosität halber sei noch erwähnt, daß zwei Delegierte in phantastischen Uniformen erschienen waren. Einer trug Achselstücke, die an die Schulterstücke eines Generalleutnants der ehemaligen kaiserlichen Armee erinnerte. Es stellte sich heraus, daß das der Oberinspektor der Inselwache von Usedom war, der übrigens in seiner Freizeit auch einen komplizierten Apparat zur Befriedung der Welt konstruiert hat und wahrscheinlich deshalb zum zweiten Vorsitzenden unserer Gruppe auf Usedom gewählt worden ist. Die Herren verließen übrigens die Tagung, als man ihre Uniform nicht ernst nahm.
Die Arbeitstagung in Greifswald bestätigte für mich wieder einmal, wie notwendig es ist, sich auch mit der Tätigkeit der Wirkungsgruppen in den kleinen und mittleren Orten zu beschäftigen und nach Mitteln zu suchen, das Niveau der Veranstaltungen zu verbessern, den Gruppen Aufgaben zu geben, die den Möglichkeiten am Ort entsprechen und doch nicht so weit von unseren Zielen abführen, wie das jetzt sehr oft der Fall ist."[45]

Die für unsere Fragestellung – Integration der Umsiedler durch kulturelle Praxis – entscheidenden Zahlen für den Kulturbund sind die der Angestellten, der Lehrer und der Frauen. Der hohe Prozentsatz der Angestellten, bei denen in der Mehrzahl Frauen vermutet werden können, lag mit 70,3% weit über dem in der SBZ,[46] der Frauenanteil übertraf, ebenfalls entgegen der SBZ-Norm,[47] weiterhin die Hälfte der Mitglieder und die Lehrer unter den Kulturbundmitgliedern begannen mit 14,4% als Berufsgruppe den Kulturbund zu bestimmen.[48] Da Lehrer verpflichtet waren, nicht nur in ihrer Schule, sondern auch in den Schulorten Kulturarbeit zu leisten, lag die Gründung und Leitung von Chören, Laien-

---

43 SAPMO-BArch, DY 27/2716, unpag.
44 SAPMO-BArch, DY 27/1880, unpag.
45 SAPMO-BArch, DY 27/711, unpag.: „Bericht über die am 11. und 12. Mai 1948 stattgefundene Arbeitsbesprechung mit Vertretern der Wirkungsgruppen des Gebietes Mecklenburg-Ost", Berlin, 20.5.48, gez. Heinz Willmann.
46 SAPMO-BA, DY 27/757, unpag.: SBZ 1949: 51,7%.
47 Ebd.: SBZ 1949: 45%.
48 Ebd.: SBZ 1949: 12,8%.

spiel- und Instrumentalgruppen in ihren Händen. Sie standen damit durchaus in der Tradition der Lehrer zu Zeiten Richard Wossidlos, die den Volkskundler in seiner Sammelarbeit unterstützt hatten.

Zur kulturellen Kontinuität gehörte auch die „Heimatpflege" und diese zuerst vor allem in Rostock und Schwerin recht aktive Arbeitsgemeinschaft gleichen Namens bediente heimatliche Themen.[49] Die Schweriner Arbeitsgemeinschaft „Heimatpflege", gegründet im September 1947,[50] hatte den Auftrag: „Durch die zahlenmäßige Vergrößerung der Bevölkerung des Landes Mecklenburg, v.a. durch Neubürger, erwächst der Arbeitsgemeinschaft die Aufgabe, die alten und die neuen Mecklenburger einander näher zu bringen", so ihr Leiter Hans Heinrich Leopoldi.[51] Mit Blick auf die Umsiedler hatte man 1947 noch vor, „später auch Dialekt-Abende in ostpreußischer und anderen Mundarten zu veranstalten, dabei wird auch an das zahlreich vertretene Sudetenland gedacht werden."[52] Im Februar 1948 gehörten der AG 133 Mitglieder an, davon waren 93 „alte" Mecklenburger und 40 „Neubürger".[53] In der Sektion bildende Kunst des Kulturbundes wurden im April 1946 – neben 43 Pg's – „etwa 20% Umsiedler aus den Ostgebieten" registriert.[54] Das veröffentlichte Ergebnis dieser Registrierung aller Kunstschaffenden nennt 283 Personen, davon 52% Frauen, 101 stammten aus „Mecklenburg-Pommern", 66 aus den „Gebieten östlich Oder und Neiße".[55]

Die „Leitsätze" der AG „Heimatpflege" von 1948 formulierten die Zusammenarbeit mit den Umsiedlern neu.

> „Die plattdeutsche Sprache verdient die sorgfältigste Pflege. Sie darf aber nicht – wie ehemals in den plattdeutschen Gilden – zur alleinigen Trägerin der heimatkundlichen Arbeit gemacht werden, da sonst eine Annäherung von neuen und alten Mecklenburgern von vornherein illusorisch ist. Wir müssen vielmehr versuchen, die plattdeutsche Sprache in ihren besten Vertretern den Umsiedlern allmählich nahe zu bringen."[56]

---

49 SAPMO-BA, DY 27/895: Liste mit Veranstaltungen 1945/46 in Schwerin.

50 SAPMO-BA, DY 27/175, unpag.

51 Krieck/Leopoldi, wie Anm. 15, Teil I, S. 54.

52 SAPMO-BA, DY 27/2712, unpag.

53 Krieck/Leopoldi, wie Anm. 15, Teil II, S. 3.

54 SAdK, Willi-Bredel-Archiv, Sign. 1151; eine absolute Zahl aus dieser Zeit ist nicht angegeben, doch die Anzahl bildender Künstler in Mecklenburg-Vorpommern war hoch, vgl. auch die Liste von ca. 1948/49 in SAdK, Willi-Bredel-Archiv, Sign, 1151. – 1951 waren im Verband bildender Künstler im Kulturbund 117 Mitglieder nach Prüfung aufgenommen worden.

55 Demokratische Erneuerung, 1946, H. 3 (April).

56 LKA Schwerin, Generalia 1477, unpag.: „Leitfaden zur Heimatpflege" der AG Heimatpflege des KB, undat.; zur Datierung s. SAPMO-BA, DY 27/2712: Die Kommission Heimatpflege unter Leopoldi soll „vor allem dem Umsiedlerproblem Rechnung tragen"; Leitsätze sind vervielfältigt und allen Gruppen zugestellt (1948).

Bemerkenswert an diesem Dokument des Schweriner Kulturbundes ist die Sprache, die sich von der des staatlichen Berichtes aus dem November des gleichen Jahres unterscheidet.[57] So heißt es in den Leitsätzen weiter:

> „Wenn Altes und Überholtes gegen die Heimatpflege zum Angriff übergeht, dann wollen wir uns nicht in unfruchtbaren und unsachlichen Diskussionen austoben. Bei unseren Heimatabenden wollen wir im Gegensatz zu Diskussionen – die immer an Streitgespräche erinnern – den Begriff der freundschaftlichen Aussprache und Unterhaltung einführen. Besinnen wir uns wieder auf den ‚guten menschlichen Ton', der allein die Musik macht, die auf die Dauer erträglich und vernehmbar sein wird."

Der Hinweis auf die „Streitigkeiten" wird Bezug nehmen auf die intern laufenden harten politischen Auseinandersetzungen. Sie gipfelten in einer öffentlichen Diskussion am 2. März 1948 im Schweriner Haus des Kulturbundes, an deren Ende Adam Scharrer einen tödlichen Herzinfarkt erlitt.[58] In dem Streit – in erster Linie zwischen Ehm Welk und Scharrer – ging es um zwei grundsätzliche Themen: Scharrer war Emigrant in der UdSSR gewesen, Welk zählte sich zu den „Inneren Emigranten", auch wenn er im Dritten Reich ein durchaus erfolgreicher „Auflagenmillionär"[59] war, gerade weil seine damaligen Werke zum Bauernleben zwischen „Widerstand und Anpassung" changierten. Zum anderen war die Frage des literarischen Realismus zwischen dem „Dichter des Dorfes", Scharrer, und Ehm Welk, der in der Weimarer Republik mit der Moderne in Berührung gekommen war, auszufechten.

Ziel des Kulturbunds war aber nicht nur, die Intelligenz für eine neue Gesellschaft zu gewinnen, Werktätige kulturell zu interessieren und, nur wenig später, der „amerikanischen Unkultur" eine deutsche und nationale Kultur entgegenzusetzen, sondern Kultur und Politik in ihrem Verhältnis zueinander neu zu bestimmen. Ein anschaulicher Bericht[60] von Heinz Willmann über eine Arbeitsbesprechung in Greifswald im Mai 1948 zeigt ein realistisches Bild dieser Problematik wie auch der Situation im dortigen Kulturbund. In der Diskus-

---

57 SAPMO-BA, DY 30/IV 2/5/243, Bl. 31–36, gez. Chwalczyk, 8.11.1948, zit. in der Einleitung.

58 Rösler, Reinhard: Türme aus Elfenbein und aus Gußeisen. Anmerkungen zum Welk-Scharrer-Streit 1947/48 im Schweriner Kulturbund, in: Rösler, Reinhard/Schürmann, Monika (Hrsg.): ... damit ich nicht noch mehr als Idylliker abgestempelt werde. Ehm Welk im literarischen Leben Mecklenburg-Vorpommerns nach 945. Rostock 1998, S. 14–29, leicht veränderter Wiederabdruck unter dem Titel: ‚Wolken provinziellen Tratsches' oder Realismusstreit? Der Welk-Scharrer-Streit 1947/48 im Schweriner Kulturbund, in: Rösler, Reinhard: Autoren, Debatten, Institutionen. Literarisches Leben in Mecklenburg-Vorpommern 1945 bis 1952. Hamburg 2003 (Mecklenburger Profile; 3), S. 67–79.

59 Rösler, wie Anm. 58, S. 75.

60 SAPMO-BArch, DY 27/2714, unpag.: Bericht, 20.4.48, daraus die folgenden Zitate.

sion habe sich eine Studienrätin aus Stettin, nach einem Vortrag von Pfarrer Kleinschmidt über das Verhältnis von Kultur und Politik, Luft gemacht, und „ihre völlige Unzufriedenheit mit dem Referat" zum Ausdruck gebracht und sie habe „sehr energisch" die Auffassung vertreten,

> „die Übung, Kultur und Politik voneinander zu trennen, sei absolut richtig und solche Männer wie Luther, der große Friedrich und Bismarck hätten sie ‚mit gutem Recht' und zum Nutzen unserer Kultur geübt. ‚Wenn mir das Treiben im ‚Dritten Reich' zu bunt wurde, ging ich in ein Brahms-Konzert und dann wußte ich, wo das wahre Deutschland lag. So halte ich es auch heute!' [...] Kleinschmidt habe einer ‚Proletarisierung der Kunst' das Wort geredet. Sie hätte sich gefreut, wenn er als evangelischer Pastor mehr von Luther und weniger vom Osten gesprochen hätte, über dessen Kultur man geteilter Meinung sein könne."

Diese „deutschnationale Auffassung", so Willmann, sei kein Einzelfall gewesen, „oft ist auch der Kulturbund nur die Fortsetzung früherer Heimat- und Kulturvereine, dem dann von Zeit zu Zeit durch die Kommandanturen Gorki-, Majakowskij- oder Lenin-Feiern aufoktroyiert werden, meist lieb- und lustlos in letzter Minute angesetzt und durchweg von der Bevölkerung schlecht besucht."

In einem Gegensatz zu den kritisierten Schach- und Briefmarkengruppen steht folgender bemerkenswerte Einsatz, den Willmann beschreibt:

> „Eine aus Schlesien stammende Lehrerin gab Bericht über einen Ort, der 650 Einwohner zählte, ohne eine Spur eines kulturellen Lebens. Die einzige Zerstreuung der Jugend des Dorfes sei der Tanzboden gewesen. Der dort herrschende Ton wurde durch ehemalige Landser bestimmt. ‚Es war ein rüdes Sichaustoben', sagte die Lehrerin. Sie holte sich aus Greifswald einen Tanzlehrer, richtete Tanzkurse ein, verband sie dann mit gesellschaftlichen Veranstaltungen, später arrangierte sie musikalische Darbietungen, Bunte Abende mit Rezitationen und gelegentlich auch Vorträge. Die Gruppe zählt heute nach dem Bericht der Lehrerin 150 Mitglieder und besteht meist aus jungen Menschen. Natürlich sind das weder geistig einflußreiche, noch geistig sehr interessierte Menschen. ‚Aber', so sagte die Berichterstatterin, ‚alles in allem gehört meines Erachtens das, was in unserem Orte geschehen ist, doch in die Bezirke der Kultur'."

Nur ein Delegierter habe, so Willmann zum Schluß seines Berichtes, eine grundsätzliche Frage nach dem von Johannes R. Becher propagierten neuen Kulturbegriff gestellt, der „aber bisher leere Deklaration geblieben ist". Er selbst sehe sich „zwischen zwei Lager[n], der Arbeiterschaft einerseits und andererseits dem Bürgertum": „Die einen seien ihm gram, weil ihnen zu revolutionär scheint, den anderen aber sei er zu bürgerlich. Im übrigen gingen die Menschen in Triebsee [Tribsees] ebenso wie in anderen mecklenburgischen Orten selten aus sich heraus. Sie hätten auch nicht selten Furcht, ihre Meinung offen zu sagen."[61]

Was hier geschildert wird, scheint m.E. für den Kulturbetrieb im gesamten Nordosten des Land zu gelten. Nicht nur, weil ein freier theoretischer Austausch über Kultur nur mit wenigen Interessierten möglich war, sondern auch weil die offizielle Politik noch keinen positiven Kulturbegriff definiert hatte. Kultur verstand sich ex negativo der faschistischen bzw. bürgerlichen bzw. amerikanischen Kultur.

Die Deutsche Volksbühne

Seit Ende 1946 formierte sich auch wieder die Volksbühne, auch sie war gesamtdeutsch ausgerichtet.[62] Personell und inhaltlich versuchte sie an die ehemalige Arbeiterkulturbewegung anzuknüpfen. Die Schweriner Landeskulturverwaltung, in der, so später deren damaliger Mitarbeiter Gustav Siemon, „demokratische [d.h. kommunistisch] und sozialdemokratische Lehrer [...] die Leitungsfunktionen besetzt" hätten,[63] berief sich dezidiert auf die Tradition der zwanziger Jahre. Die ehemaligen Sozialdemokraten als Leiter der Volksbühne – Walter Maschke in Berlin und Adolf Lau in Mecklenburg-Vorpommern – lassen vermuten, dass hinter der Volksbühnengründung zu dieser Zeit noch der Gedanke der Parität wirksam war. Aber auch die Schriftsteller Willi Bredel und Ehm Welk[64] waren in Person und Werk Mittler zwischen der Volksbühne der Weimarer und der Nachkriegszeit.[65]

---

61 Ebd.
62 Zur Volksbühne in der DDR vgl. Braulich, Heinrich: Die Volksbühne. Theater und Politik in der deutschen Volksbühnenbewegung. Berlin (Ost) 1976; Vierneisel, Beatrice: Rudolf Jahnke (1920–1981) – ein ‚Manager' in der DDR. Aspekte der Kulturpolitik in den fünfziger Jahren, hrsg. vom Landesbeauftragten für Mecklenburg-Vorpommern für die Unterlagen des Staatssicherheitsdienstes der ehemaligen DDR. Schwerin 2002, S. 32–62.
63 Interview Siemon, in: Zwischen Hoffnung, wie Anm. 25, S. 336–372, hier S. 355; vgl. Siemon, Kulturpolitik am Schweriner Pfaffenteich, in: „...einer neuen Zeit Beginn...", wie Anm. 19, S. 452–462, S. 452–462. – Zum Aufbau der Kulturverwaltung in Schwerin s. Rakow, Peter-Joachim: Das mecklenburgische Volksbildungsministerium 1945–1952. Struktur- und Funktionsgeschichte eines Landesministeriums. In: Archivmitteilungen, 17.1967, H. 4, S. 143–149.
64 Ehm Welks Stück „Gewitter über Gottland" hatte 1927 zu den spektakulären Inszenierungen Erwin Piscators für die Volksbühne Berlin gehört; vgl. zur Volksbühne in der Weimarer Republik Nestriepke, Siegfried: Neues Beginnen. Die Geschichte der Freien Volksbühne Berlin 1946 bis 1955. Berlin (West) 1956; Hermand, Jost/Trommler, Frank: Die Kultur der Weimarer Republik. Frankfurt a. Main 1988.
65 In Berlin war es mit viel Einsatz der Schriftsteller Friedrich Wolf, der dann aber als Botschafter Polens 1949 weggelobt wurde; seine Stücke – Cyankali (1924), Die Matrosen

In Mecklenburg-Vorpommern scheint man auf die „Deutsche Volksbühne"[66] (DVB) Hoffnungen gesetzt zu haben, denn ihre ursprüngliche Aufgabe, das Theater für die Masse der Bevölkerung zugänglich zu machen, konnte an bedeutsame Theatertraditionen anknüpfen. Ziel der Neugründung sollte laut der SED-Richtlinien vom Frühjahr 1947[67] sein:

„a) Vermittlung und Veranstaltung von guten Theatervorstellungen (Schauspiel, Oper, Operette), Film- und Lichtspieldarbietungen und künstlerische Veranstaltungen jeder Art zu erschwinglichen Preisen, ergänzt durch einführende und erläuternde Vorträge, Aussprachen etc.; b) Förderung aller Bestrebungen und Organisationen, die sich die künstlerische Erziehung des Volkes zur Aufgabe machen."

Doch das Aufgabengebiet wurde, was für Mecklenburg besonders wichtig war, erweitert, denn zusätzlich hieß es zum Aufbau der „Volksbühnen-Vereine" als „Volkskulturorganisation", zu ihren Aufgaben gehöre:

„c) Förderung aller ernsthaften, schöpferischen Volkskulturgestaltung im Rahmen von Gesangs-, Sprech- und Bewegungschören, Laienspielen, Volksmusikgruppen, Volksfesten etc."

Bereits Ende 1949 konstatierte man anlässlich des Theaterkongresses in Wismar die besondere Stellung Mecklenburg-Vorpommerns:

„In einem Maße wie sonst nirgends in Deutschland, wurde hier die Volksbühne zum entscheidenden, tragenden Faktor der künstlerischen Entfaltung wie des gesellschaftlichen Fortschritts. Außer der Maxim-Gorki-Bühne und dem Schweriner Staatstheater mit ihren besonderen Aufgaben sowie zwei Stadttheatern werden alle Theater des Landes als volkseigene Betriebe unter voller Wahrung ihrer künstlerischen Selbständigkeit zentral geführt. Kleine, aber leistungsfähige, bewußt beweglich gehaltene Ensembles, etwa in Städten wie Neustrelitz, Anklam, Ludwigslust beheimatet, haben eine ungeahnte Reichweite. Trotzdem, das sei nebenbei erwähnt, die Entwicklung der Volksbühnenmitgliederzahlen nicht überall Schritt gehalten hat, werden ungefähr 200 große und kleine Ortschaften im Lande, Betriebe und MAS bereits regelmäßig mit Vorstellungen versorgt. Wenigstens organisatorisch ist die Forderung der Zeit, daß die Kunst zum Volke kommen soll, damit erfüllt – und die

---

von Cattaro (1930), Bürgermeister Anna – gehörten zu den viel gespielten Werken auch der Laienspielgruppen; vgl. Wolf, Friedrich: Zeitprobleme des Theaters. Die kulturpolitische Situation und die Bedeutung der Volksbühne, hrsg. vom Bund Deutscher Volksbühnen. Berlin (Ost) 1947.
66 So die Bezeichnung nach dem 1. Deutschen Volksbühnentag im Juni 1950 in Berlin.
67 LHA Schwerin, BPA, IV L 2/9/506, Bl. 128f. und ebd. MfV, 2876, unpag.

„Die Maxim-Gorki-Bühne spielt", um 1948, Fotograf: Klaus Nietsche

Eröffnung des Theaterkongresses durch eine gemeinsame Feier mit den Arbeitern in der großen Halle der Wismarer Werft bekommt unter diesem Aspekt mehr als nur symbolischen Charakter."[68]

Ein ausführlicher Bericht vom Oktober 1947, der aus Siemons Abteilung „Allgemeine Volkskultur" kam, schildert die Erwartungen an das Aufgabengebiet der Volksbühne, das neu hinzugekommen war: die Betreuung der Volkskunstgruppen.

„Während die zwanziger Jahre als Blütezeit deutscher Volkskunst angesprochen werden können, in welcher sie eigene und neue Wege beschritt, die selbst das berufliche Bühnenleben beeinflusste, zeigten uns die hinter uns liegenden Volkskunsttage, dass wir vorerst nur die Scherben aufgelesen haben, die uns das faschistische Regime hinterliess. Keine neuen Wege, keine neuen Formen zeigten, dass wir uns im Zeitalter einer umwälzenden gesellschaftlichen Entwicklung befinden."[69]

---

68 Volk und Kunst, 1. 1949, H. 9 (Nov.), S. 10ff. – 1950 gab es die Volksbühnentheater Anklam, Stralsund, Greifswald, Güstrow, Wismar, Neustrelitz, Ludwigslust, Parchim und Putbus, das Schweriner Staatstheater und das Rostocker Stadttheater.

69 BA, DR 2/632, Bl. 94f.

Im Folgenden werden Ideen entwickelt, für die Volkskunstgruppen eine neue „allumfassende Bewegung" zu schaffen, in der sowohl die „Bürokratisierung" wie auch „Vereinsmeierei und reaktionäre Umtriebe" durch „größere Selbstverwaltung" vermieden werden sollten: „Wir müssen vor allem aber vermeiden, dass von oben herab organisiert wird, sondern dass die Bewegung von unten her wächst."[70] Und weiter: „Die Hebung der Freude am Dasein durch Spiel und Sport, durch Gesang, Musik und Tanz, durch freiwillige Fortbildung des eigenen Wissens, das ist der Weg, der zu einer höheren Volkskultur führt."[71] Einer behutsameren Entwicklung sollte auch der folgende Gedanke gerecht werden, der Überlegungen aus der Weimarer Zeit wiederholt:

> „Der moderne Mensch, der schon in seiner Arbeit immer mehr zur Einseitigkeit und Eintönigkeit gelangt, muss zum Ausgleich der ihm dadurch verloren gegangenen Werte in seiner Freizeit sich kulturell vielseitig betätigen, auch wenn durch diese Breitenarbeit weniger hohe Spitzenleistungen erzielt werden. Wichtig ist die Hebung des gesamten kulturellen Niveaus, aus diesem heraus werden sich trotzdem oder erst recht besonders Befähigte entwickeln."[72]

Im Juni 1948 schlug der Theatermann Max Burghardt, damals noch Referent der zentralen Kulturverwaltung in Berlin, dem sowjetischen Marschall Sokolowskij vor, die gesamte Volkskunst in die Volksbühne zu übernehmen und sprach von 3.200 Laienkunstgruppen mit 175.000 Mitgliedern in der SBZ.[73] In seiner Begründung ging es indes um die politische Kontrolle, denn auch er sah „reaktionäre Tendenzen" und dass die Kulturämter, denen die Gruppen ursprünglich unterstellt waren, mit der Aufsicht überfordert wären. Burghardt sah drei Vorteile in seinem Vorschlag:

> „1. Es wird eine kontrollierbare Organisation geschaffen. 2. Das Laienschaffen, eine sehr fördernswerte, kulturelle Betätigung, wird legalisiert[74] und in unmittelbare Verbindung zu einer Organisation gebracht, die es fördern und die Auswüchse (gewerbliche Ausnutzung) verhindern kann. 3. Die Volksbühne

---

70 Dies waren auch Argumente der SPD aus der Vereinigungsdebatte 1945/46 über die Vorgehensweise, vgl. Moraw, Frank: Die Parole der ‚Einheit' und die Sozialdemokratie. Zur parteiorganisatorischen und gesellschaftspolitischen Orientierung der SPD in der Periode der Illegalität und der ersten Phase der Nachkriegszeit (1933–1948). Bonn 1990, S. 173f.
71 BA, DR 2/632, Bl. 94f.
72 Ebd.
73 SAPMO-BA, DY 1/189: Bl. 4ff.: DVV, Ref. Theater, Burghardt, 7.6.48: „Vorschlag für ein Schreiben an den Marschall Sokolowskij betreffend Anschluß der Volkskunstgruppen an die Volksbühnenbewegung". Gleichzeitig wurde um die Bewilligung von 1.250.000.– RM gebeten.
74 Ein Hinweis auf das ungeklärte, hier als illegal verstandene Bestehen einzelner Gruppen ohne organisatorische Anbindung.

erhält eine weitere enge Verbindung gerade mit den kunstinteressierten großen Kreisen der werktätigen Bevölkerung."[75]

Die Deutsche Volksbühne selbst machte Vorschläge „zur Klärung schwebender Fragen auf dem Gebiet der Laienkunst" und konstituierte federführend einen „Zentralausschuß für Volkskunst", der die operative Arbeit für alle Gruppen übernehmen sollte.[76] Eine Zentralstelle und ein Ausschuss mit Vertretern aller in Fragen kommenden Parteien und Massenorganisationen waren für die „künstlerische Betreuung" und „kulturpolitische Anleitung" vorgesehen. Doch die politische Entscheidung für die Zukunft der Volksbühne ließ auf sich warten. Für die fachliche Anleitung nahm das Zentralhaus für Laienkunst in der Nachfolge der Zentralstelle Anfang 1952 seine Arbeit in Leipzig auf und gab die Zeitschrift „Volkskunst" heraus.

In Mecklenburg hat die Deutsche Volksbühne als Koordinator der Volkskulturarbeit und zur künstlerischen Betreuung der Volkskunstgruppen eine wichtige Rolle gespielt, zumal sich die Gruppen in fortlaufenden Wettbewerben bewähren mussten.[77] 1950 gab es im Land 1571 Gruppen[78] und zur Teilnahme an den 1. Deutschen Festspielen der Volkskunst 1952 hatten 763 Gruppen des Nordens an den Kreis- und Landesausscheiden teilgenommen[79] – gemessen an der Bevölkerungszahl und den finanziell geringen Mitteln eine eindrucksvolle Bilanz.

Aus dem Bezirk Neubrandenburg haben sich die aufschlussreichen Anmeldeformulare erhalten, die alle Gruppen für die Teilnahme an den Festspielen für Volkskunst 1952 ausfüllen mussten.[80] In diesem Bezirk allein waren es insgesamt rund 250 Gruppen mit fast 6.000 Teilnehmern und die Fragen nach dem Repertoire lassen gewisse Schlüsse auf die Programme zu, das in den Grundlinien festgelegt war: Klassisches Kulturerbe, neue und alte Volkslieder, Lieder aus Volksdemokratien, Kampflieder. Im Einzelnen sahen die Programme so aus:

---

75 SAPMO-BA, DY 1/189: Bl. 6; vgl. Burghardt, Max: Ich war nicht nur Schauspieler. Erinnerungen eines Theatermannes. Berlin/Weimar 1973: auch Burghardt, gebürtiger Mecklenburger, kam aus der Arbeiterkulturbewegung der zwanziger Jahre.

76 SAdK, Zentralhaus für Kulturarbeit, vorl. Sign. 228, unpag.

77 Vierneisel, wie Anm. 62. – Zahlen und Statistik zur Deutschen Volksbühne und deren Theaterorganisation in: SAPMO-BArch, DY 27/749, 2616, 3610: Bestand Kulturbund; DY 1/1ff: Bestand DVB; LHA Schwerin, BPA IV/L/2/9/507+508.

78 SAPMO-BArch, DY 27/3610, unpag.; SAPMO-BArch, DY 27/749, unpag.: nennt für 1950 in der gesamten DDR 3866 Gruppen; SAdK, Zentralhaus für Kulturarbeit, vorl. Sign. 228: diese Quelle nennt DDR-weit allein 2524 Volkskulturgruppen der DVB im September 1950.

79 LHA Schwerin, BPA IV/L/2/9/507+508.

80 SAdK, Zentralhaus für Kulturarbeit, vorl. Sign. 243: Anmeldebögen zu den Wettbewerben für die 1. Deutschen Festspiele der Volkskultur 1952, eine soziologisch inhaltsreiche Aufstellung der Volkskunstgruppen im Bezirk Neubrandenburg.

Die mecklenburgischen Länderprogramme „Volkswerft" und „Unser Dorf im Fünfjahrplan"
für die 3. Weltfestspiele der Jugend und Studenten in Berlin, August 1951. Generalprobe auf
Schloss Putbus

Preisverleihung im Landeswettbewerb der Deutschen Volkskunst am 28./29.6.1952 in Schwerin,
2. v. r., abgewandt: Helmut Holtzhauer, Staatssekretär und Vorsitzender der Staatlichen
Kommission für Kunstangelegenheiten in Berlin; 2. v. l.: Rudolf Jahnke, Funktionär der
Deutschen Volksbühne

Der Chor des Kreiskrankenhauses in Waren gab folgende Titel an:

„Füllt mit Schalle v. Gluck, Fackel hoch in die Hand, Heilige Nacht von Beethoven, Aus der Enge dieser Tage, Die Himmel rühmen, Herrlicher Bajkal, Katjuscha, Feierabendlied u.a.".

Die Schülerinnen der Fachschule für Krankenpflege in Neustrelitz nannten die Lieder

„Trotzig heben wir die Fahnen, Hört die Jugend, Heut ist ein wunderschöner Tag, Nun will der Lenz uns grüßen, Laß doch die Jugend ihren Lauf".

Die Dorfgruppe Rosenhagen sang:

„Frühlingslieder: Nun will der Lenz uns grüßen, Grüß Gott du schöner Maien, Sah ein Knab ein Röslein; Gegenwart: Heut ist ein wunderschöner Tag, Frieden der Welt, Entgegen dem kühlenden Morgen, Aus der Enge dieser Tage".

Der Volkschor von Anklam, wie die Rosenhagener Gruppe der Deutschen Volksbühne unterstellt, führte Folgendes an:

„1. Arbeitersängerbuch (Jüchen), 2. Lied über den Frieden (Eisler), 3. Brüder auf, die Welt zu befreien (Schwaen), 4. Opferlied (Beethoven), 5. Wie schön bist du (Schubert), 6. Wie lieblich schallt (Volkslied)".

Die Musikgruppe des Reichsbahnwerkes Pasewalk spielte

„1. Träumerei v. Robert Schumann, 2. Grüße an die SU, großes Potpourri der schönsten sowj. Lieder, 3. Altdeutsche Volks- und Tanzweisen (Polka), 4. Wiener Walzer (G'schichten aus dem Wiener Wald), 5. Erinnerung an Zirkus Renz, Xylophon-Solo" und die Schalmeiengruppe des gleichen Betriebes spielte: „1. Der kleine Trompeter, 2. Die rote Fahne, 3. Brüder zur Sonne, 4. Die Arbeitsmänner, 5. Auf, auf zum Kampf, 6. Lied der Weltjugend."[81]

Auch bei den Tänzen scheint die Tradition überwogen zu haben, soweit es aus den angegebenen Titeln ersichtlich ist; so führte die Alt Strelitzer Volksbühnen-Gruppe folgende Stücke im Programm:

„Windmüller, Bekedorfer, Achterrüm, Sünnros, Snidertanz, Winkquadrille, Schwedische Quadrille, Hoffmanns Lieschen, Walzmazurka, Stopp-Galopp, Mädel, wasch dich, Freut euch des Lebens, Hornpfiff, Schmetterlingstanz, Du und ich wir beide, Vestivaltanz [!], Alter Manchester, Vetter Michel, Dreimal durchs Städtele u.a.".

---

81 Ebd.; die überwiegende Zahl aller Gruppen gab jedoch das Repertoire nur pauschal an.

Die Vollrathsruher Tanzgruppe hatte eingeübt:

> „Kleiner Trall, Vorwärts Marsch, Siehst de woll, da kümmt er"; in Speck
> wurde getanzt: „Mädel wasch dich, Klapptanz, Hornpfiff, Hobelbank, Schwoil-
> mer [!]".[82]

Die angeführten Laienspiele sind fast durchweg „Zeitstücke", geschrieben von jungen Autoren oder selbst erarbeitet. Der Dramatische Zirkel der VEG Stolpe zeigte „'Haus in der Heide', Stegreifspiel über Betriebskrietik [!]"; die VdgB-Zuchtgemeinschaft in Malchin: „'Daß die Sonne wieder scheine' (selbst geschrieben und genehmigt)". Der Forstbetrieb Torgelow gab an: „Wir werden das Laienspiel bringen, Bevor die Pflanzzeit beginnt. Es handelt aus dem täg-lichen Leben der Kollegen aus der Forst", außerdem hatten sie 1952 auch noch das Spiel „Der alte und der neue Wald" erarbeitet. Die FDJ-Betriebsgruppe der Anklamer Möbelfabrik VVB hatte im Programm:

> „Hopp-Hopp-Hopp, Der gestohlene Bratenduft, Deutschlandsender gibt Signal,
> Der Glatzkopf, Signal auf Halt, Die Blutapfelsine, Die kleine Erholungsreise,
> Wisst Ihr, was Euch gehört?".

Die Kulturgruppe MAS Wilsickow das Laienspiel „'Bürgermeister Rössler' v. H. Schirrmeister, aus dem Gegenwartsschaffen" und die Laienspielgruppe in Speck zeigte „Gretel setzt sich durch".[83]

Insgesamt lässt sich sagen, dass das Programm der Laiengruppen nicht nur die politischen Vorgaben bediente, etwa mit dem Stück über die FDJ-Aktionen zur so genannten Befreiung Helgolands (1950/51), das in Malchow und Ivenack gegeben wurde, sondern auch Themen aus dem unmittelbaren Leben der Spie-ler und ihrer Zuschauer vorstellte. Mit strenger Kontrolle achtete das herbeige-zogene Fachpersonal dabei auf nationalistische Inhalte, kitschige Darbietungen, aber auch auf „formalistischen" Proletkult, denn dieser war inzwischen auf dem 5. Plenum des ZK der SED im März 1951 als „Gefahr" für die „Entwicklung künstlerischen Schaffens" erklärt worden, weil er das „klassische kulturelle Erbe" vernachlässige und zum Formalismus gezählt wurde.[84] Die Kulturpolitik insgesamt wurde auf das „Beispiel Sowjetunion" orientiert und viele Ensembles aus der UdSSR und den Volksdemokratien reisten in diesen Jahren durch die SBZ/DDR und beeindruckten mit ihren Tanz- und Gesangsaufführungen.

---

82 Ebd.
83 Ebd.
84 Neues Deutschland, 23.3.51.

Kulturhaus der
MAS „Ernst
Thälmann", Kreis
Ludwigslust

Im Sommer 1952 wurden die mecklenburgischen Erfolge auch jenseits der
Landesgrenzen beachtet und honoriert. Die Späldäl Stralsund[85] führte zu den
1. Festspielen der Volkskunst im Deutschen Theater Berlin am 4. Juli 1952
das Stück „Börgermeister Anna" von Friedrich Wolf in einer plattdeutschen
Bearbeitung auf; der Dramatische Zirkel Zingst gewann in seiner Sparte mit
dem sowjetischen Stück „Zwei Schichten – ein Ziel", das der Regisseur Dr.
Johannes Guter eingeübt hatte.[86] Wie die gesamte Berliner Veranstaltung
vom 4. bis 6. Juli, unmittelbar vor der 2. Parteikonferenz, die den Aufbau der
Grundlagen des Sozialismus proklamierte und am 9. Juli begann, diente auch
die plattdeutsche Fassung nur der Propaganda, denn in der Region selbst hatte
die niederdeutsche Kultur inzwischen Schwierigkeiten bekommen.[87]
Die 22 Fragepositionen auf den Neubrandenburger Anmeldebögen von 1952
betrafen Größe und betriebliche Anbindung der Gruppen sowie Alter und Orga-
nisationszugehörigkeit ihrer Mitglieder, Gründungsdatum, Probenarbeit, Repertoire, fachliche Anleitung und materielle Unterstützung. Auch zum künstlerischen bzw. politischen Leiter der Gruppen war umfassend Auskunft zu geben,
doch nicht gefragt war sein Geburtsort. Das entsprach dem Bemühen von Partei
und Regierung, das nicht mehr opportune „Umsiedler"-Problem erst gar nicht in
Erscheinung treten zu lassen. Da in vielen Gemeinden des Nordens jedoch die
Bevölkerung oft bis zur Hälfte aus Flüchtlingen und Vertriebenen bestand, kann

---

85 Vgl. Peplow, Karl: Die Stralsunder Späldäl seit 1945, in: Herrmann-Winter, Renate (Hg.):
    Heimatsprache zwischen Ausgrenzung und ideologischer Einbindung. Niederdeutsch in
    der DDR. Frankfurt a.M. u.a. 1998, S. 249–256.
86 Vgl. Keller, Herbert: Von ihnen kannst Du siegen lernen, in: Volkskunst. Monatsschrift
    für das künstlerische Laienschaffen, 1.1952, H. 5, S. 30ff.
87 Vgl. Herrmann-Winter, wie Anm. 85.

man davon ausgehen, dass die Gruppen hinsichtlich der Einheimischen und der Umsiedler gemischt waren, da die Zugangsschwelle auch für die Erwachsenen unter ihnen leichter zu nehmen war als im Kulturbund. Denn die für die Volksbühne insgesamt überlieferten Daten deuten auf eine personelle Zusammensetzung, die sich vom Kulturbund deutlich unterschied. Der FDGB war, neben dem Kulturbund, Gründungsinitiator des DVB und die Werktätigen waren von Anfang an die Zielgruppe. Die größte Sozialgruppe war 1950 mit knapp 32% die der „Handarbeiter", es folgten die Angestellten (15,2%), die Hausfrauen (12,6%) und die „Bauern-Landarbeiter" (10,1%).[88] Die „Geistesarbeiter" stellten nur einen Anteil von 2,3%. Auch wenn diese soziologischen Begriffe eher verschleiern sollten, dass auch hier kaum Industriearbeiter zu finden waren, so haben wir es doch mit einer anderen Schicht als im Kulturbund zu tun. Hier wie dort war wiederum über ein Viertel der Mitglieder unter 30 Jahren.

Die Volksbühne wurde im Dezember 1952 auf Beschluss des Sekretariats des ZK der SED aufgelöst,[89] überraschend für die ahnungslosen Mitglieder, die sich mit Berufung auf Art. 12 der DDR-Verfassung, der die Vereinsfreiheit garantierte, vergeblich wehrten.[90] Die Theaterarbeit wurde vom FDGB übernommen und erlitt erst einmal einen ziemlichen Einbruch. Alle Volkskunstgruppen waren aufgefordert, sich einem Betrieb anzuschließen oder sie verloren die notwendige Genehmigung. Materielle Schwierigkeiten waren wohl ein Grund für die Auflösung der Volksbühne, denn die Kosten für die Theatersubventionen waren immens.[91] Entscheidend für den Beschluss war jedoch die härtere ideologische Gangart nach der 2. Parteikonferenz und Egon Rentzsch, Leiter der Abt. Literatur und Kunst des ZK der SED, begründete ihn auf der letzten Tagung der Volksbühne in Magdeburg Ende Januar 1953: „Es gab nicht wenige Erscheinungen einer gewissen kleinbürgerlichen Kulturschlamperei, eines künstlerischen Banausentums und Dilettantismus, die nicht selten gefährliche Züge des Sozialdemokratismus auf dem Gebiet der Kultur trugen".[92] Von den rund 250 Gruppen in Neubrandenburg waren im Juni 1953 noch 114 übrig geblieben, 23 hatten sich aufgelöst, sechs hatten noch „keinen Anschluß" gefunden.[93] Fast die Hälfte der Kulturgruppen war also schon nach den Festspielen der Volkskunst im Sommer 1952 auseinander gefallen.

---

88 SAPMO-BArch, DY 27/749, unpag.

89 SAPMO-BA, DY 30/J IV 2/3/348, v. 15.12.52.

90 SAPMO-BArch, DY 30/IV 2/906/154.

91 Vierneisel, wie Anm. 62, S. 30ff; die wirklichen Kosten lassen sich kaum noch rekonstruieren, genannte Ausgaben schwanken zwischen ca. DM 4,5 und 6,5 Mio: rund 800 Mitarbeiter soll die Organisation in der DDR insgesamt gezählt haben.

92 Rentzsch, Egon: Die drei wesentlichen Seiten unserer kulturellen Massenarbeit, in: Volkskunst, 2.1953, H. 5, S. 22: Auszug aus seiner Rede auf der Magdeburger Schlusstagung der DVB am 30.1./1.2.1953; vgl. auch Braulich, wie Anm. 62, S. 211ff.

93 SAPMO-BArch, DY 1/211, Bl. 122ff.

Die Abwicklung der Volksbühne im Laufe der ersten Jahreshälfte 1953 dürfte zur Krise beigetragen haben, die zum Aufstand des 17. Juni führte, denn das Verbot war vor allem in den kleinen Städten und auf dem Land ein massiver Eingriff in die immer noch – trotz aller Kontrollen und Zentralisierungsmaßnahmen – weitgehend selbst organisierte Kulturarbeit vor Ort, wie sie von der Vereinstätigkeit her bekannt war. Im August 1953 setzte daher eine öffentliche Diskussion mit der Forderung ein, entweder die Volksbühne wieder oder eine vergleichbare Institution neu zu gründen. Das Zentralhaus für Laienkunst in Leipzig meinte dazu:

> „Es muss festgestellt werden, dass der grösste Prozentsatz aller Volksbühnengruppen, dabei handelt es sich vor allen Dingen um Gruppen in kleineren Städten und in den ländlichen Bezirken, heute weder einem Betrieb angehören noch sonst irgendwelche organisatorische Bindung zu einer Institution haben. Diese Gruppen sind vollkommen sich selbst überlassen. Ein formeller Einfluss ist lediglich durch das Sachgebiet Laienkunst beim Rat des Kreises oder die Kulturkommissionen der Gemeinden gegeben."[94]

Eine Volksbühne käme keinesfalls mehr in Frage, so der Autor, aber er befürwortete einen „Volkskunstverband" gleich den anderen Künstlerverbänden als „zentrale fachliche und ideologische Anleitung aller Gruppen, Zirkel und Einzelschaffenden".

Arbeit als Zentrum sozialistischen Lebens

Die Gründungen von Kulturbund und Volksbühne waren Zugeständnisse an alle gesellschaftlichen Schichten in der „antifaschistisch-demokratischen Periode", mit denen in den frühen Nachkriegsjahren um die Mitarbeit am Aufbau einer neuen Gesellschaft geworben wurde. Im engeren Sinn zählten sie nicht zu den Massenorganisationen, als die sich die Freie deutsche Jugend und die Gewerkschaften verstanden,[95] und der Kulturbund verlor nach der Staatsgründung zunehmend seine kulturpolitische Relevanz.[96] Zwar machte auch die FDJ vor allem nach 1949 Kulturarbeit mit Volkskulturgruppen bzw. Ensembles, doch wer hier teilnahm, akzeptierte von vornherein die Nähe zur Politik.

---

94 SAdK, Zentralhaus für Kulturarbeit, vorl. Sign. 228: Leipzig, 21.8.53.

95 Dietrich, Gerd: Der Kulturbund, in: Die Parteien und Organisationen der DDR. Ein Handbuch. Hrsg. von Gerd-Rüdiger Stephan und Andreas Herbst, Christine Krauss, Daniel Küchenmeister, Detlef Nakath. Berlin 2002, S. 530–559, hier S. 531.

96 Ebd., S. 539; Heider, Magdalena/Thöns, Kerstin (Hg.): SED und Intellektuelle in der DDR der fünfziger Jahre. Kulturbundprotokolle. Köln 1990.

Die Sozialisten hatten mit ihren ersten Verlautbarungen auch einen neuen – politischen – Kulturbegriff proklamiert, der Hochkultur und „kulturelle Massenarbeit"[97] als gleichgewichtige Bereiche definierte.[98] Bezugspunkt sollte die Arbeit sein, und der „Betrieb" im weitesten Sinn wurde der Ort des gemeinsamen Agierens.[99] Die Grundlagen für die Rolle der Kultur formulierte der Erste Kulturtag der SED im Mai 1948: „Arbeit ist die Quelle aller Kultur. Die Kulturgüter sind nichts anderes als die Produkte geronnener und aufbewahrter manueller und geistiger Arbeit".[100] Doch noch galten nach außen hin alle Kulturorganisationen als gleichberechtigte Kulturvermittler und Kulturträger. Das änderte sich definitiv im Mai 1949, als die Deutsche Wirtschaftskommission (DWK) erstmals dezidiert die Ziele der betrieblichen Kulturarbeit beschrieb und den Posten des „Stellvertretenden Direktors für die Kulturarbeit" in den Industriebetrieben einrichtete.[101] Mit einer scharfen Kritik an der bisherigen Kulturarbeit des FDGB verband die SED im September 1949 ihre grundsätzliche Aussage, dass der „Betrieb zum entscheidenden kulturellen Faktor in unserer gesellschaftlichen Entwicklung" zu machen ist."[102] Die Kulturverordnung vom März 1950 unterfütterte die politischen Ziele mit der notwendigen finanziellen Grundlage.[103] So heißt es dort in §10:

---

97 Im Nov. 1952 hatte die Volksbildungsministerin Else Zaisser im Nachgang der 2. Parteikonferenz den Entwurf einer Verordnung zur Bildung eines Staatlichen Komitees für Kulturelle Massenarbeit vorgelegt und berief sich dabei auf sowjetische Entsprechungen. Der Begriff fand dann im September 1953 seine institutionelle Beglaubigung, als die Kulturabteilung des ZK der SED sich den Namen „Abt. Kunst, Literatur und kulturelle Massenarbeit" gab, vgl. dazu Vierneisel, Beatrice: Die Kulturabteilung des Zentralkomitee der SED 1946–1964, in: Kunstdokumentation SBZ/DDR 1945–1990. Aufsätze, Berichte, Materialien, hrsg. von Günter Feist, Eckhart Gillen, Beatrice Vierneisel. Köln 1996, S. 788–820; im 1954 gebildeten Kulturministerium unter Becher gab es erstmals eine HA Kulturelle Massenarbeit und eine HA Volkskunst (1954/55), vgl. BA, DR 1/7884.

98 Vgl. Protokoll der Verhandlungen des Ersten Kulturtages der SED, 5. bis 7. Mai 1948. Berlin 1948.

99 Vgl. Jahrbuch Arbeit und Sozialfürsorge, 1, April 1947, S. 265–272 mit dem Beitrag „Kulturelle Betriebsarbeit in der Praxis" und den „Richtlinien und Aufgaben für kulturelle Betriebsarbeit"; die Praxis in der Betriebskultur hatte schon früher eingesetzt.

100 Protokoll, 1948, S. 183f.

101 Dietrich, Gerd: Politik und Kultur in der Sowjetischen Besatzungszone Deutschlands (SBZ) 1945–1949. Bern u.a. 1993, S. 386f.

102 Zit. n. ebd., S. 433–438, hier S. 434: Beschluss des Kl. Sekretariats des Politbüros der SED v. 12.9.1949.

103 Vgl. zur Auftragskunst: Flacke, Monika (Hg.): Auftrag: Kunst 1949–1990. Bildende Künstler in der DDR zwischen Ästhetik und Politik. Ausst.-Kat. Deutsches Historisches Museum Berlin. Berlin 1995; Kaiser, Paul/Rehberg, Karl-Siegbert (Hg.): Enge und Vielfalt – Auftragskunst und Kunstförderung in der DDR. Analysen und Meinungen. Hamburg 1999; Vierneisel, Beatrice: Ein Versuch, das „Auftragswesen" der DDR auf dem Gebiet der bildenden Kunst zu erhellen. In: VolksEigeneBilder. Kunstbesitz der Parteien und Massenorganisationen der DDR. Hrsg. vom Dokumentationszentrum der DDR. Berlin 1999, S. 137–156.

Kulturraum der Volkseigenen
Genossenschaft (VEG) Groß
Vielen, Kr. Waren,
um 1950

„Um das kulturelle Niveau des werktätigen Volkes zu heben, müssen die fort-
schrittlichsten und besten Werke der Kultur aus Vergangenheit und Gegenwart
den schaffenden Menschen in den Betrieben und auf dem Lande zugänglich
gemacht werden. Die Mittel des Kulturfonds sind zu diesem Zweck weitgehend einzusetzen, und zwar zur Unterstützung des Ausbaues, der Ausstattung
von Kulturhäusern, Arbeiterklubs in volkseigenen Betrieben, in den MAS und
volkseigenen Gütern, der Einrichtung von Landbibliotheken [...]."[104]

Dazu stellte der im Rahmen der Kulturverordnung gebildete Kulturfonds in den
ersten Jahren bedeutende Summen zur Verfügung.[105] Speziell für die „Kulturarbeit auf dem Lande" ließ das Volksbildungsministerium in Berlin im Januar

---

104 GBl. der DDR, 1950, Nr. 28, S. 185–190, hier S. 190.
105 Vgl. Vierneisel, wie Anm. 103, S. S. 37f.: Die Mittel des Kulturfonds ergaben sich aus
    der sog. Kulturabgabe, d.h. den Aufschlägen auf Eintrittskarten, Buchpreisen, Rundfunk-
    gebühren u.ä.

Landspielfilm der MAS, Premiere
des DEFA-Films „Die letzte
Heuer" (1951), Wustrow 1951

1949 einen „materiellen Jahresplan" erstellen, in dem jeweils die maximalen bzw. die minimalen Kosten für Kulturräume, Rundfunkgeräte, Lesestuben und Bibliotheken, Vortragsreihen und Filmveranstaltungen, Veranstaltungen der Volksbühne, materielle Unterstützung der Laienkunst, Ausstellungen, Volkshochschulkurse, Dienstwagen und nicht zuletzt für das Behördenpersonal aufgelistet sind. Das ehrgeizige Projekt sollte 30.102.560 bzw. 14.979.560 DM kosten.[106]

Befragt nach den Trägerinstitutionen, d.h. den entsprechenden Massenorganisationen, waren auf den Neubrandenburger Formularen vom Frühjahr 1952 überwiegend Gewerkschaften oder FDJ angegeben und viele Gruppen hatten sich an der Arbeitsstelle und an Schulen gebildet, wo die materielle Unterstützung oft gesichert war (Probenzeiten und -räume, Fachpersonal, Instrumente usw.).

---

106 SAPMO-BA, DY 24/2868, unpag., 21.1.49.

Nach der 2. Parteikonferenz im Juli 1952 wurde die Kulturarbeit in den Betrieben durch hauptamtliche Funktionäre und Arbeitsverträge mit Künstlern professionalisiert. So ist etwa in der seit Januar 1953 erscheinenden Betriebszeitung „Unsere Werft" der Volkswerft Stralsund von einer Laienspielgruppe, einem Jugendchor, einer Instrumentalgruppe und einer für die Kinder der Werksangehörigen geplanten Volkskunstgruppe die Rede.[107] Ein Ensemble bestand auch in der Warnow-Werft und der Neptun-Werft, wo die 177 Mitglieder des Ensembles meist Lehrlinge und Jugendliche waren, unter der Leitung des Fischers Rose (68 Jahre), der seine 1933 unterbrochene Arbeit mit Kulturgruppen fortsetzte. Das Programm für die IV. Weltfestspiele in Bukarest 1953 wurde nach alten Vorlagen im Volkskundemuseum Rostock und im Heimatmuseum Warnemünde erarbeitet.[108] Zudem hatte Mecklenburg-Vorpommern ein Staatliches Dorfensemble.[109]

Bekannt und ausgezeichnet wurden damals die betrieblichen „Ensembles" als politische (und teure) Prestigeobjekte wie etwa das Ensemble der Maxhütte im thüringischen Unterwellenborn unter ihrem künstlerischen Leiter, dem Schriftsteller Jan Koplowitz, das Stephan-Hermlin-Ensemble der Pädagogischen Hochschule Potsdam, das Kuba-Ensemble des Stahl- und Walzwerks Brandenburg.[110] Das Ensemble als Form und Methode von Aufführungspraxis, wie es damals – nach Stanislawski – für das Theater diskutiert wurde,[111] galt auch für die Kulturgruppen: die Einheit von Spiel, Tanz und Musik, in der alle Teile durch einen thematischen Grundgedanken verbunden waren. In dieser aus der sowjetischen Kulturarbeit abgeleiteten Form politischer und künstlerischer Einheit sah die DDR das Ziel zu einer eigenen „nationalen" Volkskultur.

Neben den stark geförderten Gruppen und Zirkeln in den großen Industrie- und Landwirtschaftsbetrieben, den Hochschulen und Verwaltungen gab es aber immer noch eine eher unübersehbare Zahl von Gruppen in den Gemeinden und ländlichen Gebieten. Sie bekamen 1954 wieder mehr Freiraum für ihre organisatorische Anbindung, das hieß vor allem, sie konnten auch wieder den örtlichen Kulturkommissionen der Kreise und Gemeinden unterstellt werden. Doch dabei ging anscheinend der Überblick verloren und 1955 erhielt die Hauptabteilung Volkskunst des Ministeriums für Kultur den Auftrag per Ministerratsbeschluss, eine „Vorlage über die Erfassung und Anleitung der nicht an Betriebe

---

107 StA Stralsund: Unsere Werft, 1.1953, H. 5 (17.1.).

108 Volkskunst. Monatsschrift für das künstlerische Laienschaffen, 1. 1953, H. 7, S. 26.

109 SAPMO-BA, DY 30/IV 2/9.06/154, Bl. 63ff, 180–202: Das Dorfensemble Neu Kaliss (Kr. Ludwigslust) war 1952 auf den 1. Deutschen Festspielen der Volkskunst ausgezeichnet und zum 1.1. 1954 als Staatliches Dorfensemble anerkannt worden; als Internat wurde das Schloss Neetzow (Kr. Anklam) zur Verfügung gestellt.

110 Sie waren Gewinner bei den 1. Festspielen der Volkskunst in der Sparte „Ensemble".

111 Vgl. Stuber, Petra: Spielräume und Grenzen. Studien zum DDR-Theater. Berlin 1998 (Forschungen zur DDR-Gesellschaft).

angeschlossenen Volkskunstgruppen vorzulegen".[112] Es wurde dann Aufgabe der Volkspolizei, die ländlichen Volkskulturgruppen in der DDR zu überprüfen, darunter besonders die „nicht angeschlossenen".[113] Für den Bezirk Schwerin meldete die Polizeibehörde Mitte Oktober nach Berlin 83 „nichtangeschlossene" Gruppen mit ca. 2800 Mitgliedern. „Nicht angeschlossen" hieß, dass die Gruppen nicht wie gefordert einer eigenen Parteileitung unterstanden, auch wenn sie einem Betrieb angehörten. Dazu kamen vier Gruppen in Volkseigenen Gütern mit 187 Mitgliedern, 19 Gruppen in LPGs mit 811 Mitgliedern und 14 Volkskunstgruppen mit 327 Mitgliedern in der Vereinigung der gegenseitigen Bauernhilfe (VdgB), insgesamt also 120 Gruppen mit gut 4.000 Mitgliedern.[114] Sowohl unter den Gruppenleitern wie auch unter den Mitgliedern war die SED mit 281 Personen keineswegs dominierend, ein Drittel war in der Gewerkschaft und fast die gleiche Anzahl war gar nicht organisiert.[115] Probleme werden nur für vier Gruppen festgestellt, darunter ein bereits 1900 gegründeter „Volkschor" in Peckatel, ein Männerchor, der seine Vereinsstruktur mit Vorstand, Mitgliedsbeiträgen und Vereinsfahne beibehalten hatte.[116] Doch auch dieser Chor war integriert in die örtliche Gesellschaft, denn er beteilige sich an den obligatorischen Auftritten etwa des 1. Mai oder des 7. Oktober, an Dorffesten genauso wie an Aufführungen für die Volkssolidarität. „Die aktiven Mitglieder sind einsatzbereit und diszipliniert und zeigen Interesse an der Kulturarbeit. Unstimmigkeiten soll es nicht geben. Wenn Einsätze durchgeführt werden ist eine rege Beteiligung zu verzeichnen. Verbindungen nach Westdeutschland bzw. Westberlin bestehen nicht", urteilte die Polizei.[117] „Undiszipliniert" ging es dagegen in der Volkskunstgruppe des VEG Gross Bäbelin im Kreis Güstrow zu, wohin 1954 vier Jugendliche aus Westdeutschland gekommen waren und versucht hatten, „westliche Tänze wie Samba usw." zu veranstalten. Dieses wurde jedoch von dem Politleiter und Parteisekretär des Gutes abgeändert. Zwei Jugendliche

---

112 SAdK, Zentralhaus für Kulturarbeit, vorl. Sign. 228: Aufgaben der HA Volkskunst, Ministerratsbeschluss v. 20.1.55.

113 LHA Schwerin, MdI, BDVP, 91, Bl. 45–80: Berichte und statistische Angaben aus sieben Kreisen.

114 Ebda., Bl. 73–77.

115 Ebda.: die soziale Zusammensetzung wies 40% Arbeiter und 22% werktätige Bauern aus, vor 1945 waren ca. 25% in der NSDAP bzw. in NS-Organisationen, 27,5% in der „Arbeiterpartei", womit wohl eher die SPD als die KPD gemeint war.

116 Vgl. Volkszeitung (KPD), 30.11.45: Der Leiter des Gesangsvereins von Peckatel, der Büdner Böckler, hatte sich 1935 geweigert, von der NSDAP übernommen zu werden, worauf er der Gestapo übergeben wurde; jetzt wurden deswegen zehn ehemalige Nazis der Ortsgruppe enteignet, weitere können durch Arbeit Wiedergutmachung leisten. Vielleicht hat diese Vergangenheit den Sonderstatus ermöglicht.

117 LHA Schwerin, MdI, BDVP, 91, Bl. 69.

wurden daraufhin sofort aus dem Gut entfernt und die anderen Beiden haben sich im positiven Sinne in diese Gruppe eingefügt.[118]

Die verklausulierte Antwort auf eine der Standardfragen[119] könnte ein Hinweis auf den Umgang mit den Umsiedlern sein, wenn es fast gleichlautend lakonisch in den Berichten aus den Kreisen heißt: „Die Aufnahme von Mitgliedern der aufgelösten und verbotenen Vereinigungen sowie die Organisierung bestimmter Berufsgruppen oder *anderen Interessengemeinschaften* [Hervorhebung d.A.] ist nicht zu verzeichnen."[120] Deutlich wird aus diesen Worten jedenfalls, dass außerhalb der mehr oder weniger kontrollierten Kulturaktivitäten andere offiziell nicht zugelassen waren.

Um die aus Sicht der Schweriner Polizeibehörde politischen „Missstände" zu beseitigen werde angestrebt, die „nichtangeschlossenen Volkskunstgruppen den landwirtschaftlichen Betrieben anzuschließen (LPG u. VEG) und dann innerhalb der Kulturgruppen FDJ- bzw. Parteigruppen zu bilden damit dieselben dann die Leitung und Kontrolle ausüben".[121] Lässt man aber die polizeiliche Kritik an der fehlenden parteilichen Leitung beiseite, so waren fast alle Gruppen im Rahmen ihrer Arbeitsstelle aktiv, nicht nur in der Landwirtschaft, sondern auch im Konsum, in der Post, in einer Verwaltungsstelle, in einem kleinen Betrieb, in der Forschungsstelle Gülzow usw. Scheint man im Bezirk Schwerin mit der Situation im Prinzip zufrieden gewesen zu sein, so fasste die Hauptverwaltung der Deutschen Volkspolizei (HVDVP) im Innenministerium die DDR-weiten Ergebnisse in einer deutlichen Kritik zusammen:

„Die Auswertung aller Prüfungsergebnisse läßt eine Reihe bedeutender Schwerpunkte erkennen. So wurde festgestellt, daß in einer großen Anzahl von Volkskunstgruppen die Auffassung besteht, daß ihre Tätigkeit unabhängig von den politischen Aufgaben zur Durchführung kommen muß und mehr einem Selbstzweck dient. Die Bestrebungen gehen dahin, eine sogenannte ‚politisch neutrale Haltung' einzunehmen.
In einer Anzahl von Chören ist eine Abneigung gegenüber dem fortschrittlichen Liedgut zu bemerken. Eine größere Anzahl von Volkskunstgruppen haben [!] den Charakter von Geselligkeitsvereinen, in denen die Traditionen bürgerlicher Gesangvereine und andere bürgerliche Anschauungen aufrecht erhalten werden. [...] Besonders zu beachten ist die Tatsache, daß die evangelische bzw. katholische Kirche in vielen Fällen auf Volkskunstgruppen bedeutenden Einfluß nimmt. Von besonderer Wichtigkeit ist die Feststellung, daß durch negatives Verhalten von Volkskunstgruppen bei Reisen nach Westdeutschland, das Ansehen der Deutschen Demokratischen Republik geschädigt wurde und von

---

118 Ebda., Bl. 75.
119 DO 1/11.0/885: Rundbrief der HVDVP am 23.6.55 an alle BDVP.
120 Ebda., Bl. 53.
121 Ebda., Bl. 78.

faschistischen und anderen reaktionären Organisationen in Westdeutschland die Einflußnahme auf unsere Volkskunstgruppen organisiert wird.[122] Außerdem wurde an verschiedenen Orten festgestellt, daß Volkskunstgruppen nur formal den Landwirtschaftlichen Produktionsgenossenschaften, Maschinen-Traktorenstationen, Volkseigenen Gütern und Vereinigungen der gegenseitigen Bauernhilfe (BHG) angeschlossen sind und keine gesunde Verbindung zwischen ihnen und den Volkskunstgruppen besteht.

Häufig ist auch festzustellen, daß Lehrer, die nach 1945 aus dem Schuldienst entlassen wurden, Funktionen in den Volkskunstgruppen bekleiden und gleichzeitig im Auftrage der Kirche als Religionslehrer, Organist oder Leiter des Kirchenchores arbeiten."[123]

Für unseren Zusammenhang ist festzuhalten, dass in den ländlichen Gebieten die Selbstorganisation von Volkskultur in Grenzen noch funktionierte, auch wenn sich die gesellschaftlichen Rahmenbedingungen geändert hatten. Volkskulturelle Praxis bewegte sich innerhalb der politischen und gewerkschaftlichen Strukturen mit dem Bewusstsein gesellschaftlicher Zugehörigkeit. Zugleich wird aber auch deutlich, dass der Rahmen für kulturelle Aktivitäten auf dem Land, mit und ohne Parteileitung, eng begrenzt und überwacht bzw. die Anpassung an die Verhältnisse unumgänglich war.

Es sei freilich ein „langdauernder revolutionärer Prozeß", bis in „Kultur und Lebensweise",[124] so die spätere Begrifflichkeit, neue Traditionen, Sitten und Bräuche entstehen. Hatte 1947 der Bericht aus der Schweriner Kulturverwaltung noch von Freizeit im Sinn eines privaten Lebensbereiches gesprochen,[125] so ging es nun um die Einheit von produktiver und kultureller Arbeit, die Trennung von Arbeits- und Privatleben sollte es nicht mehr geben. War der Betrieb früher „Ausbeutungsstätte", sollte er jetzt „Arbeits- und Lebensstätte"[126] werden und „die Produktionsbetriebe begannen eine feste Säule in der Volkskultur zu

---

122 Damit sind die Treffen auf Sängerfesten und Tagen der Heimat in der BRD gemeint, an denen auch die Vertriebenen-Verbände teilnahmen bzw. diese von ihnen organisiert waren.

123 BA, DO 1/11.0/885, Bl. 131f., HVDVP, 16.4.56, gez. Seifert, an Innenminister Maron, dass. in BA, DR 2/6251, unpag., an Minister Lange.

124 Lee, You Jae : Volkskunde in der DDR. – Berlin, Magisterarbeit, Freie Univ., 1998, S. 43–46; Dietrich, wie Anm. 101, S. 115; Jacobeit, Wolfgang/ Mohrmann, Ute: Kultur und Lebensweise des Proletariats. Kulturhistorisch-volkskundliche Studien und Materialien, hrsg. vom Bereich Ethnographie, Sektion Geschichte der Humboldt-Universität zu Berlin. Berlin (Ost) 1973; Jacobeit, Wolfgang/Nedo, Paul (Hg.): Probleme und Methoden volkskundlicher Gegenwartsforschung. Vorträge und Diskussionen einer internationalen Arbeitstagung in Bad Saarow 1967. Berlin (Ost) 1969 (Deutsche Akademie der Wissenschaften, Veröffentlichungen des Instituts für Deutsche Volkskunde; 51).

125 BA, DR 2/632, Bl. 95.

126 Der Zweijahrplan und die Kulturschaffenden. Protokoll der gemeinsamen Arbeitstagung des Kulturbundes zur demokratischen Erneuerung Deutschlands, des Freien Deutschen

werden", so der Schweriner Gewerkschaftsfunktionär Rudolf Rogge in Erinnerung an die Jahre 1949/50.[127]

Der Soziologe Martin Kohli bezeichnete die DDR als „Arbeitsgesellschaft" und als ihr entscheidendes Kriterium die „betriebsförmige Organisation": „Die Betriebe waren [...] einer der wesentlichen, vielleicht der wichtigste *Vergesellschaftungskern* dieser Sozialstruktur."[128] Der Begriff der „Arbeitsgesellschaft" sei demnach in der DDR weiter zu fassen als in der Bundesrepublik, und als ihre beiden Grundzüge nennt der Autor „die ideologische Aufwertung der Arbeit und die betriebszentrierte Sozialpolitik".[129] Meine These ist, dass auch die Verlagerung kultureller Betätigungen in die Betriebe, ihre personelle, finanzielle und organisatorische Anbindung an den Arbeitsbereich ein drittes Bestimmungsmerkmal dieser Arbeitsgesellschaft war. Kultur war nicht nur ein Teilbereich der „ideologischen Aufwertung" (Kohli) als Instrumentalisierung der Arbeiter zu höherer Produktivität, auch wenn die Propaganda der fünfziger Jahre dies nahelegt. Vielmehr wird ein Kulturbegriff proklamiert, der in idealistischer Weise alle Antagonismen und jede „Entfremdung" aufzuheben versprach. Werktätige Massen und Volk wurden synonyme Begriffe, und sie wurden Träger einer „neuen" Volkskultur. Dem Problem der Kultur in einer Massengesellschaft, das von der Entstehung der künstlerisch-kulturellen Moderne nicht zu trennen ist, wurde dabei mit einem Rückgriff auf vormoderne, gleichsam idyllische Zeiten begegnet.

„Von Anfang an war zu sehen", so nochmals der Schweriner Gewerkschaftler Rogge,

> „daß die Ausgestaltung betrieblicher Feste, oder anderer kultureller Veranstaltungen, später auch der Betriebsfestspiele, mit eigenen kulturellen Kräften viel Vergnügen bereitete, den Zusammenhalt förderte und im besten Sinne bewußtseinsbildend wirkte. Menschen, die vorher oft genug aneinander vorbeigegangen waren, fanden sich plötzlich in Interessengemeinschaften wieder. [...] Aktivitäten wurden entwickelt, die manch einer nicht für möglich gehalten hatte. Sie fanden es eben sinnvoll und hatten Spaß daran."[130]

Gewerkschaftsbundes und der Gewerkschaft Kunst und Schrifttum am 28./29. Oktober 1948 in Berlin, hrsg. vom Kulturbund und FDGB. Berlin (Ost) 1948, S. 22 (Maschke).

127 Zwischen Hoffnung, wie Anm. 25, S. 270.

128 Kohli, Martin: Die DDR als Arbeitsgesellschaft? Arbeit, Lebenslauf und soziale Differenzierung, in: Kaelble, Hartmut/Kocka, Jürgen/Zwahr, Hartmut (Hrsg.): Sozialgeschichte der DDR. Stuttgart 1994, S. 31–61, hier S. 39.

129 Ebd., S. 39.

130 Zwischen Hoffnung, wie Anm. 25, S. 271.

Schlussbemerkung

Wenn von den Umsiedlern in Mecklenburg-Vorpommern die Rede ist, wird fast nur an die „Neubauern" gedacht. Zu wenig ist bekannt, ob es gesellschaftlich relevante Gruppen von vertriebenen Akademikern, Kaufleuten, Handwerkern, mittleren und höheren Beamten gegeben hat, also dem Mittelstand, der wohl vornehmlich in den Städten unterkam und sich für die Ziele und die Arbeit des Kulturbundes hätte interessieren können, denn dort konnten sie auf Gleichgesinnte treffen. Ein gewisser elitärer, ausschließender Anspruch in den Anfangsjahren verlor sich spätestens, als um 1950 in den Wirkungsgruppen Pädagogen die Leitungen übernahmen und dadurch die Hemmschwelle für den Eintritt gesenkt wurde, erst recht aber, als der Kulturbund seine anfänglich politische Vorreiterfunktion verlor. Im Kulturbund überlebten nicht nur Schachgruppen und Briefmarkensammler, sondern zur größten Sparte gehörte die „Natur- und Heimatpflege", in der die „bürgerlichen Tugenden" des Bewahrens und Erhaltens gepflegt werden konnten - soweit es die staatlichen Verhältnisse überhaupt zuließen.

Plattdeutsch reden hätten die Zugezogenen lernen müssen, so heißt es, wenn sie die Mecklenburger hätten verstehen wollen. Doch Plattdeutsch war nicht nur Umgangssprache, sondern auch Literatur, Theater, d.h. kulturelles Erbe in der Region und für viele Neubürger war sie eine vertraute Kultur, was sich nicht zuletzt am Erfolg der Niederdeutschen Bühnen zeigte. Aber die Umsiedler waren auch Fremde im Land, denen die Integration zum Teil äußerst schwierig, wenn nicht gar unmöglich gemacht wurde. Nimmt man aber die m.E. ausschlaggebenden Zahlen, nämlich die der weiblichen Angestellten, der Lehrer und der Kinder, so dürften sie auch einen mehr oder weniger aktiven Teil unter den Flüchtlingen und Vertriebenen umfasst haben. Die Frauen konnten ihre soziale Kompetenz in den Chören, Tanz- und Spielgruppen erfolgreich pflegen. Die Kinder und Jugendlichen aber fanden in den Volkskulturgruppen – ob in den Gemeinden, den (Zentral-)Schulen oder den Betrieben als Lehrlinge – ein vielfältiges kulturelles Betätigungsfeld. Hier waren die Lehrer aktiv und gefordert, um ihre SED-Mitgliedschaft wurde intensiv geworben, denn sie sollten in den Kindern die Zukunft garantieren. Konkrete Angaben zur Thematik müssen freilich spekulativ bleiben.

Wer nicht zu den politisch Andersdenkenden gehörte, also zu einer keineswegs kleinen Teilgesellschaft, auf die der SED-Staat mit vielfältigen Repressionen reagierte, konnte die neuen Chancen wahrnehmen und das waren nicht zuletzt die Neubürger. In der eher konservativen Provinz Mecklenburg-Vorpommern waren sie auch weniger als in den Großstädten den kulturellen Spannungen ausgesetzt.

Als die kulturelle Praxis mit Beginn der Staatsgründung in die Betriebe verlagert wurde, versprach der Arbeitsplatz nicht nur soziale Sicherheit, sondern

Fritz-Reuter-Schule, Mestlin, vor 1949

auch kulturelle und damit emotionale Bindung. Er konnte bieten, was in dem Begriff „sich heimisch fühlen" auch gemeint ist: Zugehörigkeit. Oder gar „ein Gefühl der Geborgenheit, das sich auf die Erfahrung sozialer Sicherheit, persönlicher Entwicklungschancen und den geistig-kulturellen Bedürfnissen entsprechende Umwelterlebnisse gründet. Dieses Gefühl ist nicht an die ursprüngliche Heimat des Menschen gebunden, sondern drückt die momentane Übereinstimmung mit dem sozialen und kulturellen Milieu aus", so die offizielle Definition von Heimat aus dem Jahr 1970.[131]

---

131 Kulturpolitisches Wörterbuch, Berlin (Ost) 1970, S. 206.

Jens-Uwe Rost

Hans Heinrich Leopoldi
Heimatpflege zwischen Tradition und Parteiauftrag

Hans Heinrich Leopoldi wurde am 11. Dezember 1917 in Schwerin geboren, der Stadt seines Lebenswerkes und wo er auch am 7. März 1978 starb.[1] Er entstammte kleinbürgerlichen Verhältnissen, die Mutter war Konzertsängerin, später Hausfrau, der Vater Kaufmann. 1926–1933 besuchte Leopoldi die Höhere Privatknabenschule in Plau am See. Nach der Trennung der Eltern lebte er mit seiner Mutter in Schwerin. Wichtigste Bezugsperson wurde damals sein Stiefvater Hugo von Girgensohn. 1938 schloss Leopoldi die Schweriner Oberrealschule mit dem Abitur ab. Schon frühe Begeisterung für das Fach Geschichte weckte den Wunsch Archivar zu werden. Bereits als Schüler verfasste Leopoldi genealogische Stammtafeln. Dank der demokratischen Erziehung seines Stiefvaters blieb er unanfällig für die Naziideologie und trat weder in die NSDAP noch in andere nationalsozialistische Organisationen ein. 1938 wurde er zum Reichsarbeitsdienst (RAD) eingezogen, allerdings kurz darauf aufgrund einer Herzmuskelschwäche wieder entlassen. Inzwischen war aus der Herzmuskelschwäche eine Herzmuskelentzündung geworden und fast ein Jahr brauchte Leopoldi um zu gesunden. Die anschließende Bewerbung zum Geschichtsstudium an der Universität in Rostock wurde abgelehnt, denn aufgrund seines Herzleidens befand man ihn nicht für würdig, eine deutsche Hochschule zu besuchen. Doch Leopoldi gab nicht auf und beschäftigte sich mit Forschungs- und Archivarbeiten im Staatsarchiv Schwerin. 1940 konnte er sich im Fach Genealogie an der Berliner Humboldt-Universität prüfen lassen, wo dieses Fach im Rahmen der Archivarsausbildung gelehrt wurde. Er bestand und begann nun in Schwerin privat sein „Archiv für mecklenburgische Personen-, Geschlechter- und Heimatkunde" aufzubauen. Den Lebensunterhalt verdiente er als freischaffender Familiengeschichtsforscher, Heimatschriftsteller und von 1944–1949 als wissenschaftlicher Mitarbeiter des Rostocker „von Thünen Archivs".[2]

Ab 1948 folgten, im Auftrage der Stadt Schwerin, Untersuchungen zu den Revolutionsereignissen von 1848.[3] Die Zusammenarbeit mit der Stadt gestal-

---

1   Alle Angaben stammen, soweit nicht extra ausgewiesen, aus den Personalakten a) des Stadtarchivs Schwerin (StA) und b) des Landeshauptarchivs Schwerin (LHA), Bezirksparteiarchiv (BPA), IV/4/10/V/289; im übrigen befindet sich im Stadtarchiv Schwerin noch viel unerschlossenes Material zum Kulturbund.

2   Ziegler, Angela: In der ersten Reihe der Mecklenburg-Forscher, in: Schweriner Volkszeitung/Mecklenburgmagazin (Wochenendbeilage) v. 5.2.1999.

3   Leopoldi, Hans Heinrich: Schwerin im Jahre 1848, hrsg. vom Amt für Kultur und Volksbildung der Stadt Schwerin. Schwerin 1948.

Hans Heinrich Leopoldi als Referent des Kulturbundes auf der Maschinen-Ausleih-Station (MAS) Wickendorf bei Schwerin, 1949

tete sich zufriedenstellend, so dass er 1949 beauftragt wurde, das Schweriner Stadtarchiv aufzubauen. Nach mehrmaligen Umzügen konnte es in den ehemaligen Berliner Torhäusern am Platz der Jugend, einem repräsentativen Standort, bezogen werden. Ab 1951 führte Leopoldi den Titel eines „Wissenschaftlichen Archivars" und erhielt 1954 von der Stadt einen Sonderarbeitsvertrag mit Sondervergütung.

1949 heiratete Leopoldi die ebenfalls im Stadtarchiv tätige Stenotypistin Helga Facklam, Tochter des Schweriner Kunstmalers Wilhelm Facklam. Seiner SED-Mitgliedschaft ging die Kandidatenzeit von 1949–1952 voraus. Dem Aufnahmeantrag lag ein Empfehlungsschreiben von Ehm Welk bei. Jedoch wollte sich Leopoldis Arbeitgeber zunächst nicht der Meinung des angesehenen Schriftstellers und Begründers der Schweriner Volkshochschule anschließen, denn der städtische Kaderleiter bemängelte Lücken in Leopoldis Staatsbewusstsein. Schließlich nahm die Parteikontrollkommission Anstoß an der langen Kandidatenzeit. Ursache dafür, so erklärte Leopoldi, sei parteipolitisches Kalkül gewesen, da es in seiner Kulturbundfunktion nach außen besser aussähe, wenn er kein Genosse wäre. Weiterhin interessierte sich die Kontrollkommission für sein Verhalten während der NS-Zeit. Leopoldis Widerstand bestand nach eigenen Aussagen darin, die Ergebnisse seiner jüdischen Familienforschungen vor den Nazis versteckt zu haben.

Stadtarchiv Schwerin, Haus II, Platz der Jugend (Johannes-Stelling-Straße)

Stadtarchiv Schwerin,
Ortschronik-Kartei, 1966

Jugendweihe-Teilnehmer, 1958

Worin Leopoldi im neuen Deutschland die Aufgaben der Archive sah und damit sein Berufsethos definierte, beschrieb er 1952 in einem Referat folgendermaßen:
— Sammlung von Zeitdokumenten aller Gebiete der Heimatkunde,
— kulturelle und historische Massenarbeit durch Vorträge und kulturelle Veranstaltungen,
— kulturhistorische und naturkundliche Wanderungen,
— Aufbau von Sonderausstellungen,
— Mitarbeit in der Boden- und der Bau- und Kunstdenkmalpflege
— gemeinsame Erarbeitung von Neuausstellungen in den Schauausstellungen der Museen,
— Mitarbeit an heimatlichem Schrifttum, an den Heimatkalendern und in der Presse
— Heranführung von Werktätigen und besonders der Jugend in die Museen, Archive, Bibliotheken und an die Arbeit der Arbeitsgemeinschaften.[4]

Solcherart Idealvorstellungen ließen sich natürlich nicht nur während der regulären Arbeitszeit verwirklichen und so waren bei Leopoldi die Übergänge zwischen beruflichen und gesellschaftlichen Aktivitäten fließend. Das Ergebnis

---

4   Leopoldi, Hans Heinrich: Die Gegenwart der Zukunft überliefern. Neue Aufgaben der Archive. Berlin 1952, S. 1–2.

kann sich sehen lassen. Mindestens 348 Veröffentlichungen, darunter 274 Vorträge und 36 Arbeiten zur Heimatgeschichte bzw. zur Geschichte der Arbeiterbewegung, stammen aus Leopoldis Feder. 1955 und 1958 erschienen die zwei Bänder einer Bibliographie zur Mecklenburgischen Heimatliteratur. Der erste umfasste 576 und der zweite 2.245 Titel.[5] Das Schweriner Stadtarchiv gab zwischen 1948 und 1959 über 30 Veröffentlichungen heraus.[6]

Zum Höhepunkt seiner beruflichen Laufbahn wurde 1959 das 10jährige Jubiläum des Stadtarchivs. An seinem Erfolg sollten so viele wie möglich teilhaben und 65 Plakate im Stadtgebiet kündeten von diesem Ereignis. Die Festveranstaltung fand im großen Saal des Kulturbundhauses in der damaligen Wilhelm-Pieck-Straße (heute wieder Arsenalstraße) statt. Eingeladen waren neben den Bürgermeistern der größeren Städte der drei Nordbezirke auch die ehemalige Schweriner Oberbürgermeisterin Johanna Blecha, Vertreter der Deutschen Akademie der Wissenschaften und weiterer gesellschaftlicher Organisationen sowie Gäste aus der BRD. Selbst der Genosse Walter Ulbricht erhielt ein Exemplar von Leopoldis Festschrift, worauf sich dessen persönlicher Referent, der Schriftsteller Otto Gotsche, artig bedankte. Die Arbeitsgemeinschaft „Stadtarchivare der drei Nordbezirke" fand sich aus diesem feierlichen Anlass zu einer Arbeitstagung in Schwerin ein.[7] 1961 wurde Leopoldi für seine Verdienste zum „Stadtarchivdirektor" ernannt.

Doch nicht nur der Geschichtsforschung, sondern auch der Archäologie und den Naturdenkmälern galt sein Interesse. Das Ergebnis war eine Abhandlung über den ur- und frühgeschichtlichen Forschungsstand im Kreis Schwerin und eine kleine Ausstellung im Eingangsbereich des Stadtarchivs.[8] In diesen Zusammenhang gehören auch kleine Wanderführer für das Schweriner Umland, die seine Liebe zur Natur belegen.[9]

Zusätzlich zu den Aktenbeständen entstand im Stadtarchiv eine 4.000 Exemplare umfassende Bildsammlung von Fotos der aktuellen Zeitgeschichte, Kunstdrucken, Plakaten und Gemälden,[10] eine vielseitige Archivbibliothek sowie Münz-, Theater-, Familien- und Personengeschichtliche Sammlungen. Hinzu kam selbstverständlich die Arbeit als Ortschronist. Davon zeugen eine

---

5   Leopoldi, Hans Heinrich: Die mecklenburgische Heimat im Spiegel der Literatur. Heimat- und naturkundliche Bibliographie der drei mecklenburgischen Bezirke Rostock, Schwerin, Neubrandenburg, Teil I. 1945–1955, Teil II. 1955 bis 1957. Schwerin 1958.

6   Leopoldi, Hans Heinrich: Zehn Jahre Stadtarchiv Schwerin (Unser Stadtarchiv erzählt; 3). Schwerin 1959, S. 22–24.

7   StA Schwerin, Zeitgeschichtliche Sammlung, Mappe: 10jähriges Bestehen des Stadtarchivs.

8   Hollnagel, Adolf: Ur- und Frühgeschichte des Stadtkreises Schwerin (Unser Stadtarchiv erzählt, Bd. 3 und 4). Schwerin 1960.

9   Leopoldi, Hans Heinrich: Schwerin und Umgebung: Naturlehrpfad Schelfwerder: Begleitheft (Heimat- und Wanderbuch, Nr. 7; Bd. 2). Schwerin 1972.

10 Die Gemälde wurden nach der Wende dem historischen Museum übergeben.

Festveranstaltung zum 10jährigen Bestehen des Stadtarchivs Schwerin am 15. September
1959 im großen Saal des Kulturbundes, mit OB Gustav Schwantz, Siegfried Bollnow, Herbert
Woischwill, Hans Heinrich Leopoldi (v.l.n.r.)

Frau Cordshagen überreicht dem
Stadtarchivar Leopoldi eine Abschrift
des Kopialbuches des Bistums Schwerin
von 1515 auf der Festveranstaltung
anlässlich des 10jährigen Bestehens des
Stadtarchivs am 15.9.1959

Zeitgeschichtliche Sammlung als Sekundärquelle und die Ortschronik – ein Zeitungslektorat mittels Karteikartenverzeichnung, angelegt nach 45 Sachgebieten.[11] Das Stadtarchiv organisierte ebenfalls eine Dauerausstellung unter dem Motto „Schwerin – Gestern, Heute, Morgen", die ab 1965 im zentral gelegenen Säulengebäude am Markt in exponierter Lage gezeigt und zum Besuchermagneten wurde. Zu sehen waren Schautafeln zur Stadtgeschichte und Modelle zur zukünftigen Stadtentwicklung.[12]

1957 bildeten sich, auf Forderung des Instituts für Marxismus-Leninismus beim ZK der SED die Kreis- und Bezirkskommissionen zur Erforschung der Geschichte der örtlichen Arbeiterbewegung und Leopoldi wurde Vorsitzender der Schweriner Bezirkskommission. Weitere Mitglieder waren Karl Moltmann, Xaver Karl,[13] die Schriftstellerin Holdine Stachel und der Genosse Stendel vom Parteikabinett der SED-Bezirksleitung, das für die Traditionspflege zuständig war; der Bezirksleitung war die Kommission direkt unterstellt. Arbeitsschwerpunkte galten den Jahrestagen der Großen Sozialistischen Oktoberrevolution 1907, der Novemberrevolution 1919 mit der darauf folgenden Gründung der KPD und anderen Gedenktagen sozialistischer Tradition. Zur Novemberrevolution erarbeitete Leopoldi eine Zeitungsdokumentation.[14] In Zusammenarbeit mit der SED-Kreis- und Bezirksleitung wurden im ganzen Stadtgebiet Gedenktafeln an historisch bedeutsamen Häusern angebracht. So u.a. am Schweriner Kino „Capitol" zu Ehren des Vereinigungsparteitages von SPD und KPD zur SED. Von den Parteigremien wurden aber auch einige seiner Vorschläge für Gedenktafeln abgelehnt. Dies betraf beispielsweise den angeblich „rechten" SPD-Funktionär Ignaz Auer (1846–1907).[15]

Leopoldis Lieblingskind war jedoch der „Kulturbund zur demokratischen Erneuerung Deutschlands".[16] Eingeschrieben seit dem 1. Januar 1946 gehörte er zu den aktivsten Mitgliedern und war – neben anderen Funktionen – Vorsitzender der Schweriner Ortsgruppe,[17] Leiter der Landes- bzw. später der Bezirkskommission „Natur- und Heimatfreunde" und Mitglied der Zentralkommission

---

11 Leopoldi, Hans Heinrich: Schwerin (Unser Stadtarchiv erzählt, Bd. 3). Schwerin 1959, S. 13–14.

12 Schweriner Museen – Schweriner Reihe. Schwerin 1977, S. 20.

13 Moltmann (1884–1960) und Karl (1892–1980) waren beide ehemalige Sozialdemokraten und Gründungsmitglieder der SED in Mecklenburg, vgl. Wurzeln, Traditionen und Identität der Sozialdemokratie in Mecklenburg und Pommern, hrsg. von Klaus Schwabe, unter Mitarbeit von Klaus Baudis (Friedrich-Ebert-Stiftung, Reihe Geschichte Mecklenburg-Vorpommern, 9). Schwerin 1999.

14 LHA Schwerin, BPA IV/4/10/394.

15 StA Schwerin, R 01/1631.

16 Zum folgenden s. Krieck, Manfred/Leopoldi, Helga: Chronik des Kulturbundes in der Stadt Schwerin – ein Beitrag zur Geschichte des Kulturbundes in Mecklenburg, Teil I: 1945–1947; Teil II: 1948–1952. Schwerin 1985 (Veröffentlichungen des Stadtarchivs Schwerin, NF 22)1985.

17 September 1948 als Nachfolger von Ehm Welk, Rücktritt 1950 auf eigenen Wunsch.

für Ortschronisten, die 1962 den „Leitfaden für den Ortschronisten" herausgab. Ausgangspunkt war eine „Anordnung über die Führung von Ortschroniken" des Innenministeriums aus dem Jahre 1955. Auf ideologischer Ebene sollte dem „reaktionären imperialistischen" Geschichtsbild ein „wissenschaftliches" gegenüber gestellt werden. Inhaltlich folgte eine detaillierte Anleitung für landesweit gleiche Arbeitsmethoden, mit dem Ziel, eine umfassende Dokumentation des Zeitgeschehens zu schaffen. Schwerpunkte waren auch hier die Geschichte der Arbeiterbewegung und die Entwicklung des Landes nach 1945. Eine „wahrheitsgetreue" Widerspiegelung des alltäglichen Lebens des Volkes sollte entstehen – ein Wunschdenken, welches 1962 schon jeder Grundlage entbehrte.[18]

Neben dem Parteiauftrag als Geschichtsschreiber der „Arbeiterklasse" stand vor allem sein Engagement für mecklenburgische Traditionen im Vordergrund. 1954 erschien Leopoldis Buch „Mecklenburgische Volkstrachten".[19] Doch vor allem sah er sich für die Erhaltung der Niederdeutschen Sprache, des Plattdeutschen, verantwortlich. Er war Leiter des Arbeitskreises Niederdeutscher Schriftsteller und Wissenschaftler der DDR und Vorsitzender der Bezirkskommission für Niederdeutsch. Leopoldi bearbeitete und kommentierte 1967 Band VIII der Gesammelten Werke und Briefe Fritz Reuters.[20] Die Vorliebe für Reuter führte zur Bekanntschaft mit dem japanischen Reuter-Forscher Professor Kakuji Watanabe. Zu einem persönlichen Zusammentreffen während einer BRD-Reise Watanabes kam es, zu beider Enttäuschung, aus Termingründen nicht. Was blieb, ist 1960 der Abdruck einer Arbeit Watanabes in der Schriftenreihe des Stadtarchivs.[21]

Doch auch Kontakte nach Westdeutschland bescherte ihm das Platt. Diese Beziehungen standen unter Aufsicht der Abteilung für Innere Angelegenheiten und für sie mussten monatlich Berichte geschrieben werden. Unter Gesichtspunkten des Klassenkampfes nannte man dies „Gesamtdeutsche Arbeit" und sie war in den Anfangsjahren der DDR erlaubt und erwünscht. Dazu gehörte auch Leopoldis Teilnahme an der 8. Tagung niederdeutscher Schriftsteller und Wissenschaftler 1955 in Bevensen (Lüneburger Heide). Dort lernte er den Hamburger Schriftsteller Adolf Woderich kennen. Gemeinsam brachten sie eine Auswahlsammlung niederdeutscher Literatur unter dem programmatischen Titel „De Brügg" (Die Brücke) heraus.[22] Ebenfalls 1955 organisiert Leopoldi im Auftrag des Niederdeutschen Arbeitskreises sogenannte „Niederdeutsche Abende".

---

18 Leopoldi, Hans Heinrich: Leitfaden für den Ortschronisten. Schwerin 1962, S. 22–28, 35f.

19 Leopoldi, Hans Heinrich: Mecklenburgische Volkstrachten – Quellenmaterial. Schwerin 1954.

20 Ziegler, wie Anm. 2.

21 Kakuji Watanabe, Über Fritz Reuters Dichtungen (Unser Stadtarchiv erzählt, Bd. 7). Schwerin 1960.

22 De Brügg. Eine Sammlung plattdeutscher Dichtung, zusammeng. und hrsg. von Adolf Woderich und Hans Heinrich Leopoldi. Schwerin 1955.

Fritz-Reuter-Gedenktafel in Schwerin, 1954 auf Veranlassung des StA angebracht

Im Schweriner Haus des Kulturbundes gastierten die Hamburger Adolf Woderich, Arnold Risch und Hans Fleischer. Letzterer, gebürtiger Schweriner, fasste die Vortragsreihe wie folgt zusammen: „Hier erlebt man wiederum, dass die Gemeinsamkeit der Sprache und Kultur aller Niederdeutschen durch Zonengrenzen nicht ausgelöscht werden kann."[23] Da dies auf Parteiebene wohl nicht ungeteilte Zustimmung fand, verlieh Leopoldi dem Ganzen einen wissenschaftlichen Anstrich, indem er die plattdeutsche Mundart auf der Grundlage von Stalins Werk „Der Marxismus und die Frage der Sprachwissenschaft" erforschte. Die Ergebnisse fasste er in einer vierstündigen Vorlesung zusammen.[24]

Um die Jugend an historische Quellen heranzuführen, leitete Leopoldi auch die Arbeitsgemeinschaft (AG) „Junge Historiker" an der Heinrich-Heine-Oberschule[25] und von 1948–1952 unterrichtete er das Fach „Mecklenburgische Geschichte" an der Schweriner Volkshochschule.

Im Schriftstellerverband war er von 1951–1952 Stellvertreter der Schweriner Ortsgruppe und bis 1954 dann deren Parteisekretär. 1952–1955 war Leopoldi im Redaktionskollegium der Zeitschrift „Natur und Heimat" in Berlin

---

23 StA Schwerin, Zeitgeschichtliche Sammlung, Mappe: Materialsammlung zur Geschichte des Stadtarchivs – Gesamtdeutsche Arbeit.

24 StA Schwerin, Zeitgeschichtliche Sammlung, Mappe: Materialsammlung zur Geschichte des Stadtarchivs – Berichte zur Ratssitzung 1955; das Manuskript der Vorlesung liegt nicht vor.

25 StA Schwerin, Zeitgeschichtliche Sammlung, Nr. 1843.

und von 1955–1957 in dem der „Neuen Mecklenburgischen Monatshefte" tätig. Von 1958–1960 leitete er die Kommission zur Vorbereitung der 800-Jahrfeier Schwerins. Von 1954–1958 sowie von 1963–1967 war er sogar Bezirkstagsabgeordneter und in der ersten Periode Vorsitzender der Kommission für kulturelle Massenarbeit. Von seinen vielen weiteren gesellschaftlichen Aufgaben seien noch genannt: Beisitzer des Schweriner Arbeitsgerichtes von 1948–1954 und Mitglied der Zentralkommission für das Volksbüchereiwesen von 1947–1950.

Leopoldis Schaffen wurde mit zahlreichen Auszeichnungen gewürdigt. Darunter 1959 die Verdienstmedaille der DDR, 1961 die Johannes-R.-Becher-Medaille in Gold, 1964 der Fritz-Reuter-Kunstpreis und 1969 das Ehrenabzeichen des Kulturbundes.

Ab 1960 verschlechterte sich Leopoldis Gesundheitszustand zusehends und bremste seine Schaffenskraft, denn zur chronischen Herzschwäche kamen Nierenleiden, die zwei schwere Operationen nach sich zogen; zudem bedurfte er nervenärztlicher Behandlung. 1968 folgte dann die Teilinvalidisierung und 1973 das Ende der beruflichen Laufbahn. 1978 starb Leopoldi an den Folgen eines Tumors.

Leopoldis Vermächtnis lautete: „Mit meinem Archiv und der genealogischen Sammlung soll gearbeitet werden". Doch dauerte es 16 Jahre bis die Witwe Helga Leopoldi sich 1994 entschloss, den Nachlass dem „Thünen-Museum-Tellow" zu übergeben. Die genealogische Sammlung wurde Grundstock des im Museum ansässigen Vereins „Für Mecklenburgische Familien- und Personengeschichte", welcher Frau Leopoldi den Ehrenvorsitz antrug.[26]

Schlussbetrachtung

Leopoldis Leben war gekennzeichnet vom Glauben daran, dass die Kultur das Leben menschlich macht. Im Sozialismus mit seinen Idealen schien sich dies für ihn am besten verwirklichen zu lassen. Sein beruflicher Ehrgeiz und sein gesellschaftliches Engagement als „Multifunktionär" zeugen davon. Die Erfahrungen und Demütigungen aus der Jugendzeit im „Dritten Reich" werden ihn in diesem Glauben bestärkt haben. Doch musste er nach und nach dem Verfall der Ideale zusehen. Der Bruch mit „Westdeutschland" und damit die Teilung der niederdeutschen Kultur wird ihn schwer getroffen haben. So war sein Leben nicht nur vom ständigen Kampf gegen die eigenen körperlichen Gebrechen gekennzeichnet, sondern auch vom Kampf gegen den gesellschaftlichen Verfall.

---

26 Ziegler, wie Anm. 2.

Zeitzeugengespräche

Dietrich Dahl

Geboren 1931 bei Hagenow, Schulbesuch in Schwerin und Rostock. Seit 1949 Mitglied der Niederdeutschen Bühne Rostock, seit 1957 deren Leiter. 1951–56 Studium der Physik in Rostock; 1960–1992 Leiter der audiologischen Abteilung der Hals-Nasen-Ohren-Klinik, Rostock; 1967 Promotion (Dr. rer. nat). Seit 1995 Lehrauftrag für Niederdeutsch an der Universität Rostock, Institut für Germanistik.

Ich bin 1931 geboren und als Sohn eines Dorfschullehrers in einer niederdeutschen Atmosphäre aufgewachsen. 1945 war ich vierzehn Jahre alt. Wir hatten damals nie das Bedürfnis, jemals wieder zur Schule zu gehen. Wir rauchten mit den Amerikanern, die da waren, Zigaretten. Wir fühlten uns so wohl, weil endlich mal der Alarm weg war.

Mein Vater war im Krieg. Mein ältester Bruder ist mit achtzehn Jahren gefallen. Er gehörte zu denen, die von der Schulbank weg in den Krieg an die Ostfront gekommen sind. Das sind Erlebnisse, die natürlich bestimmend waren. Ich war der Zeitälteste von vier Kindern und habe dafür gesorgt, dass die Wohnung warm war. Wir mussten damals auch noch Briketts in die Schule mitbringen, damit wir überhaupt unterrichtet werden konnten.

Bis 1948 war ich am Goethe-Gymnasium in Schwerin „zu Hause". Ich hatte einen sehr guten Lehrer, Herrn Rudolf Gahlbeck, der uns damals in dieser Zeit nach 1945, die hier zur Debatte steht, sehr motiviert hat. Wir waren ja ausgehungert, kulturell wie auch sonst und wir waren kreativ eingestellt. Diese Kreativität wurde noch von einer sehr ausgewogenen und guten Lehrerschaft befördert.

Die Schülerbühne wurde damals in Schwerin unterstützt von Schülern wie Harry Ehrlich, der hier in Rostock an der Schauspielschule seine Heimat gefunden hat, Martin Eckermann, der nach Berlin ging, und Horst Bonnet, der an die Komische Oper in Berlin ging, Wolf-Dieter Panse und viele andere. Damals war Lucie Höflich Leiterin der Schweriner Schauspielschule und Herr Bischoff-Warsitz war zu jener Zeit Regisseur und Schauspieler am Staatstheater. Wir haben Statisterie gemacht im „Hamlet", in „Die Weber" und „Die Matrosen von Cattaro", und danach hieß es dann, und das war das Schöne: „Jungs, kommt morgen ruhig eine Stunde später". Die Vorstellungen gingen ja bis ziemlich weit in den Abend hinein. Das war eigentlich eine sehr schöne Zeit, das Theater hat mich über die ganze Zeit begleitet. 1951 habe ich in Rostock Abitur gemacht und bin auch hier an der Schülerbühne gewesen. Seit 1957 leite ich in Rostock die „Niederdeutsche Bühne", die es seit 1920 gab. Als ich 1992 im Ruhestand war, wurde ich für kurze Zeit als Schauspieler an das Ohnsorg-Theater Hamburg berufen.

Heute haben wir ca. 30 Aufführungen in Rostock und Umgebung und in Schleswig-Holstein. Die Kontakte nach Hamburg und Schleswig-Holstein sind nie wirklich abgerissen und ab 1989 haben wir sie wieder gepflegt zu den Bühnen, die bei uns spielen und bei denen wir spielen. Wir haben heute jedes Jahr sechs Gastspiele in Schleswig-Holstein und Niedersachen bzw. Hamburg.

In der Rostocker Zeit ab 1949 gab es eine sehr hohe Zahl von Aufführungen. Wir haben vier Inszenierungen im Jahr gemacht und zogen natürlich auch über Land, mit den Kulissen auf einem Ziehwagen. Das war sehr wichtig, auch, weil es dort immer etwas zu essen gab. Wir hatten einige Gaststätten entdeckt, die einen Kulturraum hatten. Das sind die Konsultationsstätten auf dem Lande gewesen, die ja mittlerweile teilweise verloren gegangen sind.

In erster Linie haben wir Schwänke und Komödien gespielt, aber wir haben uns auch an Stücke wie „De Lüd üp Dangaard" von Martin Andersen Nexö getraut, ein Stück, das in den fünfziger Jahren oft gespielt wurde, was aber im Hochdeutschen weniger ankam als im Niederdeutschen. Es ist ein Bauernstück und spielt auf einem Bauernhof, der zunichte gemacht wird von einem Sohn, der brutal gegen seine Untergebenen vorgeht. Bei einem Amateur- oder Laienschauspieler ist es wichtig, dass er 40 oder 50 Proben macht. Und dann will er bei jeder Probe ein Erfolgserlebnis haben, er will Freude daran haben. Und diese Freude setzt sich dann auch fort in den Veranstaltungen, so dass wir niemals, und wenn, dann nur so peu à peu am Rande, Probleme in die Landbevölkerung hineingebracht haben. Die Leute auf dem Dorf wollten nicht erinnert werden, etwa an die Übernahme in die Landwirtschaftlichen Produktionsgenossenschaften. Wir haben aber auch die Klassiker des niederdeutschen Theaters bedient und in der Zeit nach 1945 mehr auf dem Lande gespielt als in der Stadt. Die Resonanz war so groß, dass wir – heute würde man sagen: ein Foyergespräch – im Anschluss an die Aufführung machten. Das war üblich. Nach der Vorstellung saß man immer mit dem Publikum zusammen. Wir mussten manchmal „na Huus" drängen, denn wir haben ja samstags und sonntags gespielt und werktags waren wir alle wieder in einem Beruf tätig.

Es lag uns auch am Herzen, dass wir mit unseren Stücken, mit den Inhalten etwas vermitteln wollten. Aber im Vordergrund stand das Leben der Leute. Oft hieß es, „ihr müsst noch ein bisschen warten mit der Aufführung, der ist mit der Kuh noch nicht zu Hause". Das war vielleicht die einzige „Individualkuh", die sie noch hatten. Spontane Äußerungen waren: „Kinnings, kommt bald wieder!" Nachher wurden die Aufführungen weniger, weil die Kulturräume eine andere Funktion bekamen. Sie wurden meistens in Sporthallen umgewandelt, weil es die in den Dorfschulen nicht gab.

Ich hatte nie das Gefühl, dass die Umsiedler sich ausgegrenzt fühlten. Sie waren in unseren Vorstellungen. Mein Vater war zuletzt Lehrer in Rostock-

Heinrichshagen. Da waren viele aus Oberstuben, aus dem Sudetengau. Die Kinder haben im Laufe der Zeit auch Plattdeutsch gelernt. Ich weiß, dass viele Umsiedler in unseren Vorstellungen waren. Sie wollten gemeinsam mit dem Dorf diese kulturelle Veranstaltung erleben. Ich glaube nicht, oder ich habe es nie gemerkt, dass sie sich ausgegrenzt fühlten. Da saßen manchmal auch welche, die kein Plattdeutsch konnten. Aber im Laufe der Zeit hieß es dann: „Nu könn' wi dat verstahn".

Die ersten zwei niederdeutschen Bühnen in Mecklenburg, Rostock und Stralsund, existierten seit 1920. Nach 1945 begann der Neuaufbau und ab 1946 wurde wieder aktiv gespielt. Es gab früher den Bühnenbund aller niederdeutschen Bühnen in Mecklenburg, der sich nach 1945 wieder konstituierte. Später wurden wir in die Volksbühne integriert. Wenn Sie sich Plakate anschauen, steht da: „Deutsche Volksbühne". 1952 kam die Verwaltungsreform, d.h. die Aufteilung des Landes Mecklenburg in drei Bezirke und Anfang 1953 das Verbot der Volksbühne. Das war eine brisante Zeit für die Niederdeutsche Kultur. Ich hatte viele Auseinandersetzungen, auch mit Autoren. Ich weiß nicht, inwieweit Sie Kasten, die Rügenfestspiele, die Diskussionen im Autorenklub, im Klub der Intelligenz in der Herrmannstraße kennen. In dieser Zeit waren die Auseinandersetzungen enorm und der Druck groß, was ich nun Dank der Aufarbeitung selbst nachlesen kann. Wir haben ihn, Gott sei Dank, nicht so massiv gespürt, weil es immer noch Leute gab, die uns ein bisschen abgesichert haben.

Die Bühnen sollten nun in ihrem jeweiligen Bezirk eigenständig arbeiten, dabei war der Norden in Spielbezirke aufgeteilt. In den Bezirken Schwerin und Rostock gab es zwölf Bühnen, Vorpommern hatte nur eine Bühne, die in Stralsund unter der Leitung von Wilhelm Puchert. Wir sind regelmäßig zusammengekommen, haben Weiterbildungsveranstaltungen organisiert, in denen die Qualifizierung des Nachwuchses eine wichtige Rolle spielte. Wir hatten in Parchim eine sehr aktive Bühne, die Bühne in Schönberg hat kontinuierlich gearbeitet und existiert heute noch. Einige Bühnen sind untergegangen, aber wir haben uns dagegen gewehrt, dass dieser Arbeitskreis „Niederdeutsche Bühnen" auseinanderfällt. Dann wären wir nicht mehr im Gespräch gewesen, hätten uns nicht mehr getroffen. Wir haben, was einem Landwirt untersagt war, mit großem Erfolg über die [Bezirks-]„Grenze gepflügt".

Wir hatten immer große Schwierigkeiten, weil man uns einem Betrieb zuordnen wollte. Wir hatten zwar viele Spieler, die in verschiedenen Betrieben gearbeitet haben, aber keinen Trägerbetrieb, den man von uns verlangte. Da jedoch immerhin fünf Spieler Mitarbeiter der Universität waren, wollte man diese als Trägerbetrieb gewinnen. Doch wir haben uns immer dagegen gewehrt, denn wir wollten unsere Selbständigkeit bewahren, auch bei der Auswahl der Stücke. Denn im Vordergrund stand bei uns immer: „Spaß muss dabei sein!"

Christel Köhler

Geboren 1926 in Dramburg, Pommern. Vater selbständiger Handwerksmeister, 1945 Flucht der Familie. 1946 Neulehrer-Ausbildung und Lehrerstelle in Sagast. 1950 Heirat mit dem Landwirt Herbert Köhler, Geburt von 2 Kindern. 1956 Umzug nach Putlitz, dort bis 1987 im Lehrerberuf; Kulturgruppenarbeit. Dokumentation der Ortsgeschichten von Sagast und Putlitz sowie der Schulgeschichte Putlitz. – Als Zeitzeugin beteiligt am Film „Zweite Heimat Brandenburg", von Jürgen Ast und Kerstin Mauersberger, eine ORB-Filmdokumentation von 2000.

Wir sind im März 1945 von zu Hause geflohen, in der Nacht, als Stargard (Pommern) bombardiert wurde und in unserem Ort die Sturmglocken läuteten. Da mussten alle fort. Wir sind mit Fahrrädern davongefahren und hatten nur das Gepäck mit, was man tragen konnte. Wir sind bis Thüringen geflohen und hofften dann, im Sommer wieder nach Hause zu können. Es war so, wie es vorhin im Referat anklang. Die Hoffnung, doch noch nach Hause zu können, die ist immer in uns geblieben über viele Jahre, eigentlich Jahrzehnte, hinweg.

Man wurde von Berliner Ämtern auf irgendwelche Orte verteilt, und so kamen wir nach Sagast an der mecklenburgischen Grenze, in ein Gutsdorf. Mein Vater war Handwerker von Beruf. Ich war damals achtzehn Jahre alt. Als wir im Hochsommer 1945 in Sagast ankamen, war der erste Schreck der Russenbesatzung vorbei. Im Wald waren allerlei Bunker. Mein Vater baute einen aus, damit wir nicht zu lange im Gutshaus wohnen mussten. Daraus entstand ein kleines Fachwerkhaus. Damit hatten wir ein eigenes kleines Häuschen, ein Dach über dem Kopf und waren zusammen. Die Unterbringung der Flüchtlinge war katastrophal, auch auf den Bauernhöfen, so dass – ich habe die Liste hier – sechs Personen auf zwanzig Quadratmetern Raum wohnten. Wie man das wohnen nennen kann!

Im Gutshaus Sagast haben wir weiteres Elend als Flüchtlinge ertragen. Alle Räume waren von Sudetendeutschen, Pommern und Schlesiern überbelegt. Es gab zwar Mitleid untereinander, aber jeder sorgte für sich. Wir benutzten alle die Gutsküche. Große und kleine Töpfe standen schön nebeneinander auf der Herdplatte. Wir kochten das, was der Wald und die Gärten der Bauern uns damals anboten. Kartoffeln gab es ja genug.

Meine Schwester, die Bürokauffrau gelernt hatte, arbeitete in der Gutsverwaltung. Sie erlebte dort die Auflösung des Gutes und den Beginn der Bodenreform. Anfänglich bewohnte auch der Gutsbesitzer noch drei Räume in seinem Haus. Im Februar 1946 wurde er auf Grund eines Gesetzes von seinem Gut vertrieben. So erlebten wir eine andere Art der Vertreibung mit.

Durch die Flucht waren mit den Eltern oder den Müttern auch viele schulpflichtige Kinder in den Ort gekommen. Ehemalige Lehrer mussten erst entnazifiziert werden und durften nicht arbeiten. Überall wurden also Lehrer gebraucht. Ich meldete mich 1945 zu einem Lehrgang für die Kurzausbildung zum Neulehrer. Im Herbst 1946 wurde ich in Sagast eingesetzt. Da ich keine praktische Erfahrung hatte, half mir der ehemalige Lehrer mit guten Ratschlägen. Er erklärte mir, dass es die Aufgabe eines Lehrers auf dem Land sei, das kulturelle Leben im Dorf zu gestalten. Ihm verdanke ich auch die Hinführung zur Arbeit mit der Chronik.

Nach seiner Entnazifizierung wurde er wieder im Schuldienst eingesetzt. Damit konnte der Kurzunterricht beendet werden und die Schüler konnten im Vor- und Nachmittagsunterricht lernen.

Ich kann sagen, dass mich diese zehn Jahre geprägt haben, in denen ich als Lehrer für die kulturelle Arbeit wie Dorffeste, traurige Anlässe und besondere Festtage verantwortlich gemacht wurde. Ich habe jetzt, als ich von dieser Tagung hörte, noch einmal ehemalige Schüler befragt, wie sie damals die Höhepunkte verschiedenster Art empfunden haben. Ich muss sagen, dass sie viel mehr Erinnerungen hatten als ich. Sie erzählten von Kulturveranstaltungen und von den Theateraufführungen, für die man sich alles selbst ausdenken musste, weil es ja keine Vorlagen gab.

Während der kulturellen Arbeit gab es keine Unterschiede zwischen den Einheimischen und den Flüchtlingen. Bei der Gestaltung der kulturellen Höhepunkte gehörten alle zusammen. Die Flüchtlinge waren sehr aktiv und mitbestimmend. Sie brachten viele eigene Ideen ein. Selbst die schon aus der Schule entlassenen Jugendlichen kamen und schlossen sich zu einer Volkstanzgruppe und zu einem Chor zusammen. Auch bei ihnen spielte es keine Rolle, ob jemand Flüchtling oder Einheimischer war. Erst nach dem Zusammensein und in der Kargheit des Wohnens und des Familienlebens waren die Unterschiede erkennbar und die Armut belastete die Flüchtlinge.

Auch an folgendes erinnern sich die Sagaster gern. Schwerin war 70 Kilometer entfernt. Mit großer Begeisterung setzten sich Erwachsene und Jugendliche in den Aufbaukasten der Lastkraftwagen, der die Aufschrift „Fahre mit Holz" trug, um Aufführungen in dem wunderschönen Schweriner Theater zu erleben. Die Aufführungen und ihre Ausstattung waren kulturelle Höhepunkte der Nachkriegszeit.

Aus dem Theater in Parchim, das nur 27 Kilometer von uns entfernt war, kamen die Schauspieler zu uns, um durch Aufführungen wie „Don Carlos" oder die „Fledermaus" den Menschen Freude zu bereiten und sie aus dem Alltag und der schweren Zeit herauszureißen. Die Menschen waren glücklich, dass sie sich schön anziehen konnten und ein Erlebnis hatten, das ihnen unter die Haut ging. Heute sind solche Gefühle kaum noch erlebbar.

An solchen Höhepunkten nahmen Einheimische und Flüchtlinge gemeinsam teil. Auch die Spendenbereitschaft war zu besonderen Anlässen größer als im Alltag. Aber ansonsten waren wir die Flüchtlinge, die nicht zu ihnen gehörten. Bei Familienfesten, die auf den Bauernhöfen gefeiert wurden, grenzte man uns aus. Dazu waren wir zu arm. Wir Flüchtlingsmädchen stachen in der Kleidung von den Bauerntöchtern ab. Wir schauten oftmals mit Neid auf deren Kleider und Schuhe, denn sie konnten viel eintauschen. Wir hatten dazu keine Möglichkeit.

In Sagast war bei Beerdigungen folgendes üblich: Wenn bei Einheimischen ein Todesfall eintrat, wurde der Verstorbene bis zur Beisetzung im Haus des Bauern aufgebahrt. Die Nachbarn sprachen ihr Mitgefühl bei der Beerdigung aus und wurden nach der Beisetzung zum Kaffee gebeten. Trat bei Flüchtlingen ein Todesfall ein, dann wurde der Tote zum dörflichen Spritzenhaus gebracht, denn die Flüchtlinge bewohnten ja nur ein Zimmer. Von dort erfolgte auch die Beerdigung. Es folgten dem Sarg nur Flüchtlinge und der Einheimische, bei dem die Familie untergebracht war. Da sich die Wohnverhältnisse in späteren Jahren sehr veränderten, gingen die Flüchtlinge dazu über, den Beerdigungskaffee in der Gastwirtschaft zu trinken und auch einige Einheimische dazu einzuladen. So setzte sich mit den Jahren durch, dass alle Trauergäste zum Kaffee eingeladen wurden. Dies ist heute hier in Sagast wie in Putlitz und anderen Dörfern zu einem festen Bestandteil der Trauerfeierlichkeiten geworden.

Ich persönlich finde, dass sich das Einleben erst später durch die Eheschließungen vollzogen hat. In diesem kleinen Dorf Sagast, das mehr Flüchtlinge beherbergte als Einheimische (250 Einwohner, 271 Flüchtlinge), kam es in den Jahren 1946 bis 1950 zu sechzehn Eheschließungen zwischen Flüchtlingen und Einheimischen – „Mischehen", wie hier gesagt wurde. Nur sechsmal gab es Hochzeiten nur unter Einheimischen. Solche Verbindungen waren den Bauern natürlich lieber. Meine erste Liebe zerbrach auch daran, weil ich weder Kuh noch Acker hatte. Eine Bauerntochter besaß alles. Das war eine herbe Enttäuschung, die man erleben musste: ich bin zu arm.

Im Referat [von Günter Noll] wurde gesagt, dass Musik die Menschen bewegt. Und so fühlten sich auch Flüchtlinge und Einheimische bei bestimmten Liedern verbunden. Ich denke an Weihnachtslieder, die bei uns in Pommern so klangen wie in der Prignitz. Auch Kirchenlieder wie „So nimm denn meine Hände" oder „Ein' feste Burg ist unser Gott" verbanden. Bei Bräuchen war das anders. Bei uns zu Hause war es üblich, dass man zu Ostern „stiepen" ging. Wir versuchten, dies in der neuen Heimat einzuführen. Die Eltern machten dabei mit und schenkten den Kindern Ostereier, wenn sie mit dem Birkengrün zum „Stiepen" kamen. Es wurde aber keine Gepflogenheit. Auch das „Hippeln" zur Fastnachtszeit war bei uns in Pommern üblich. Am Fastnachtsdienstag zogen die Kinder in Umzügen von Haus zu Haus, sangen dort und bekamen eine Spende. Auch dieses Volksgut der Pommern haben wir in das neue Dorfleben nicht hinein tragen können. Ich möchte sagen, dass wir uns den Gewohnheiten und Bräuchen der hiesigen Bewohnern unterworfen haben. Wir sind Prignitzer geworden, ohne Sagaster oder Putlitzer zu sein. Heute leben wir sechzig Jahre hier. Wenn jetzt noch die Rede von diesem oder jenem ist, der einmal als Flüchtling herkam und hier inzwischen seine Existenz hat, ergänzen die älteren, hier Geborenen noch oftmals das Gespräch: „Das ist aber kein Putlitzer."

Nach wie vor gestalte ich in Zusammenarbeit mit Bürgern heimatkundliche Nachmittage, die immer gut besucht sind. 1996 wollte ich ehemalige Flüchtlinge zu Wort kommen lassen, damit sie ihre Heimat vorstellen können. Ich wählte die Thematik „Alte Heimat – Neue Heimat". Zu diesem Nachmittag kamen nur Flüchtlinge, die hier ihren festen Lebensplatz erarbeitet haben. Die einheimischen Senioren fehlten. Als ich später einmal fragte, weshalb sie nicht dabei waren, hörte ich die Antwort: „Ach, das ist doch bloß was für Flüchtlinge."

Helga Paape

Geboren 1943 in Timmendorf/Poel. 1963–1983 in Rostock als Lehrerin und Erzieherin in verschiedenen Schulen und Betrieben tätig. 1. Heirat und 2 Kinder. 1977–1979 Aufenthalt in der VR Mosambik durch die Tätigkeit des Mannes, dort Kindergartenleiterin an der Botschaft der DDR. 1987–1991 Ausländerbetreuung (Namibier) mit Deutschunterricht bei der Deutschen Seereederei Rostock. 1992–2000 wechselnde Tätigkeiten.
Frau Paape betreut heute den Nachlass ihres Vaters Dr. Hans-Joachim Theil (1909–1985), Mitarbeiter der Deutschen Volksbühne, Dramaturg in Putbus, dann am Volkstheater Rostock und später dramaturgischer Leiter von dessen Niederdeutscher Bühne.

Ich hatte viele Schulkameraden, die Vertriebene waren, viele Sudetendeutsche und kann eigentlich nur bestätigen, dass ihr Treffpunkt die Kirche war. Ich lebte in Putbus auf Rügen, in meinem Bereich war es so. Bergen hatte damals die einzige katholische Kirche auf Rügen. Dort war der Treffpunkt. Das möchte ich auch hier noch einmal deutlich unterstreichen.

Ich bin der Meinung, so habe ich das damals empfunden, dass meine Klassenkameraden gar nicht unbedingt zur Kirche gegangen sind, weil sie so gläubig waren, sondern weil sie von den Eltern mitgenommen wurden. Diese wiederum waren daran interessiert, jemanden zu treffen, Bekannte zu finden, zu erfahren, ob da auch welche aus dem gleichen Ort sind. Schneidemühl war z.B. so ein Ort. In Putbus müssen mehrere Flüchtlinge aus Schneidemühl gewesen sein. Meine unmittelbare Schulfreundin war Stettinerin. Man versuchte, sich wiederzufinden. Da denke ich, spielte die Kirche als Treffpunkt eine große Rolle.

In meinem späteren Berufsleben habe ich einige Zeit in Afrika verbracht und war selbst Fremde in einem Land. Die Erfahrung, die ich schon bei meinen Mitschülern aus dem Sudetenland oder aus Hinterpommern gemacht habe, dass sie sich manchmal ausgegrenzt fühlten, machte ich da auch.

Mich persönlich hat z.B. folgendes sehr berührt: Einige meiner Schulkameraden wohnten in Putbus. Dort gab es ein fürstliches Haus Putbus und eine Badeanstalt, ein wunderschöner Bau, der immer mehr und mehr in sich zusammensackte. Dort auf dem Boden fanden die Flüchtlinge Unterkunft. Ich war erschüttert, wenn ich von meinen Schulkameraden wiederkam, wie sie dort hausen mussten. Wohnen kann man dazu gar nicht sagen. Als Ascheimer dienten die großen Marmorbadewannen, die die Fürsten in den Bädern hatten, in die Stufen hinein führten. Das waren die Aschekübel, die die Flüchtlinge benutzten. Das sind Kindheitserinnerungen. Wenn ich jetzt Bücher darüber lese oder Referate darüber höre, dann nicke ich mit dem Kopf und denke, ja, genauso war es, so ist die Zeit gewesen, das haben die Leute so durchmachen müssen.

Dann möchte ich an einen nächsten Gedanken anknüpfen, den ich aus der Arbeit meines Vaters weiß. Das Putbuser Theater war ja auf Rügen in einer durchaus ländlichen Gegend. Dort hat man natürlich versucht, die Bevölkerung erst einmal für das Theater zu gewinnen, dass sie überhaupt Interesse hatte. Es musste leichte Kost angeboten werden, damit das Publikum das alles verstand und auch Spaß daran hatte. Ins Theater zu gehen und sich gedanklich mit anderen Themen auseinanderzusetzen, das kam eigentlich erst viel später. Sie sagten ja auch, dass Sie in der plattdeutschen Bühne zunächst Schwänke brachten und dann dem Publikum – ich sage mal – etwas härtere Kost anboten. Ich denke, das war ein ganz wichtiger Punkt in der Volkskunstarbeit. An Wochenenden fanden dann Lehrgänge der Laienkunstgruppen statt. Da gab es Referate von professionellen Leuten oder Erfahrungsberichte. Man hat sich zusammengefunden.

In dem Bereich, in dem mein Vater tätig war, ging es um die Pflege der niederdeutschen Sprache. Daran war er sehr interessiert. Sollte irgendetwas in dieser Richtung, in plattdeutscher Sprache, stattfinden, musste das über die Partei geregelt werden. Die Partei hat das oft abgewürgt. Mit Karl Mewis [1. Sekretär der SED-Bezirksleitung Rostock] musste er verhandeln, wenn er etwas erreichen wollte, aber das war nicht möglich, weil man diese „Heimattümelei" nicht wollte. Ich denke, dass man Angst hatte, wenn hier das Plattdeutsche wieder gepflegt worden wäre, dass dann die Gruppe aus dem Sudetengau das gleiche gewollte hätte, dass auch sie ihre Sprache pflegen können.

Meine Schulzeit ist zwischen 1950 und 1960 gewesen. Ich fand, gerade zu Beginn der fünfziger Jahre wurde überall gesungen. Es gab ja kaum Schulen, an der nicht ein Chor existierte und eine Tanzgruppe. Das war, so denke ich, eine Grundausstattung an kultureller Betätigung an den Schulen. Nachher flachte es immer mehr ab. Eines Tages wurde eingeführt, das war wirklich ein Befehl von oben, dass wir morgens den Unterricht mit einem Lied beginnen. Da gab es einen Verantwortlichen, der vorne dirigierte und einen, der sagte, was wir singen. So begann der Unterrichtstag in der Schule. Das hatte zur Folge, dass diese Menschen das Liedgut noch kennen. Wenn ich an die Volkslieder denke ... bis zur ersten Strophe, und dann wird es dünne.

Zu meiner Freude hat sich nach 1990 eine Art zweite Singebewegung entwickelt, das sind die Seniorenchöre. Sie treffen sich alle Jahre irgendwo zu einem Chortreffen. Das sind ausschließlich, so sage ich das jetzt mal, DDR-Chöre. Die Wurzeln liegen noch in unserem Singen in unserer Schulzeit. Da scheint mir ein Zusammenhang zu bestehen. Wir waren jetzt gerade in Karlovy Vary. Das ist eine ganz tolle Atmosphäre, wenn ein paar tausend Mann dort gemeinsam singen. Die Chorleiter treffen sich vorher und vereinbaren eine Grobregie der Lieder, die man gemeinsam einstudiert. Dieses Bedürfnis, noch bis ins hohe Alter hinein singen zu wollen, dazu ist, denke ich, der Grundstein in unserer Schulzeit gelegt worden.

Jochen Renz

Geboren 1928 in Wismar. 1943–45 Ausbildung auf der Heeresmusikschule Bückeburg in den Fächern Fagott, Klavier und Musiktheorie; 1947–48 Theatertätigkeit in Wismar; 1949–52 Studium an der Hochschule für Musik Rostock, Fach Fagott; 1952–57 Fagottist im Landespolizeiorchester Potsdam; Chor- und Ensembleleiter in außerschulischen Einrichtungen in Potsdam und Rostock. Ab 1960 Musikredakteur am Sender Rostock; ab 1969 Musikpädagoge, Komponist und Chordirigent in Rostock.

Ich kam Mitte November 1945 – damals war ich gerade siebzehn Jahre alt – aus amerikanischer Kriegsgefangenschaft nach Rerik zurück. Rerik, ein Ostseebad, war damals eine ausgesprochene Militärstadt und während der Nazizeit zu einer Flakartillerieschule ausgebaut worden; viele Offiziere, Beamte usw. wohnten dort. Als ich zurückkam, war Rerik vollgestopft mit Umsiedlern. Meine alten Freunde waren zum größten Teil mit ihren Familien vor den russischen Truppen nach Schleswig-Holstein oder sonst wohin geflüchtet. Ich war bis 1943 Jungvolkführer in Rerik gewesen und wollte mich auch wieder irgendwo anschließen. Ich wollte mich nicht isolieren, obwohl man sagte, sieh' dich vor, wenn die GPU dahinter kommt, dann gehst du ab. Aber man hat mich nicht behelligt. Warum, weiß ich nicht. Dann wurde die Antifa-Jugend gegründet. Der Gründungsleiter war ein Kunstmaler aus Stettin, Paul Suck, schon ein älterer Herr, der uns dann beriet, was wir denn so alles machen könnten. Da kam dann heraus, dass auf dem Gebiet der Musik viele Interessen lagen und wir traten in Tanzsälen auf.

Weil uns das nicht genügte, kamen wir auf die Idee, uns selber ein Theater zu bauen, und zwar auf dem Dachboden eines – damals hieß es – Volkshauses, einer großen Gastwirtschaft. Wir haben uns aus den abgerissenen Luftwaffen-baracken Bretter geklaut. Daraus haben wir uns eine Bühne auf dem Boden dort gezimmert. Aus den Hörsälen der ehemaligen Luftwaffenschule haben wir uns die Klappsitze „organisiert". So hatten wir dann Sitzgelegenheiten für rund 200 Zuschauer.

Erich Kuck, der in Riga Regieunterricht gehabt und später in der Volksbühne eine Rolle gespielt hat, übernahm unsere Gruppe. Die Frage war: Was spielen wir? Alles mögliche, was für uns an Bühnenliteratur greifbar war, wurde zusammengeholt und irgendwie vervielfältigt, so gut es ging. Es waren sogar von Friedrich Wolf „Die Matrosen von Cattaro" dabei. Das haben wir auf dieser primitiven Bühne gespielt. Wir haben sogar Singspiele, Operetten gespielt. Wir hatten für die Kinder des Ortes regelmäßig am Wochenende ein Märchen-spiel oder ein Kasperletheater.

Ich ging 1947 mit Beginn der Spielzeit nach Wismar ans Theater und war dort Mädchen für alles. Ich habe beim Ballett repetiert und somit alles ein biss-chen kennengelernt. Aber wenn spielfreier Abend war, dann machte ich mich von Wismar auf mit dem Zug nach Neu Bukow und von da aus nach Rerik. Das sind zehn Kilometer zu Fuß – quer über Land. Autos gab es noch nicht. Ein Omnibus fuhr auch nicht. Dann war abends Probe angesetzt und die ganze Jugend Reriks traf sich auf der Bühne. Da spielte sich unser Jugendleben ab. Wir „segelten" dann ab 1946 unter dem Namen der „Freien Deutschen Jugend". Die ist heute noch gar nicht als Kulturträger genannt worden. Wir haben auch einen kleinen Chor gegründet, das war meine erste Tätigkeit als Chorleiter. Ich konnte dann ab 1. September 1946 einen ersten Chorleiterlehrgang der FDJ-Landesleitung in Schloss Semper auf Rügen besuchen, der dauerte fünf Wochen. Unser Landesjugendleiter war Waldemar Borde. Es gab einen Lehr-gang für Laienspielleiter und einen für Chorleiter.

Im Herbst 1948 gastierte unser Reriker Musiktheater mit einer Operette im Stadttheater Wismar. Man hatte uns dort sogar die Bühnendekoration gebaut. Ich spielte in der Reriker Kurkapelle als Pianist mit. Die Musiker stellten sich freiwillig zur Verfügung, um bei diesem Singspiel, dieser Operette mitzu-machen. Das hat ein kleines Gewitter ausgelöst. Die Wismarsche Intendanz sah in uns eine Konkurrenz des Theaters und uns wurde von der Landesleitung das Spielen verboten. Was nun? Da wurde gerade die Volksbühne gegründet. Unser Jugendleiter Erich Kuck meinte, dann schließen wir uns eben der Volksbühne an und spielen unter deren Namen weiter. So blieben wir, die ganze Gruppe, bis Herbst 1949 zusammen. Ich studierte inzwischen an der Musikhochschule in Rostock.

Dann wurde Rerik auf Befehl der sowjetischen Militärregierung geräumt. Die Rote Armee nahm von der Halbinsel Wustrow Besitz. Der Stadtteil Rerik-West wurde geräumt, die Leute umgesiedelt und unsere Gruppe fiel auseinander, war zerstreut in alle Himmelsrichtungen in Mecklenburg.

Ich fand, zwischen den Flüchtlingen und uns war kein Unterschied. Wir haben mit ihnen sehr schnell Freundschaft geschlossen, dadurch dass wir auch jeden Abend zusammen waren. Da haben sich so viele Talente herausgebildet. Es gab nur eine Ausnahme. Im Stadtteil Rerik-West hatte sich ein Mandolinenorchester gebildet. Das leitete ein gewisser Arno Liedtke, ein Flüchtling. Der lief immer ziemlich zerlumpt herum. Dieses Mandolinenorchester nannten wir ein wenig verächtlich – das tut mir heute leid – den Bratpfannenklub. Wir konnten ihnen nichts abgewinnen. Ich habe ihn einmal gefragt, Arno, warum läufst du eigentlich so zerlumpt rum. Du kannst dir doch auch mal einen Bezugschein besorgen vom Wirtschaftsamt und dir eine neue Hose kaufen. Das gibt es doch hin und wieder schon mal. Nein, ich will so die Arbeiterklasse demonstrieren. Das war eben sein Standpunkt. Wir versuchten jedenfalls, unsere Auftritte kulturvoll zu machen.

Ich kann nicht sagen, dass sich das faschistische Liedgut noch lange gehalten hätte. Überhaupt nicht. Das ist weg gewesen. Ich hatte dann ja schon einen Jugendchor gebildet. Wir haben Volkslieder gesungen. Da kam auch das Liedgut der Flüchtlinge mit hinein. Das hat uns gar nichts ausgemacht, dass wir als Ur-Mecklenburger auch ein Lied aus Ostpreußen, oder was weiß ich woher, gesungen haben. Es war schwer für uns, das Plattdeutsche hinein zu bekommen. Das nahmen auch die Flüchtlinge nicht so gerne auf. Aber wir haben mit dem faschistischen Liedgut kein Problem gehabt. Im Gegenteil. Es kam das neue Liedgut von der FDJ. Es waren – zugegeben – melodisch sehr schöne Lieder, über den Inhalt haben wir uns damals noch gar nicht so große Gedanken gemacht.

Die FDJ war in den ersten Nachkriegsjahren ebenfalls Kulturträger. Das wurde nachher anders, gerade um 1949 herum, als die bisher selbständigen Gruppen, auch FDJ-Kulturgruppen, sich dann Betrieben angeschlossen haben. Die FDJ wollte die Kultur so ein bisschen abstoßen, das war jedenfalls unser Eindruck. Ich war während meiner Studienzeit erst im Studentenrat, später FDJ-Sekretär für die studentischen Angelegenheiten. Eines Tages kam eine Delegation des Betriebes Schiffsmontage Rostock, das war ein Tischlereibetrieb. Der war Zulieferer für die Neptun-Werft. Die baten mich, ihnen einen Chorleiter zur Verfügung zu stellen. Da habe ich lange überlegt, wo ich aus unserer Studentenschaft einen Chorleiter her bekomme. Schließlich bin ich selbst dahin gegangen, habe mich vorgestellt und wurde akzeptiert. Es hat sehr viel Spaß gemacht, mit dem Chor zu arbeiten. Die hatten dann auch noch ein Volksinstrumentenorchester und eine Tanzgruppe. Da war in diesem verhältnismäßig großen Betrieb – es war aber kein Großbetrieb, es war ein Mittelbetrieb – ein ganz passables Kulturensemble entstanden. Wir hatten am 2. Mai 1952 einen Leistungsvergleich der Stadt Rostock. Das war mein letzter Auftritt mit dem Ensemble. Ich wurde nach diesem Auftritt auf den Schultern hinaus getragen, weil wir das Konkurrenzensemble der Neptun-Werft „besiegt" hatten. Wir waren besser gewesen.

Ich beendete mein Studium 1952 und hatte dann ein Engagement beim Landespolizeiorchester in Potsdam. Dort übernahm ich in der Bezirksbehörde den Chor der Volkspolizei. Er war – im Maßstab der DDR – einer der Spitzenchöre. Da war die ganze Kulturarbeit schon in die Betriebe verlagert. An der Pädagogischen Hochschule in Potsdam gab es das Stephan-Hermlin-Ensemble der FDJ. Das war in der ganzen DDR berühmt. Die hatten gute Unterstützung von namhaften Leuten, da steckte auch Geld dahinter. Auch die Volkspolizei bildete ein Republikensemble sowie die Nationale Volksarmee das Erich-Weinert-Ensemble. Das waren alles „Betriebsensembles".

In Rostock gab es sehr viele Chöre. Jeder Betrieb musste einen Chor haben, mindestens einen Chor. Das gehörte zum Image dazu. Wer keinen Chor hatte, der war kein Betrieb, und wenn er auch noch so bescheiden war. Das musste damals wohl so sein, dass man etwas vorzuweisen hatte auf kulturellem Gebiet, weil viele verpflichtet waren, die Kulturarbeit zu fördern. Dramatische Zirkel, wie man die nannte, Tanzgruppen und sogar ein Zirkel „Schreibende Arbeiter" entstand. In der Neptun-Werft war dieser nicht schlecht. Da sind gute Autoren auf dem plattdeutschen Gebiet gewesen, z.B. Bertold Brügge oder der Werkleiter Kurt Dunkelmann. Das sind wirklich passable Schriftsteller geworden. Die Zusammenarbeit zwischen Berufskünstlern und Amateuren war schon vor der Bitterfelder Konferenz da, wenn auch nicht so ausgeprägt.

Ich war 1957 wieder in Rostock als Ensembleleiter im „Haus der Pioniere" und leitete den zentralen Pionierchor, der auf Wunsch des Schulrates nun ein bisschen „hochgeschossen" werden sollte. Zusammen mit dem Kammerorchester des Philharmonischen Orchesters schufen wir das Singspiel „Wir und unsere Schule", das ich vertont und in einem Ferienlager geprobt habe. Wir haben es auch mit gutem Erfolg hier in Rostock uraufgeführt. Das ist eine Schuloper geworden. Wir haben sie bescheidenerweise „Szenische Kantate" genannt, aber es wurde vom Zentralhaus für Volkskunst als Schuloper eingestuft.

1957 hatte der Männerchor von Rerik keinen Chorleiter mehr und sie haben mich dann gleich angeworben. Ich bin es heute noch. Das sind nun 45 Jahre. Ich musste damals den ganzen Chor umfunktionieren. Das ging nicht so glatt. Es gab viele Flüchtlinge in diesem Chor. Die paar Ortsansässigen waren in der Minderzahl. Ich musste das Repertoire umändern, denn das alte ging nicht mehr. Wenn sie beim Volkslied geblieben wären, das wäre noch gegangen. Aber da waren so schnulzige Dinger dabei, das zog einem die Schuhe aus. Aufgrund dieses Repertoires und eines Zeitungsartikel wurden wir von staatlichen Organen, die uns vorschreiben wollten, was wir zu singen hätten, mächtig auseinandergenommen. Ich habe einen anderen Weg gefunden. Wir werden Shanties singen, habe ich den Männern verordnet. Das hat aber natürlich auch Widerstände gegeben im Chor. Aber allmählich waren sie dann doch davon überzeugt, dass das besser wäre. Da ging ja auch der Urlaubsbetrieb wieder los. Und wenn Feriengäste kommen aus Sachsen und dem Erzgebirge, dann wollen sie unser regionales   Liedgut hören. Das haben wir auch konsequent bis heute durchgesetzt und sind damit gut gefahren. Aber man wollte uns auch auf das „Arbeiterlied-Gleis" schicken. Wir haben gesagt, Shanties sind auch Arbeitslieder. Das haben die zuständigen Leute, die uns da rein reden wollten, gar nicht unterscheiden können: Arbeiterlied und Arbeitslied. Das ist doch ein kleiner Unterschied. Damit haben wir uns in eine Ecke flüchten können. Wenn es hoch kam, sangen wir mal „Wann wir schreiten Seit' an Seit'", das hatten wir auch noch drauf. Aber mehr auch nicht. Und damit konnten wir uns in der ganzen DDR-Zeit gut über die Runden retten. Komischerweise hat dann auch keiner mehr was anderes von uns verlangt. Wir hatten eine gewisse Narrenfreiheit. Wir traten im Fernsehen auf, im Rundfunk. Ich glaube, deshalb lies man uns auch in Ruhe. Bis dato hat auch keiner mitbekommen, dass wir ein freier Verein geblieben waren, mit einem eigenen Vorstand, der alle zwei Jahre neu gewählt wurde, ganz demokratisch, selbst in Gegenwart des Parteisekretärs des Ortes. Der hat auch nichts dazu gesagt. Das war eben so.

Abbildungsnachweise

Stiftung Archiv der Parteien und Massenorganisationen der DDR im Bundesarchiv, Bildsammlung (BY): S. 39
Mecklenburgisches Landeshauptarchiv Schwerin, Bildbestand VdgB-BHG: Titelbild, S. 20, 188, 192, 193
Stiftung Archiv der Akademie der Künste, Literaturarchiv (Bestand Willi-Bredel), Berlin: S. 28, 170
Wossidlo-Archiv im Institut für Volkskunde der Universität Rostock: S. 127, 137, 138, 143, 161
Stadtarchiv Schwerin: S. 27, 31 (3), 185 (unten), 202, 203, 204, 206, 209
Freilichtmuseum Mueß, Schwerin: S. 182, 200
Heimatmuseum Bützow, S. 155
Archiv des Deutschen Bernsteinmuseums, Ribnitz-Damgarten: S. 145, 146

Privatpersonen:
Helga Paape, Rostock: S. 185 (oben)
Dietrich Dahl, Rostock: S. 153
Beatrice Vierneisel: S. 37

Autoren

Holz, Dr. Martin, Schaprode/Rügen, geb. 1966 in Bergen, Rügen. 1985–87 Bausoldat, ab 1987 Studium der Ev. Theologie in Greifswald, 1991/92 in Tübingen, 1993–97 Studium der Geschichte und Ev. Theologie in Greifswald, seit Juli 2001 Pfarrer der Kirchengemeinden Schaprode und Trent auf Rügen

Noll, Professor em. Dr. Günther, Köln, geb. 1927 in Stassfurt, Sachsen-Anhalt. Studium am Lehrerbildungsinstitut Stassfurt, Schuldienst, 1952–56 Studium Schulmusik und Musikwissenschaft an der Humboldt-Universität Berlin, dort Assistent und Lektor, August 1961 in die BRD, 1962–64 Wiss. Mitarbeiter des Deutschen Musikrates in der Verbindungsstelle für zwischenstaatliche Beziehungen, Köln, wissenschaftliche Laufbahn an der Pädagogischen Hochschule Rheinland, Abt. Bonn; Habilitation, 1976–80 o. Professor Pädagogische Hochschule Rheinland, Abt. Neuss, 1976–92 Direktor des Seminars für Musik und ihre Didaktik sowie des Instituts für Musikalische Volkskunde, Düsseldorf/Köln

Rost, Uwe-Jens, wiss. Mitarbeiter Stadtarchiv Schwerin, geb. 1966, Studium an der Fachschule für Archivwesen Potsdam, Fernstudium an der Fachhochschule Potsdam (Fachbereich Archivwesen), seit 1995 im Stadtarchiv Schwerin tätig, zuständig u.a. für Benutzerbetreuung, Archivbibliothek und stadthistorische Publikationen

Schmitt, Dr. Christoph, Rostock, geb. 1956. Studium der Europäischen Ethnologie (Volkskunde), Kunstgeschichte und Literaturwissenschaft in Marburg, seit 1996 Wiss. Mitarbeiter am Institut für Volkskunde (Wossidlo-Archiv, Universität Rostock), seit 1999 dessen Leiter

Schwartz, PD Dr. Michael, Berlin, geb. 1963 in Recklinghausen. Studium Geschichte und Katholische Theologie in Münster, 1992–93 Wiss. Mitarbeiter am Historischen Seminar der Universität Münster, seit 1994 Mitarbeiter des Instituts für Zeitgeschichte München, Außenstelle Berlin

Vierneisel, Beatrice, MA, Berlin, geb. 1941 in Diedenhofen (Thionville), Lothringen. Heirat, 1973–79 Studium Kunstgeschichte und Germanistik in Karlsruhe, seit 1984 freischaffend in Berlin